'23〜'24年版

ユーキャンの

旅行業務取扱管理者

ポケット問題集
＆要点まとめ

観光資源
（国内・海外）

観光資源（国内・海外）ポケット問題集＆要点まとめ

●●● ここが特長 ●●●

● 国内試験・総合試験の両方に対応！ 充実の1026問を収録！ ●

国内と海外の「観光資源」に重点をあてた問題を1026問収録！ 穴埋め問題や行程問題、組合せ問題など、さまざまな出題パターンに対応しています。

● ビジュアルマップ＆図表で要点整理！ ●

解答した観光資源や都市の位置が確認できるように、47の都道府県と35の国・地域の地図を収録！ また、「温泉地」「海外の鉄道」など、項目ごとに覚えたほうが良い論点は、日本地図や世界地図、図表で横断的に整理しています。

● たっぷりのイラスト！ ●

特徴のある観光資源や都市は解説などにイラストを付記！ イメージしながら楽しく覚えられる工夫をしています。

● 気軽に持ち歩いて学習できる！ ●

携帯性に優れた本書なら、通勤通学やちょっとした空き時間の学習が可能。ウィークポイントの洗い出しや、試験直前の最終チェックに、本書を有効にご活用ください。

本書の使い方

問題編

1 問題集で知識を確認!

まずは、赤シートで解答を隠しながら問題を解き、自分の理解度を確認しましょう。

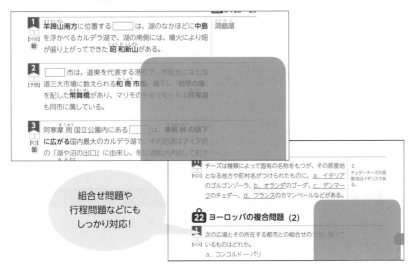

組合せ問題や
行程問題などにも
しっかり対応!

2 問題を有効活用

黒太字は解答と関連して覚えておきたいキーワードです。市販の緑マーカーなどを引いて
赤シートで隠せば、解答とは違う論点の穴埋め問題として活用できます。

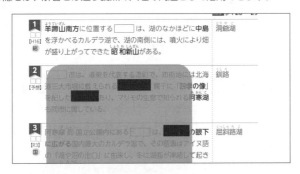

MAP 編

各都道府県・国の MAP を確認！

解答した観光資源や都市などを地図でしっかり確認しましょう。

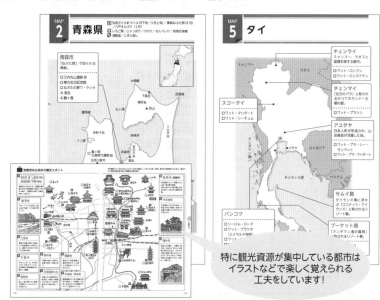

特に観光資源が集中している都市は
イラストなどで楽しく覚えられる
工夫をしています！

まとめ編

項目ごとにまとめて確認！

項目ごとに覚えたほうが良い論点は日本地図や世界地図、図表でしっかり整理しましょう。

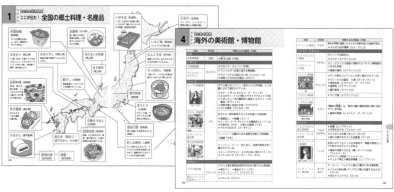

もくじ

第1部　国内観光資源

第1章　北海道

第2章　東北地方

第3章　関東地方

第4章　中部地方

第 2 部　海外観光資源

第 1 章　アジア

本書を使った学習方法

❶ 旅行業務取扱管理者試験（観光資源分野）の出題形式と特徴

旅行業務取扱管理者試験は**マークシート方式**による**択一**（または**択複**）の形式が採用され、そのうち「観光資源（地理）」分野に関する問題には、主に次のようなものがあります。

文章問題	穴うめ	設問の内容から、該当する観光資源の名称、都市（市町村）名、都道府県名、国名などを選択する問題。
	正　誤	観光資源に関して記載された文章の正誤を問う（または文章中の誤りを判断する）問題。
組合せ問題		「名物料理・祭事・芸能・名産品」などの観光資源と、その属する都道府県（または国）の組合せの正誤を問う問題。
行程問題		モデルコースのルート上に位置する適切な観光資源を選択する問題。
祭事等の開催月		祭り・行事が開催される「月」を問う問題。

このほか、過去の試験では、資料として**地図や写真を提示した問題**や**難読地名の読み方を問う問題**など、さまざまな切り口で出題されています。

❷ 配点が高いのでスキマ時間を活用した早めの着手が◎

観光資源からの出題は、例年でいうと国内旅行実務科目（100点満点）では約40～50%の、海外旅行実務科目（200点満点）では約20%の配点です。「観光資源」分野の一番の特徴は学習範囲が広いこと。試験直前期に焦ることのないよう、**通勤時間、勉強・仕事・家事の合間**など、**スキマ時間を有効活用して早めに着手**し、法規系科目や実務系分野との並行学習がおすすめです。

❸ 「漢字」は書けなくてもOK！だが、読めないのはNG

国内（韓国、台湾、中国など海外の一部を含む）の観光資源は漢字で表記されるものがほとんどです。前述のとおり、試験はマークシート方式なので（記述式ではないので）、試験対策としては**正しく書くことにこだわる必要はありません**。一方で、**読み方がわからないと記憶として定着しにくく学習の妨げになる**ことも考えられます。本書では**出題の論点になる観光資源**には**ふりがなを多用**していますので正しい読み方で記憶することを心がけましょう！

4 3つの STEP で観光資源を攻略しよう！

step 1 暗記の原則は都道府県または国ごと

学習初期の段階では"どの都道府県・国に属する資源なのか"を正しく判断できるようになることが大切です。この判断だけで消去法により正答が導き出せる問題も少なくありません。まずは**観光資源の「名称」と「属する都道府県・国」をセットで暗記する**ことを意識しましょう！

step 2 どんな特徴があるの？ キーワードを暗記！

都道府県名や国名を覚えているだけでは解けない問題も多く出題されています。問題を解きながら、その観光資源のキーワード（その資源の特徴や所在する都市などの押さえておくべき情報）もいっしょに覚えましょう。

step 3 MAP で位置関係を確認

「名称」「都道府県・国」「キーワード」を一通り学習した後は、MAP で位置関係を確認します。例えば、面積が広い北海道（海外では中国、アメリカ、カナダ、オーストラリア）や、複数の離島で構成されている沖縄県、県境が複雑な瀬戸内海の島々などは、**位置関係の把握が得点に結びつくことも**。MAP を活用することで、おのずと周辺の観光地も目に入るので、前述の「行程問題」対策にも効果があります。

5 「赤字」と「黒太字」を上手に活用しよう！

本書では、主に"解答"や"観光資源の名称"を赤字で表示しています。これとは別に、**その問題を解くときのキーワードを黒太字で表示しています。**付属の赤シートを使えば、赤文字を隠すことができるのはもちろんのこと、市販の緑マーカーなどで黒太字部分をマーキングし、赤シートでキーワード部分を隠すこともできます。**「キーワード（黒太字）から解答（赤）を導き出す」「解答（赤）を見ながらキーワード（黒太字）を覚える」**の2通りのアプローチで効率よく学習を進めましょう。

第 **1** 部

国内観光資源

第1章

北海道

MAP ▶ P26～29

1
【H16】
総

羊蹄山南方に位置する □□□ は、湖のなかほどに**中島**を浮かべるカルデラ湖で、湖の南側には、噴火により畑が盛り上がってできた**昭和新山**がある。

洞爺湖

2
【予想】

□□□ 市は、道東を代表する港町で、市街地には北海道三大市場に数えられる**和商市場**、欄干に「**四季の像**」を配した**幣舞橋**があり、マリモの生息で知られる**阿寒湖**も同市に属している。

釧路

3
【R3】
国

阿寒摩周国立公園内にある □□□ は、**美幌峠の眼下**に広がる国内最大のカルデラ湖で、その語源はアイヌ語の「湖や沼の出口」に由来し、冬に湖面が凍結して起きる「**御神渡り**」や白鳥の来訪でも知られている。

屈斜路湖

4
【H22】
国

北海道東部にある □□□ は、**日本で最も大きな湿原**で、国内**第1号のラムサール条約湿地**として登録された。

釧路湿原
タンチョウの生息でも知られる。

5
【予想】

北海道最北端の □□□ 岬からは、晴れた日には**サハリン**を望み、探検家**間宮林蔵の像**や「**日本最北端の地**」の碑がある。

宗谷
間宮林蔵は江戸時代の探検家。主にサハリン（樺太）の探検で知られる。

6
【H27】
総

積丹半島の付け根にある □□□ 町は、平成26年度に放送されたNHK連続テレビ小説の舞台で、施設内を見学できる**ウイスキーの蒸溜所**があり、かつてはニシン漁で栄えた地のひとつであった。

余市
ニッカウヰスキー北海道工場・余市蒸溜所がある。

7
【予想】
夕暮れ時にガス灯が灯り、ライトアップされた**運河沿い**の**石造り倉庫群**が人気の□□□□市は、かつて**北のウォール街**と呼ばれ、港を中心に北海道の貿易・金融の拠点として発展した湾岸都市である。

小樽 (おたる)

8
【H20】
総
洞爺湖の南側に位置する□□□□は、標高733mの活火山で、山頂駅まで**ロープウェイ**で結ばれている。

有珠山 (うすざん)

9
【H23】
国
北海道東部にある□□□□は、**屈斜路湖や摩周湖など**と**同じ国立公園内**に所在し、**マリモ**が生息することで有名な湖である。

阿寒湖
阿寒摩周国立公園内に所在。

10
【予想】
夜景で有名な**函館山の麓**に位置する□□□□岬は、**与謝野 寛 (鉄幹)・晶子夫妻の歌碑**が立ち、岬近くには**石川啄木**一族の墓がある。

立待 (たちまち)

11
【H24】
総
北海道最東端の□□□□岬からは、**歯舞諸島**の貝殻島や水晶島、**国後島**などを見ることができ、そこには北方館、望郷の家、**四島のかけ橋**などが建っている。

納沙布 (のさっぷ)

12
【H25】
国
札幌市内に所在する□□□□展望台は、札幌農学校の初代教頭**ウィリアム・スミス・クラーク博士**の銅像や、「さっぽろ雪まつり資料館」がある人気の観光スポットである。

羊ヶ丘 (ひつじがおか)

13
【H26】
総
江差追分で知られる**江差町**からフェリーで渡ることができる□□□□島には、この島のシンボルともいえる**なべつる岩**、モッ立岩、カブト岩などの海岸線の奇岩や、過去の大地震の被害を伝える**津波館**などがある。

奥尻 (おくしり)

14 【予想】 函館市内にあり、**津軽海峡に面した** ☐☐☐ 温泉は道内有数の温泉地の一つで、周辺には**立待岬**や**五稜郭**、**日本最古の女子修道院であるトラピスチヌ修道院**などの魅力的な観光スポットがある。

湯の川

15 【予想】 クスリサンベツ川沿いに位置する ☐☐☐ 温泉は、**支笏洞爺国立公園の中心地の一つ**で、近接する**クマ牧場**や水族館、**地獄谷**なども見どころである。

登別

16 【H26】総 北海道ガーデン街道には、上川町にある**大雪 森のガーデン**、テレビドラマの舞台となった ☐☐☐ 市にある**風のガーデン**、帯広市の南の中札内村にある**六花の森**など8つの美しいガーデンがある。

富良野
ドラマ『風のガーデン』の舞台は富良野市。『北の国から』『優しい時間』なども富良野市が舞台のドラマ。

17 【H27】国 **北海道のほぼ中央に位置する町**で、なだらかな丘陵の風景から"丘のまち"とも呼ばれる ☐☐☐ では、毎年秋にサイクリングイベント「センチュリーライド」が行われる。

美瑛
パッチワークのような美しい丘の景色で知られる。

18 【H18】総 北海道のほぼ中央、**旭川市にある** ☐☐☐ は**日本で一番北にある動物園**で、動物の姿かたちを見せるだけでなく、その動物がどのような動きをするのか「行動」を効果的に見せる工夫がなされている。

旭山動物園

19 【H28】国 **北海道西部の日本海に突出した** ☐☐☐ 半島は、その北西端に断崖と奇岩で知られる**神威岬**があり、近くには**ニセコ**や**小樽**などの観光地がある。

積丹

20 【R3】総 支笏洞爺国立公園に属し「**蝦夷富士**」と称される ☐☐☐ は日本百名山のひとつで、麓の**京極町**には、名水百選（昭和60年選定）に選ばれた水が湧き出している「ふきだし公園」がある。

羊蹄山

21 □□ 【H28】 総
石狩川沿いに続く断崖絶壁の ⬚⬚⬚ には、柱状節理の巨大な岩壁が屏風のように並ぶ「**大函・小函**」と呼ばれる壮大な景観や白糸のように優美な「**銀河の滝**」、力強く流れ落ちる「**流星の滝**」などがある。

層雲峡

22 □□ 【予想】
網走市に所在する ⬚⬚⬚ は、秋には**真紅に染まったサンゴ草（アッケシソウ）**の大群落を見に多くの観光客が訪れる。

能取湖

23 □□ 【予想】
登別温泉とともに**支笏洞爺国立公園**に属する ⬚⬚⬚ 温泉は、**豊平川**沿いに温泉街が広がり、「**札幌の奥座敷**」として親しまれている。

定山渓
札幌市南区に所在。

24 □□ 【予想】
北海道北部の**日本海沿岸**に位置し、ラムサール条約湿地として登録されている ⬚⬚⬚ は、その中央部に**同名の原生花園**があり、晴れた日には水平線のかなたに**利尻山**を望む。

サロベツ原野
サロベツ原野の中央にあるのはサロベツ原生花園。

25 □□ 【H30】 総
砂嘴で**オホーツク海と**隔てられた**北海道最大の湖** ⬚⬚⬚ の東部に位置する北見市**常呂町**は、ホタテ養殖や北海道遺産に選定されている海岸草原のワッカ原生花園のほか、カーリングの町としても知られている。

サロマ湖

26 □□ 【予想】
⬚⬚⬚ 原生花園は、**オホーツク海と**、ラムサール条約湿地に指定された**濤沸湖に挟まれた細長い砂丘**で、花々が彩る小高い砂丘から**斜里岳、知床連山**が見渡せる。

小清水

27 □□ 【R2】 総
アイヌ文化を復興・発展させる拠点として、2020 年 7 月に一般公開された北海道の**ポロト湖畔**の ⬚⬚⬚ には、**国立アイヌ民族博物館**や国立民族共生公園などの施設がある。

ウポポイ
（民族共生象徴空間）

28
□□
【R2】
国

澄海岬、**スコトン岬**などの観光地がある□□□□島は、本州では標高 2,000 mを超える山頂付近でしか見ることのできない高山植物を観察できることで知られ、「**花の浮島**」とも呼ばれている。

礼文
冷涼な気候と複雑な地形により、海抜0メートル地帯から高山植物が咲き乱れる。

29
□□
【予想】

雄大な日高山脈を望む**十勝地方**の中心地で、農産物集積地と商業都市の役割を果たす□□□□市は、**北海道ガーデン街道の起点**となる観光都市で、**真鍋庭園**、**紫竹ガーデン**などの美しい庭園を有し、**ばんえい競馬**の開催でも知られる。

帯広
ばんえい競馬は、開拓時代の農耕馬に由来し、鉄ソリを引いた馬が力とスピードを競う。

30
□□
【R4】
国

アイヌ語で"大きな窪地"を意味する言葉が語源といわれる□□□□は、日本で2番目の深度と有数の透明度を誇るカルデラ湖で、生息するヒメマスを使った"チップ料理"でも知られる。

支笏湖
日本最北の不凍湖でもある。"チップ"は北海道内でのヒメマスの呼称。

31
□□
【H21】
総

北海道の観光地等に関する次の記述のうち、誤っているものはどれか。

a．稚内市の宗谷岬には、「日本最北端の地」の碑が建ち、サハリンを遠望できることがある。

b．羅臼岳は、秀麗な円錐形の姿から蝦夷富士と呼ばれ、支笏洞爺国立公園に属している。

c．網走市の能取湖畔は、サンゴソウ（アッケシソウ）の日本最大規模の群生地で、秋には湖畔を真紅に染め上げる。

d．1992年6月に始まったＹＯＳＡＫＯＩソーラン祭りは、「街は舞台だ」の合言葉のとおり札幌市内の多くの会場で開催され、毎年多くの観光客を集める。

b
b は羊蹄山を指す記述。
羅臼岳は知床半島にある山で、知床国立公園に属し、世界自然遺産「知床」の構成資産の一つ。

32
□□
【H22】
総

北海道の観光地等に関する次の記述のうち、誤っているものはどれか。

a. 根室半島の先端にある襟裳岬は、歯舞諸島を一望できる場所にあり、周辺には白鳥の飛来地として知られる風蓮湖がある。

b. 層雲峡は、大雪山系を源とする石狩川の上流にあり、柱状節理の絶壁や銀河の滝、流星の滝などの景勝地がある。

c. 阿寒湖は、特別天然記念物マリモの生育地として知られている。

d. 湯の川温泉周辺には、与謝野鉄幹・晶子夫妻の歌碑のある立待岬や五稜郭、トラピスチヌ修道院などの見どころがある。

a
aは北海道の最東端・納沙布岬を指す記述。
襟裳岬は日高山脈南端にある。

北海道

33
□□
【H24】
総

北海道の観光地等に関する次の記述のうち、誤っているものはどれか。

a．我が国で最初にラムサール条約に登録されたサロベツ原野は、釧路川に沿って発達した日本最大の湿原で、タンチョウやキタサンショウウオなどが生息している。

b．稚内市の西方の沖合にある細長い形をした礼文島には、断崖絶壁のゴロタ岬やスコトン岬などの見どころがある。

c．札幌市にある藻岩山の山頂展望台からは、石狩湾や石狩平野が眺望できる。

d．函館市にある五稜郭は、かつて箱館戦争の舞台となったところで、星型をした我が国初の洋式城郭である。

a
aは釧路湿原を指す記述。
サロベツ原野は日本海沿岸に位置するラムサール条約湿地の一つで、サロベツ原生花園がある。

五稜郭

34
□□
【H25】
総

北海道の観光地等に関する次の記述のうち、誤っているものはどれか。

a．網走市の天都山からは、網走湖や知床半島などを見ることができる。

b．知床半島は、その周辺海域ともに世界自然遺産に登録され、知床岳や羅臼岳、ウトロ温泉、オシンコシンの滝などがある。

c．桜の名所として知られる史跡松前城を含む公園は、松前藩の城下町であった松前町にある。

d．稚内市にある積丹岬からは、利尻富士や礼文島などを見ることができる。

d

dは野寒布岬を指す記述（利尻富士は利尻島にある利尻山のこと）。
積丹岬は北海道西部の積丹半島北端に位置する。

35
□□
【H25】
総

北海道の湖に関する次の記述のうち、誤っているものはどれか。

a．面積が北海道最大の屈斜路湖は、沈む夕日が美しいことで知られ網走国定公園に属している。

b．北海道東部にある阿寒湖は、特別天然記念物マリモの生息地として知られている。

c．北海道東部、根室半島の基部にある風蓮湖は、白鳥の飛来地として知られている。

d．千歳市西部にある支笏湖は日本最北の不凍湖として知られている。

a

aはサロマ湖を指す記述。
屈斜路湖は、美幌峠からの眺めで知られ、湖中に中島が浮かび、湖畔に砂湯が湧く。

36
□□
【H23】
総

次の下線部a〜dのうち、誤っているものはどれか。

阿寒摩周国立公園は火山と森と湖を有する公園で、アイヌ語で裸の山と名づけられたa．硫黄山や世界有数の透明度を誇るb．摩周湖、美幌峠からはc．屈斜路湖が見渡せ、その湖畔の近くには、d．十勝川温泉がある。

d

屈斜路湖畔の近くにあるのは砂湯。
dの十勝川温泉は、帯広市近郊の音更町にあるモール温泉。

aの硫黄山はアイヌ語でアトサ（裸）ヌプリ（山）とも呼ばれる。

37
□□
【H27】
総

北海道の観光地等に関する次の記述から、正しいものだけをすべて選んでいるものはどれか。

(ア) 釧路市には、函館の朝市、札幌の二条市場（にじょういちば）とともに北海道三大市場のひとつといわれている和商市場がある。

(イ) 旭川市には、動物の「行動」を効果的に見せることで知られる旭山動物園やこの地を舞台とした『氷点』の作者である三浦綾子の記念文学館がある。

(ウ) 函館市には、箱館戦争の舞台となった五稜郭、トラピスチヌ修道院などの見どころや道内有数の温泉地である川湯（かわゆ）温泉がある。

a．(ア)(イ)　　b．(ア)(ウ)
c．(イ)(ウ)　　d．(ア)(イ)(ウ)

a．(ア)(イ)
(ウ)の函館にある温泉地は湯の川温泉。
川湯温泉は北海道東部、屈斜路湖と摩周湖の間に位置する。

38
□□
【H23】
総

次の下線部a～dのうち、誤っているものはどれか。
札幌市には、雪祭りの会場で知られるa．大通公園、札幌市街や石狩平野を眺望できるb．天都山、札幌農学校の演武場であったc．時計台、赤レンガの愛称のあるd．北海道庁旧本庁舎がある。

b
札幌市街や石狩平野を眺望できるのは藻岩山。
天都山は網走市内にある。

39
□□
【H28】
総

次の下線部a～dのうち、誤っているものはどれか。
北海道の温泉地には、札幌から車で約１時間のところにあるa．定山渓温泉、函館空港に近く津軽海峡に面した海岸側と松倉川に沿ってあるb．湯の川温泉、屈斜路湖と摩周湖の中間に位置するc．十勝川温泉、マリモが生息することで知られる湖畔にあるd．阿寒湖温泉などがある。

c
屈斜路湖と摩周湖の間にあるのは川湯温泉。

40
□□
【H30】
総

次の下線部 a ～ d のうち、誤っているものはどれか。

北海道の温泉地には、屈斜路湖と摩周湖の間にある a. 川湯温泉、独特の黒っぽい湯が特徴のモール温泉で知られる b. 十勝川温泉、豊平川上流にあり札幌の奥座敷といわれる c. 登別温泉、函館市の南西部にあり津軽海峡に臨む d. 湯の川温泉などがある。

c
札幌の奥座敷といわれるのは定山渓温泉。
cの登別温泉は地獄谷やのぼりべつクマ牧場で知られる温泉地。

41
□□
【R3】
総

次の下線部 a ～ d のうち、誤っているものはどれか。

北海道の湖沼には、砂嘴でオホーツク海と隔てられ、ホタテ養殖の発祥地である a. サロマ湖、全面結氷する湖としては日本一の大きさで、南側に和琴半島が突き出た b. 屈斜路湖、湖の中央には中島があり南側には有珠山がある c. 阿寒湖、駒ケ岳の南側にあり、わかさぎ漁で有名な d. 大沼などがある。

c
中島が浮かび、南に有珠山があるのは洞爺湖。
cの阿寒湖は北海道東部にあり、マリモの生息で知られる湖。

42
□□
【予想】

次の下線部 a ～ d のうち、誤っているものはどれか。

ウィンタースポーツが盛んな北海道には札幌、旭川などの近郊をはじめ、多くのスキーリゾートがある。テレビドラマ『風のガーデン』で知られる a. 富良野、占冠村にあり、2つのタワーが印象的な山岳リゾート b. トマム、JR函館本線が通り、有島記念館などの見どころもある c. キロロ、羊蹄山の雄大な眺めを誇り、道内最大の遊園地がある大型リゾート d. ルスツなどが人気である。

c
JR函館本線が通り、有島記念館があるのはニセコ（函館本線の駅はニセコ駅）。
キロロは札幌から小樽方面に車で約1時間ほどの場所にあるスキーリゾート。

43
□□
【H29】
総

次の貸切バスの行程に関する問1〜問2の各設問について、空欄に該当するものをそれぞれの選択肢から一つ選びなさい。

［行程］

1日目	釧路空港到着 → 釧路市湿原展望台 → 屈斜路湖畔（泊）
2日目	屈斜路湖畔 → 摩周湖 → ① → ウトロ → 知床五湖高架木道散策 → 知床峠 → ウトロ（泊）
3日目	ウトロ → 小清水原生花園 → ② → 女満別空港出発

問1. 途中から流れが2つに分かれていることから「双美の滝」とも呼ばれ、展望台からはオホーツク海や知床連山を遠望することができる ① に該当する滝は次のうちどれか。

　　a. オシンコシンの滝　　　b. 銀河・流星の滝
　　c. 白ひげの滝　　　　　　d. 羽衣の滝

a
すべて北海道内にある滝。
bは層雲峡、cは美瑛町の白金温泉、dは東川町の天人峡にある。

問2. 山頂からはオホーツク海、網走湖、能取湖が眺められ、オホーツク流氷館がある ② に該当する山は次のうちどれか。

　　a. 硫黄山　b. 大雪山　c. 昭和新山　d. 天都山

d
オホーツク流氷館は天都山（網走市）の山頂にある。

44
□□
【H28】
総

次の観光地等のうち、札幌市に所在しているものをすべて選びなさい。

　　a. 大通公園　　　　　b. 神威岬
　　c. 羊ヶ丘展望台　　　d. 藻岩山

a、c、d
札幌市内の観光地等はP28〜29参照。

bの神威岬は、積丹半島の北西端にある。

次の貸切バスの行程に関する以下の問1〜問2の各設問について、該当するものをそれぞれの選択肢から一つ選びなさい。

［行程］

| ○日目 | 新函館北斗駅 → トラピスチヌ修道院 → ① → 函館元町地区を散策 → 函館山 → 湯の川温泉（泊） |

問1. 津軽海峡に面し、函館山の南東に突き出た ① に該当するものは次のうちどれか。

a．神威岬　　　　　b．立待岬

c．地球岬　　　　　d．納沙布岬

b

すべて北海道内にある岬。aは積丹半島の北西端にあり、cは室蘭市に、dは根室半島の先端（北海道の最東端）にある。

問2. 上記行程中にある函館元町地区に関する次の記述のうち、誤っているものはどれか。

a．日本初の洋式城郭であった五稜郭がある。

b．八幡坂、二十間坂などの道幅の広い坂道がある。

c．旧イギリス領事館などの歴史的建造物がある。

d．国の重要文化財に指定されている函館ハリストス正教会がある。

a

五稜郭は函館元町地区に属さない。函館元町地区は、函館山と函館港に挟まれた地域で、山から海に向かって下る美しい坂と、函館が最も繁栄した明治末期〜昭和初期に建築された和風、洋風、和洋折衷様式の建築物が多数ある。

46
□□
【R2】
総

次の貸切バスの行程に関する以下の問1～問2の各設問について、該当するものをそれぞれの選択肢から一つ選びなさい。

［行程］

○日目	網走湖畔温泉 → ① → 知床（高架木道を散策）→ 知床峠(車窓) → 羅臼(昼食) → 野付半島 → 川湯温泉(泊)
○日目	川湯温泉 → ② → 阿寒湖畔（昼食）→ オンネトー → 十勝川温泉（泊）

問1. 途中から流れが二つに分かれていることから「双美の滝」とも呼ばれる ① に該当するものは次のうちどれか。

a．オシンコシンの滝　　b．カムイワッカの滝
c．銀河の滝　　　　　　d．フレペの滝

問2. 霧で有名な湖で、アイヌ語で「カムイトー」と呼ばれ、その湖水は世界でも一級の透明度を誇る ② に該当するものは次のうちどれか。

a．サロマ湖　　　　　　b．洞爺湖
c．能取湖　　　　　　　d．摩周湖

a
すべて北海道内にある滝。bとdはいずれも世界自然遺産「知床」に属する。cは層雲峡にある。

d
すべて北海道内にある湖。aは北海道最大の湖でオホーツク海沿岸に位置する。bは北海道南西部にあり、cは網走市に属する。

MAP
1-1

北海道 ①

🎎 さっぽろ雪まつり（2月）／あばしりオホーツク流氷まつり（2月）／YOSAKOIソーラン祭り（6月）／こたんまつり（9月）／まりも祭（10月）
🍲 ルイベ／三平汁／石狩鍋／ジンギスカン
🐻 木彫熊

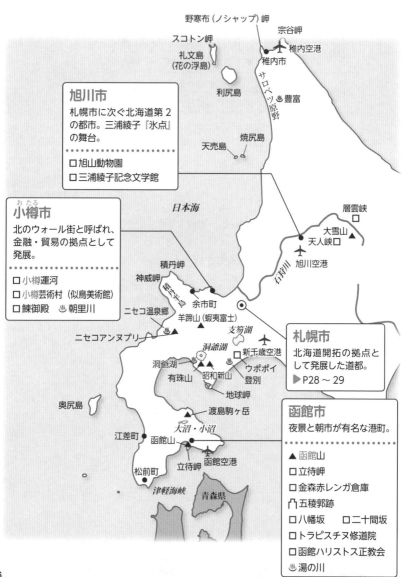

旭川市

札幌市に次ぐ北海道第2の都市。三浦綾子『氷点』の舞台。

□ 旭山動物園
□ 三浦綾子記念文学館

小樽市 (おたる)

北のウォール街と呼ばれ、金融・貿易の拠点として発展。

□ 小樽運河
□ 小樽芸術村（似鳥美術館）
□ 鰊御殿　♨ 朝里川

札幌市

北海道開拓の拠点として発展した道都。
▶ P28～29

函館市

夜景と朝市が有名な港町。

▲ 函館山
□ 立待岬
□ 金森赤レンガ倉庫
🏯 五稜郭跡
□ 八幡坂　□ 二十間坂
□ トラピスチヌ修道院
□ 函館ハリストス正教会
♨ 湯の川

野寒布（ノシャップ）岬
宗谷岬
稚内空港
スコトン岬
礼文島（花の浮島）
稚内市
利尻島
サロベツ原野
豊富
天売島
焼尻島
日本海
層雲峡
大雪山 ▲
天人峡 □
石狩川 旭川空港
積丹岬
神威岬
積丹半島
余市町
羊蹄山（蝦夷富士）
ニセコ温泉郷
ニセコアンヌプリ
支笏湖
洞爺湖
新千歳空港
有珠山
昭和新山
ウポイポ
登別
地球岬
奥尻島
渡島駒ヶ岳
大沼・小沼
江差町
函館山
天売島
函館空港
松前町
立待岬
津軽海峡
青森県

MAP 1-2 北海道②

北海道

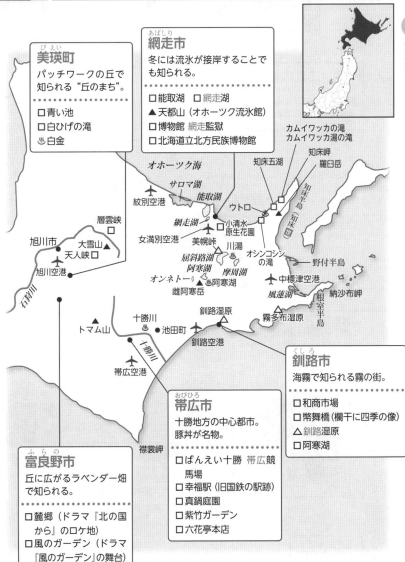

美瑛町（びえい）

パッチワークの丘で知られる "丘のまち"。

- □青い池
- □白ひげの滝
- ♨白金

網走市（あばしり）

冬には流氷が接岸することでも知られる。

- □能取湖　□網走湖
- ▲天都山（オホーツク流氷館）
- □博物館 網走監獄
- □北海道立北方民族博物館

オホーツク海

サロマ湖

能取湖

紋別空港

網走湖

女満別空港

層雲峡

旭川市

大雪山 ▲

天人峡 □

旭川空港

石狩川

美幌峠

川湯

屈斜路湖

阿寒湖

摩周湖

オンネトー

雌阿寒岳 ♨阿寒湖

小清水原生花園

ウトロ

知床五湖

知床峠

羅臼岳

カムイワッカの滝
カムイワッカ湯の滝

知床岬

知床半島

国後

オシンコシンの滝

野付半島

中標津空港

風蓮湖

霧多布湿原

納沙布岬

根室半島

釧路湿原 △

十勝川

トマム山 ▲

十勝川

池田町

釧路空港

帯広空港

襟裳岬

富良野市（ふらの）

丘に広がるラベンダー畑で知られる。

- □麓郷（ドラマ『北の国から』のロケ地）
- □風のガーデン（ドラマ『風のガーデン』の舞台）

帯広市（おびひろ）

十勝地方の中心都市。豚丼が名物。

- □ばんえい十勝 帯広競馬場
- □幸福駅（旧国鉄の駅跡）
- □真鍋庭園
- □紫竹ガーデン
- □六花亭本店

釧路市（くしろ）

海霧で知られる霧の街。

- □和商市場
- □幣舞橋（欄干に四季の像）
- △釧路湿原
- □阿寒湖

🧳 札幌市内地図

 白い恋人パーク

1 白い恋人パーク

銘菓「白い恋人」の製造工程を見ることができる。

北海道神宮

札幌市
円山動物園

円山公園

2 大倉山展望台

大倉山ジャンプ競技場
札幌オリンピックミュージアム

2 大倉山展望台

ジャンプ競技場は、1972年の冬季オリンピック札幌大会の舞台。

もいわ山
展望台

ロープ
ウェイ

藻岩山
3

3 藻岩山

頂上からは札幌市街、石狩湾、石狩平野を一望。

⚐ 定山渓
（札幌の奥座敷）

北海道開拓の拠点として栄えた北の都・札幌。北海道観光の玄関口としての役割をもち、市街地・郊外に数多くの見どころがある。

4 北海道大学

敷地面積は東京ドーム38個分。ポプラ並木、イチョウ並木が美しい。

モエレ沼公園

●札幌駅周辺

北海道大学 4

札幌駅

札幌市時計台 6

5 北海道庁旧本庁舎

さっぽろテレビ塔

すすきの

大通公園 7

7 大通公園

東西約1.5kmにわたり続く公園。2月に開催される日本一の雪の祭典「さっぽろ雪まつり」のメイン会場。

5 北海道庁旧本庁舎

ネオ・バロック様式の建物は北海道のシンボル。赤レンガ庁舎とも。

6 札幌市時計台

札幌農学校(現北海道大学)の演武場として建設。

8 羊ヶ丘展望台

眼下に石狩平野を望む。"BOYS BE AMBITIOUS"の文字が刻まれたクラーク博士の銅像が立つ。

札幌ドーム

羊ヶ丘

8 羊ヶ丘展望台

さっぽろ雪まつり資料館

北海道

29

第2章

東北地方

1 青森県

MAP ▶ P42

1
[H21]
総

下北半島の北部にある［　　　　］は、死者などの霊を乗り移らせその言葉を語るといわれる**イタコの口寄せ**で知られる。

恐山（おそれざん）

2
[H23]
国

青森県にある［　　　　］遺跡は、**日本最大級の縄文集落遺跡**で、**竪穴住居跡、掘立柱建物跡**などが発掘されている国指定の特別史跡である。

三内丸山（さんないまるやま）
三内丸山遺跡は青森市にある。
世界文化遺産「北海道・北東北の縄文遺跡群」の構成資産の一つ。

3
[H28]
国

十和田八幡平国立公園の区域内で**八甲田山麓**に位置する［　　　　］温泉は、**総ヒバ造りの大浴場「ヒバ千人風呂」**で有名である。

酸ヶ湯（すかゆ）

4
[H29]
総

青森県下北半島の西海岸にある［　　　　］は、海食作用によってできた凝灰岩の高さ200〜300mの断崖で、**如来の首、五百羅漢、一ツ仏、蓮華岩**などと名付けられた**神秘的に並ぶ巨岩、奇石**がある。

仏ヶ浦（ほとけがうら）

5
[H30]
国

青森県内に位置する［　　　　］は、**十和田湖**から発し、**銚子大滝**など十数か所の**滝と奇岩によってつくられる流れ**が見事な景勝地で、特に新緑や紅葉の季節に人気が高い。

奥入瀬渓流（おいらせけいりゅう）

6
[H20]
総

十和田湖畔の［　　　　］から**焼山**までの約14kmにわたる**奥入瀬渓流**には、銚子大滝など多くの滝や奇岩、怪石があり、新緑や紅葉の名所としても知られている。

子ノ口（ねのくち）

7
【予想】
JR **五能線**の沿線、日本海沿岸の**深浦町**にある ⬜⬜ は、眼前に海が広がり、**海岸と一体化した絶景の露天風呂**が人気の温泉である。

黄金崎不老ふ（こがねざきふろう）
死温泉（し）

8
【予想】
青森県の最高峰で**津軽富士**の別称で親しまれている ⬜⬜ は、山麓に嶽温泉（だけ）や百沢温泉などの 10 の源泉があり、登山客にも人気がある。

岩木山（いわきさん）

9
【予想】
津軽平野の中央部、津軽富士見湖（廻堰大溜池（まわりぜきおおためいけ））にかかる ⬜⬜ は、その全長が 300 mと、**三連太鼓橋では日本一長い木橋**で、**岩木山を借景にした美しい橋**の姿を撮影しようと多くの観光客が訪れる。

鶴の舞橋（つる まいはし）
岩木山を背景にした橋の風景が、JR東日本の広告で使用された。

10
【予想】
津軽海峡に面した ⬜⬜ は、**下北半島の北西端**に位置する岬で、「**本州最北端の地**」の碑や、この地の漁師に一本釣りされた**マグロ**をモデルにしたモニュメントがある。

大間崎（おおまざき）

11
【予想】
太宰治記念館（だざいおさむ） ⬜⬜ 館は、作家**太宰治の生家**で、資料展示室では、太宰が生前着用していたマントや執筆用具、直筆原稿などが展示されている。

斜陽（しゃよう）
五所川原市金木にある。記念館の名称は太宰治の小説『斜陽』に由来するもの。

12
【予想】
青函トンネル記念館は、**津軽半島の北端**に位置する ⬜⬜ にあり、海面下 140m の世界を体験できる「体験坑道」では当時の現場を体感できる。

龍飛崎（たっぴざき）

13

【R2】
総

下線部 a ～ d のうち、誤っているものはどれか。

青森県の温泉地には、八甲田の主峰大岳の西麓にあり、大浴場「ヒバ千人風呂」で有名な a. 酸ヶ湯温泉、津軽の奥座敷といわれ、温泉熱がもやしの栽培に利用される b. 大鰐温泉、夏泊半島の西側基部にあり、青森湾に面した風光明媚な c. 蔦温泉、下北半島北部にあり、井上靖が「海峡」の終局を執筆した地としても知られる d. 下風呂温泉などがある。

c
夏泊半島の基部にあるのは浅虫温泉。蔦温泉は奥入瀬渓流のほど近くに湧く一軒宿。

14

【H27】
総

青森県の観光地等に関する次の記述から、正しいものだけをすべて選んでいるものはどれか。

（ア）下北半島を代表する景勝地仏ヶ浦は、海岸線沿いに如来の首、五百羅漢、一ツ仏などの名称がつけられた仏像を思わせる白緑色の奇岩が連なっている。

（イ）津軽半島にある浅虫温泉は、青森の奥座敷ともいわれる風光明媚な温泉地で、湯ノ島を背景に日本海に沈む夕日の景観の美しさで知られている。

（ウ）青森市にある三内丸山遺跡は、国内最大級の縄文時代の集落跡で、竪穴住居や大型掘立柱建物などが復元されている。

a.（ア）（イ）　　b.（ア）（ウ）
c.（イ）（ウ）　　d.（ア）（イ）（ウ）

b.（ア）（ウ）
（イ）の浅虫温泉（青森市）は、夏泊半島にあり、日本海ではなく青森湾（陸奥湾の内湾）に面している。

2 岩手県

MAP ▶ P43

1

【H20】
総

宮古湾の入口にあり、三陸復興国立公園の見どころの一つである　　　　は、白い岩肌と松の緑、海の青さとのコントラストが美しい景勝地である。

浄土ヶ浜

2
☐☐
【H23】
総

平泉町には**金色堂**で知られる☐☐☐☐寺、**浄土庭園**で知られる**毛越寺**など奥州藤原氏の約 100 年の栄華の跡が遺され、これらは「平泉 – 仏国土（浄土）を表す建築・庭園及び考古学的遺跡群 –」として世界文化遺産に登録されている。

中尊
中尊寺金色堂は松尾芭蕉が『奥の細道』で詠んだ"五月雨の降のこしてや光堂"の名句でも知られる。

3
☐☐
【H25】
国

「三大鍾乳洞」の一つ、岩手県にある☐☐☐☐は**地底湖**と**透明度の高い地下水**で有名で、国の天然記念物として指定されている。

龍泉洞
秋芳洞（山口県）、龍河洞（高知県）とともに、日本三大鍾乳洞の一つに数えられる。

4
☐☐
【H27】
総

岩手県南東部にある☐☐☐☐市には、人が住む母屋と馬小屋が L 字形につながった**南部曲り家**と呼ばれる古民家を移築したふるさと村、**カッパ伝説**で知られるカッパ淵などの見どころがある。

遠野
民俗学者・柳田國男による逸話集『遠野物語』でも知られる。

5
☐☐
【H28】
総

岩手県**田野畑村**にある陸中海岸を代表する☐☐☐☐は、**200m の切り立った断崖**が約 8km にわたって連なりを見せる景勝地で、三陸復興国立公園に属している。

北山崎
海のアルプスとも呼ばれる景勝地。

6
☐☐
【R4】
総

慈覚大師円仁が開山し、**藤原氏**二代基衡から三代秀衡の時代に多くの**伽藍**が造営された☐☐☐☐は、世界文化遺産に登録されており、現在、大泉が池を中心とする**浄土庭園**と平安時代の伽藍遺構がほぼ完全な状態で保存されている。

毛越寺
中尊寺とともに「平泉 - 仏国土（浄土）を表す建築・庭園及び考古学的遺跡群 –」の構成資産として世界文化遺産に登録されている。

7
☐☐
【予想】

岩手県の☐☐☐☐市は、『銀河鉄道の夜』『注文の多い料理店』などの作品で知られる童話作家・詩人の**宮沢賢治の故郷**として知られ、市内には**宮沢賢治記念館**、宮沢賢治童話村などの施設がある。

花巻

8
【予想】

栗駒山に源を発し、一関市内へと流れる磐井川の浸食によって形成された _____ は、甌穴や奇岩、深淵に滝などの景観が 2km にわたって続く景勝地で、**対岸からロープ伝いにかごで運ばれるだんご**が名物になっている。

厳美渓
げんびけい

船下りの船頭による『猊鼻追分』で知られる猊鼻渓とともに一関市を代表する景勝地。

🔒3 宮城県

MAP ▶ P44

1
【R2】
国

紅葉の名所としても知られる _____ 峡は、大谷川の浸食により生まれた深さ約 100 メートルに及ぶ大峡谷で、近辺には「日本**こけし**館」がある。

鳴子
なるこ

下流側にある鳴子温泉は、首が回って音がする"鳴子こけし"の産地。

2
【H22】
国

宮城県北部にあり、**ラムサール条約湿地**でもある _____ および内沼は、水生植物が繁茂する淡水湖で、ガンカモ類の越冬地になっている。

伊豆沼
いずぬま

3
【H25】
総

宮城県南部、蔵王山東麓にある _____ 温泉は蔵王観光の拠点のひとつで、付近にある蔵王エコーラインから蔵王ハイラインを利用すると、エメラルドグリーンの水をたたえた円型の火口湖**御釜**を見ることができる。

遠刈田
とおがった

4
【R3】
国

_____ は、**日本三景でもある松島**にある奥州随一の禅宗の寺院で、**伊達政宗**の創建といわれる本堂や台所の役割を持つ庫裡が国宝に指定されている。

瑞巌寺
ずいがんじ

伊達政宗の菩提寺としても知られる。

5
【予想】

仙台の奥座敷と呼ばれ、**名取川の渓谷**に沿って温泉街が広がる _____ 温泉は東北屈指の名湯で、温泉の入口にかかる**覗橋**を中心とした**磊々峡**では秋の紅葉を楽しむことができる。

秋保
あきう

作並温泉とともに、仙台を代表する温泉地。

1
□□
[H18]
国

水深日本一を誇る［　　　］は、湖岸に建つ伝説を秘めた「たつこ像」が、訪れる観光客に親しまれている。

田沢湖

2
□□
[予想]

秋田県仙北市（せんぼくし）にある［　　　］は、佐竹氏の城下町として栄えた往時の**武家屋敷**や商家・民家が残り、**枝垂桜**（しだれざくら）の**名所**としても知られ「**みちのくの小京都**」と呼ばれている。

角館（かくのだて）

3
□□
[予想]

十和田湖の南岸、秋田県内に位置する［　　　］峠は、標高 631 メートルの展望台から眺める**十和田湖や八甲田の山々の絶景**で知られている。

発荷（はっか）

4
□□
[予想]

十和田八幡平（はちまんたい）国立公園に属し、秋田県の秘湯として人気の高い［　　　］温泉郷は、**独自に源泉を持つ七湯**からなり、なかでも最も歴史ある**鶴の湯**は、秋田藩主の湯治場だった由緒ある温泉である。

乳頭（にゅうとう）

5
□□
[予想]

［　　　］半島は、回転展望台のある**寒風山**（かんぷうざん）や、**半島北端**の**入道崎**（にゅうどうざき）などの見どころがあり、冬に行われる奇祭な**まはげ**は、この地の伝統的な行事である。

男鹿（おが）
宮城県の牡鹿半島（おしか）と間違えやすいので注意。

なまはげ

6
□□
[予想]

炊いた米をすりつぶし、串にまきつけて焼いたものを、鶏ガラの出汁できのこ、野菜、鶏肉などと一緒に煮込んだ［　　　］鍋は、**秋田県を代表する郷土料理**である。

きりたんぽ

7
□□
【R3】
総

次の下線部 a 〜 d のうち、誤っているものはどれか。
秋田県の観光地等には、みちのくの小京都として知られるa. 角館、男鹿半島東部に位置する火山で山頂には回転展望台があるb. 寒風山、小坂鉱山の厚生施設として誕生した芝居小屋のc. 斜陽館、東北の耶馬渓と称され、「神の岩橋」からの眺望がすばらしいd. 抱返り渓谷などがある。

c
cは康楽館を指す。斜陽館は太宰治の生家および記念館で、青森県五所川原市金木にある。

🔒5 山形県

MAP ▶ P46

1
□□
【予想】

あつみ、湯田川、湯野浜などの温泉を有する□□□市は庄内藩14万石の城下町として栄え、豪商の旧風間家住宅「丙申堂」や、庄内藩校「致道館」などの貴重な史跡、文化財が残されている。

鶴岡

2
□□
【H23】
総

山形県□□□市は、謙信公を祀った上杉神社や笹野一刀彫りなどの伝統工芸が有名である。

米沢

3
□□
【H25】
国

山形県酒田市の□□□美術館は、鳥海山を借景とする庭園「鶴舞園」が国の名勝に指定されている。

本間

4
□□
【予想】

酒田米穀取引所の付属倉庫として、旧庄内藩酒井家により建てられた□□□は、現在も米穀倉庫として使用され、一部は「庄内米歴史資料館」や観光物産館として活用されている。

山居倉庫

5
□□
【H29】
国

山形県をほぼ南北に貫く急流で、古口港から草薙港までの舟下りでも知られる□□□川は、その風光明媚な姿を題材に、正岡子規や斎藤茂吉らの俳人・歌人にも詠われた。

最上
松尾芭蕉の"五月雨をあつめて早し最上川"の句も有名。

6
☐☐
【予想】
将棋駒の産地 ☐☐☐☐ 市 は、**温泉地**としても知られ、毎年4月に**桜の名所・舞鶴山**で、甲冑を身にまとった人間が将棋駒になってプロ棋士が対局を行う**人間将棋**が行われる。

てんどう
天童

人間将棋

7
☐☐
【予想】
磐梯朝日国立公園内にある**出羽三山**は、**羽黒山**、☐☐☐☐、**湯殿山**の総称で、古くから山岳修験の山として知られる。

がっさん
月山

6 福島県

MAP ▶ P47

1
☐☐
【予想】
会津若松市と日光市を結ぶ**会津西街道（下野街道）の宿場町**であった ☐☐☐☐ 宿は、江戸時代の宿場の面影を今に残している。

おおうち
大内

2
☐☐
【H25】
国
会津松平家の居城であった**若松城**は、別名 ☐☐☐☐ とも呼ばれ、維新政府軍と旧幕府勢力が戦った**戊辰戦争**において戦いの舞台となった名城である。

つる が じょう
鶴ヶ城
会津若松市にある。

3
☐☐
【予想】
かつての常磐炭田の中心地として栄え、廃鉱後は観光産業で発展した ☐☐☐☐ 温泉には、**巨大なプールを併設した大規模な温泉施設**スパリゾートハワイアンズがある。

いわき湯本
炭坑から観光事業への転換の軌跡が映画『フラガール』で描かれた。

4
☐☐
【予想】
福島県出身の医学者・野口英世の生涯と、その業績を展示している**野口英世記念館**は、☐☐☐☐ 湖畔にあり、生家が当時のままの姿で保存されている。

いなわしろ
猪苗代

5
□□
【H30】
国

_____ は**猪苗代湖の北側**にそびえる火山で、山麓には
その噴火によってできた**桧原湖**（ひばらこ）や**五色沼**（ごしきぬま）などが点在して
いる。

磐梯山（ばんだいさん）

6
□□
【R4】
国

磐梯山の北側に位置する _____ は、毘沙門沼（びしゃもん）、弁天沼、
るり沼などからなる湖沼群で、これらを巡る自然探勝路
や手漕ぎボートなどが楽しめる。

五色沼

7
□□
【H25】
総

下線部 a ～d のうち、誤っているものはどれか。
NHK 大河ドラマ八重の桜の舞台となっている会津若松市
には、白虎隊（びゃっこたい）の自刃の地<u>a．飯盛山</u>（いいもりやま）、戊辰戦争で激しい攻
防に耐えた<u>b．鶴ヶ城</u>、会津藩家老の屋敷や陣屋などが軒
を連ねる野外博物館<u>c．会津武家屋敷</u>、歴代藩主が愛した
庭園<u>d．盛美園</u>（せいびえん）などの見どころや歴史的遺産がある。

d
d は御薬園（おやくえん）を指す。
盛美園は青森県平
川市にある和洋折
衷の館および日本
庭園。

8
□□
【R2】
総

下線部 a ～d のうち、誤っているものはどれか。
福島県の観光地等には、日本三大桜に数えられ、天然記
念物に指定されている名木<u>a．三春滝 桜</u>（みはるたきざくら）、磐梯朝日国立
公園にあり、「神秘の湖沼」といわれ様々な色彩が見られ
る<u>b．五色沼湖沼群</u>、飯盛山に建立され、国の重要文化
財に指定されている六角三層のお堂<u>c．さざえ堂</u>、全長約
600m の洞内に「滝根御殿」や「月の世界」などの造形美
を見ることができる<u>d．龍泉洞</u>などがある。

d
d はあぶくま洞（田
村市滝根町）を指
す。龍泉洞は岩手
県岩泉町にある鍾
乳洞。

7 東北地方

1
□□
【H24】
国

斧の形をした ▢▢▢▢ 半島には、景勝地の**仏ヶ浦**や「イタコの口寄せ」で有名な霊場・**恐山**がある。

下北
青森県に属する半島。

2
□□
【R1】
国

山形県と宮城県にまたがる ▢▢▢▢ 山（連峰）は、火口湖である**御釜**や冬季に見られる**樹氷**で知られ、山麓にある温泉やスキー場で人気がある。

蔵王

御釜

3
□□
【R4】
総

青森県と秋田県にまたがる ▢▢▢▢ は、新緑や紅葉の名所として知られ、その湖畔の**子ノ口**から**焼山**まで続く**奥入瀬渓流**には**銚子大滝**などがあり、渓流に沿って車道と遊歩道が整備されている。

十和田湖
湖畔に高村光太郎作の彫像「乙女の像」がある。

4
□□
【H21】
総

次の下線部 a ～ d のうち、誤っているものはどれか。
a．牡鹿半島は、大晦日の伝統行事「なまはげ」で有名で、その半島の東に位置する標高 355m の b．寒風山の回転展望台からは半島全域や遠くは鳥海山が眺望できることがあり、半島最北端の c．入道崎からは d．日本海を一望することができる。

a
寒風山、入道崎があるのは男鹿半島（秋田県）。
牡鹿半島は宮城県に属し、先端から沖合 1km に金華山を望む。

5
□□
【H26】
総

東北の桜の名所として知られる市町村に関する次の記述のうち、誤っているものはどれか。
a．津軽家の居城があった青森県弘前市
b．武家屋敷が残る秋田県仙北市角館町
c．石割桜で知られる岩手県北上市
d．滝桜で知られる紅枝垂桜の福島県三春町

c
石割桜があるのは岩手県盛岡市。
盛岡地方裁判所の敷地内にあり、花崗岩の割れ目から延びる桜の名木。
a は弘前城公園が、b は武家屋敷通りの枝垂桜が有名。

6
☐☐
【H24】
総

東北地方の観光地等に関する次の記述のうち、誤っているものはどれか。

a. 青森県と秋田県にまたがる白神山地は、世界自然遺産に登録され、世界最大級のブナの原生林がある。

b. 宮城県の名取川沿いにある秋保温泉は、仙台市の南西部に位置し、近くには磊々峡と呼ばれる峡谷がある。

c. 山形県上山市は、将棋の駒の特産地で、毎年4月に催される桜まつりでは甲冑をつけた人たちが将棋の駒となる人間将棋が行われる。

d. 福島県郡山市から東に約25kmの田村市滝根町には、あぶくま洞、入水鍾乳洞がある。

c
山形県にある将棋の駒の特産地は天童市。
上山市は蔵王山の麓に湧くかみのやま温泉で知られ、近くに歌人の斎藤茂吉記念館がある。

7
☐☐
【H26】
総

東北地方の山岳等に関する次の記述から、正しいものだけをすべて選んでいるものはどれか。

（ア）八甲田山は、青森市の南に連なる火山群で、十和田八幡平国立公園に属し、山麓には酸ヶ湯温泉や蔦温泉がある。

（イ）世界自然遺産 白神山地は、青森県と岩手県にまたがる山地帯で、日本最大のブナの原生林で知られている。

（ウ）出羽三山のひとつ月山は、磐梯朝日国立公園に属する信仰の山で、夏スキーが楽しめる山としても知られている。

a.（ア）（イ）　　b.（ア）（ウ）
c.（イ）（ウ）　　d.（ア）（イ）（ウ）

b.（ア）（ウ）
（イ）の白神山地は青森県と秋田県にまたがる原生林。

8
□□
【H28】
総

東北地方の観光地に関する次の記述のうち、誤っているものはどれか。

a. 十和田湖畔の子ノ口から焼山までの約14kmにわたる奥入瀬渓流では、銚子大滝や有名な「阿修羅の流れ」などがある。

b. 抱返り渓谷は雄物川の支流玉川に続く渓谷で、「神の岩橋」や「回顧の滝」がある紅葉の名所として知られている。

c. 猊鼻渓は北上川の支流砂鉄川沿いの渓谷で、「猊鼻追分」を船頭が唄う舟下りがある。

d. 磊々峡は名取川中流の峡谷で、近くには「仙台の奥座敷」として知られる遠刈田温泉がある。

d
磊々峡の近くにあり、仙台の奥座敷と呼ばれるのは秋保温泉（仙台市）。遠刈田温泉は蔵王山麓（宮城県側）に位置する。aは青森県、bは秋田県、cは岩手県の観光地。

東北地方

9
□□
【R1】
総

通称「山寺」と呼ばれ、**松尾芭蕉**が奥の細道の紀行の際にこの地を訪れ、「**閑さや岩にしみ入る蝉の声**」の名句を残した写真の寺院は、次のうちどれか。

[写真]

a. 瑞巌寺　　　b. 中尊寺
c. 毛越寺　　　d. 立石寺

d
すべて東北地方にある寺。aは宮城県（松島町）に、bとcは岩手県（平泉町）に、dは山形県にある。

41

MAP
2

青森県

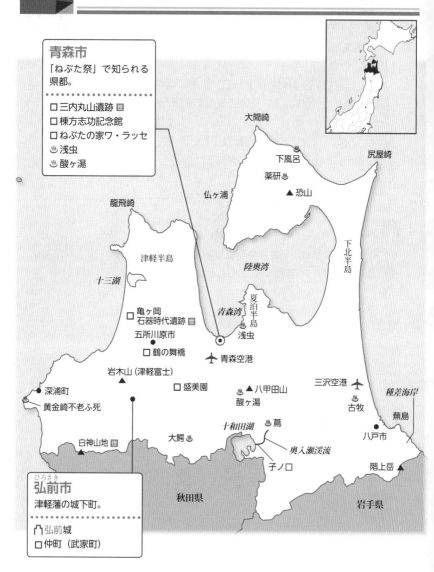

青森市

「ねぶた祭」で知られる
県都。

□ 三内丸山遺跡 📖
□ 棟方志功記念館
□ ねぶたの家ワ・ラッセ
♨ 浅虫
♨ 酸ヶ湯

大間崎

下風呂
薬研♨

仏ヶ浦

▲ 恐山

尻屋崎

下北半島

龍飛崎

津軽半島

陸奥湾

十三湖

青森湾

夏泊半島

亀ヶ岡
石器時代遺跡 📖

浅虫

五所川原市

□ 鶴の舞橋

✈ 青森空港

岩木山（津軽富士）

三沢空港 ✈

深浦町
♨ 黄金崎不老ふ死

□ 盛美園

♨ ▲ 八甲田山
酸ヶ湯

古牧

種差海岸

蕪島

十和田湖 ♨ 蔦

白神山地 📖

大鰐♨

奥入瀬渓流

八戸市

子ノ口

階上岳

弘前市
<small>ひろさき</small>

津軽藩の城下町。

🏯 弘前城
□ 仲町（武家町）

秋田県

岩手県

MAP

3

岩手県

🎭 チャグチャグ馬コ（6月）／さんさ踊り（8月）／南部牛追唄
🍜 わんこそば／南部せんべい
🎨 秀衡塗／南部鉄器／小久慈焼

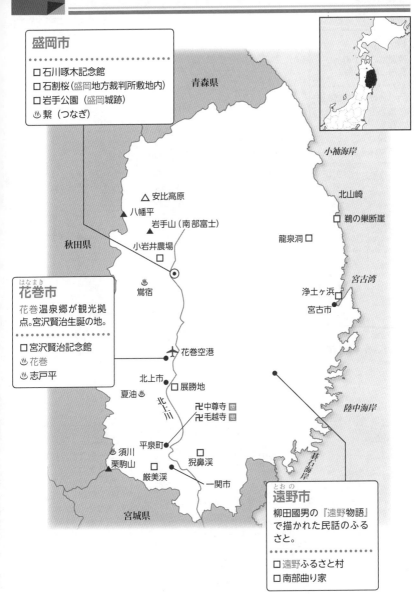

盛岡市

□ 石川啄木記念館
□ 石割桜（盛岡地方裁判所敷地内）
□ 岩手公園（盛岡城跡）
♨ 繋（つなぎ）

青森県

小袖海岸

北山崎

△ 安比高原
▲ 八幡平
　　岩手山（南部富士）
　　　▲
小岩井農場
　　　□

🎯

♨
鷢宿

秋田県

□ 鵜の巣断崖

龍泉洞 □

宮古湾

浄土ヶ浜
宮古市

花巻市（はなまき）

花巻温泉郷が観光拠
点。宮沢賢治生誕の地。

□ 宮沢賢治記念館
♨ 花巻
♨ 志戸平

✈ 花巻空港

北上市
□ 展勝地
夏油 ♨

北上川

卍 中尊寺 🏯
卍 毛越寺 🏯

陸中海岸

♨ 須川
栗駒山 ▲
　　　□
厳美渓

平泉町 ●

□
猊鼻渓

一関市

宮城県

碁石海岸

遠野市（とおの）

柳田國男の『遠野物語』
で描かれた民話のふる
さと。

□ 遠野ふるさと村
□ 南部曲り家

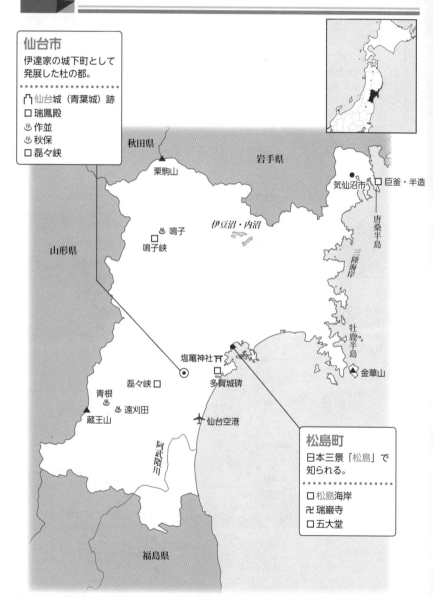

MAP
4

宮城県

🏮 仙台七夕まつり（8月）／さんさ時雨／斎太郎節
🍡 ずんだ餅／笹かまぼこ
🎎 鳴子こけし

仙台市

伊達家の城下町として
発展した杜の都。

- ⛫ 仙台城（青葉城）跡
- □ 瑞鳳殿
- ♨ 作並
- ♨ 秋保
- □ 磊々峡

秋田県

▲ 栗駒山

岩手県

● 気仙沼市　□ 巨釜・半造

唐桑半島

伊豆沼・内沼

三陸海岸

山形県

♨ 鳴子
□ 鳴子峡

牡鹿半島

塩竈神社 ⛩
□
□ 多賀城碑

▲ 金華山

磊々峡 □

青根
♨
♨ 遠刈田

▲ 蔵王山

✈ 仙台空港

阿武隈川

松島町

日本三景「松島」で
知られる。

- □ 松島海岸
- 卍 瑞巌寺
- □ 五大堂

福島県

MAP 5 秋田県

🏮 竿燈まつり（8月）／なまはげ（12月）
🍲 きりたんぽ／稲庭うどん／しょっつる鍋
🎍 大館曲げわっぱ／樺細工（角館）

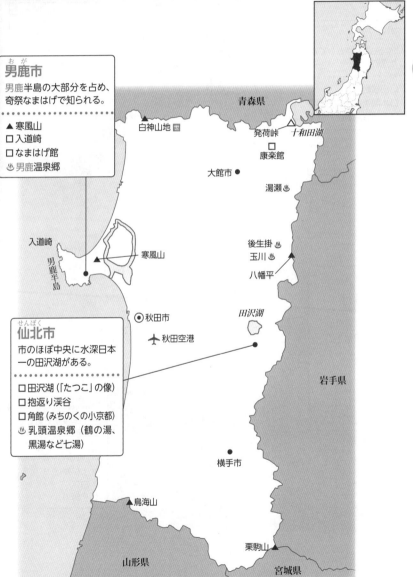

男鹿市 (おが)

男鹿半島の大部分を占め、奇祭なまはげで知られる。

▲ 寒風山
□ 入道崎
□ なまはげ館
♨ 男鹿温泉郷

仙北市 (せんぼく)

市のほぼ中央に水深日本一の田沢湖がある。

□ 田沢湖（「たつこ」の像）
□ 抱返り渓谷
□ 角館（みちのくの小京都）
♨ 乳頭温泉郷（鶴の湯、黒湯など七湯）

青森県

白神山地 ▲
発荷峠 △ 十和田湖
□ 康楽館
大館市 ●
湯瀬 ♨

後生掛 ♨
玉川 ♨
八幡平 ▲

入道崎
男鹿半島
寒風山 ▲

◉ 秋田市
✈ 秋田空港

田沢湖

岩手県

● 横手市

▲ 鳥海山

栗駒山 ▲

山形県
宮城県

45

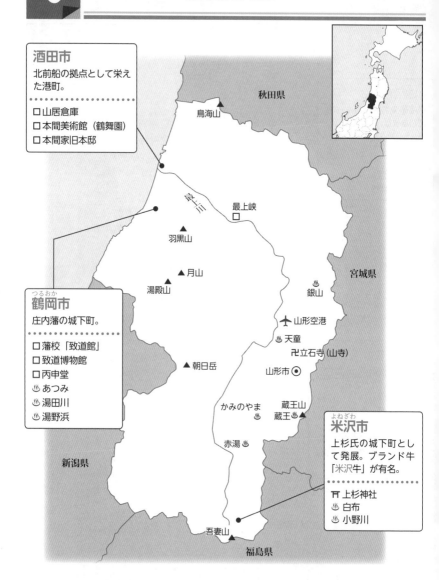

MAP 6 山形県

祭 花笠まつり（8月）
米沢牛／さくらんぼ／いも煮
天童将棋駒／紅花染

酒田市
北前船の拠点として栄え
た港町。
....
□ 山居倉庫
□ 本間美術館（鶴舞園）
□ 本間家旧本邸

秋田県

▲ 鳥海山

最上川

□ 最上峡

▲ 羽黒山

▲ 月山
▲ 湯殿山

♨ 銀山

宮城県

✈ 山形空港

♨ 天童
卍 立石寺（山寺）

山形市 ◉

つるおか
鶴岡市
庄内藩の城下町。
....
□ 藩校「致道館」
□ 致道博物館
□ 丙申堂
♨ あつみ
♨ 湯田川
♨ 湯野浜

▲ 朝日岳

かみのやま ♨
赤湯 ♨

蔵王山
蔵王 ♨ ▲

新潟県

よねざわ
米沢市
上杉氏の城下町とし
て発展。ブランド牛
「米沢牛」が有名。
....
⛩ 上杉神社
♨ 白布
♨ 小野川

▲ 吾妻山
福島県

MAP
7

福島県

相馬野馬追（7月）
わっぱめし
三春駒／三春張り子／会津塗／赤べこ

東北地方

会津若松市

会津藩の城下町で戊辰戦
争の舞台。

⛩ 若松城（鶴ヶ城）
▲ 飯盛山
□ さざえ堂
□ 會津藩校日新館
□ 会津武家屋敷
□ 御薬園
♨ 芦ノ牧
♨ 東山

福島市

♨ 飯坂
♨ 土湯

山形県

宮城県

新潟県

吾妻山
檜原湖
五色沼
喜多方（蔵の町）
▲ 安達太良山
▲ 磐梯山
野口英世記念館
♨ 磐梯熱海
●三春町（滝桜）
□ 大内宿
猪苗代湖
□ 塔のへつり
阿武隈川
□ あぶくま洞
✈ 福島空港
□ 白河関跡
いわき湯本
♨
塩屋埼
△ 尾瀬
□
群馬県
栃木県
勿来関
茨城県

第3章

関東地方

1 茨城県

MAP ▶ P60

1
【H23】
国

関東地方東部にある ▢▢▢▢ 山は、西側に位置する**男体山**と東側に位置する**女体山**からなる。毎年2月〜3月にかけて開催される「梅まつり」期間中には、**ガマの油売り口上**、甘酒、梅茶のサービスなどがあり、多くの観光客が訪れる。

筑波
茨城県のシンボル。「紫峰」とも呼ばれる。

2
【H25】
国

水戸藩第9代藩主**徳川斉昭**によって開園された ▢▢▢▢ は**梅の名所**として名高い庭園で、春先に行われる「**梅まつり**」には多くの観光客が訪れる。

偕楽園
偕楽園（水戸市）は、兼六園（石川県金沢市）と後楽園（岡山県岡山市）とともに日本三名園に数えられる。

3
【H27】
総

茨城県潮来市で毎年5月下旬から6月下旬に催される**水郷潮来** ▢▢▢▢ は、初夏の訪れを告げる祭りで、会場の園内には約500種100万株の花々が一面に咲き、期間中には手漕ぎ「ろ舟」で嫁ぎ先へ向かう嫁入り舟も見ることができる。

あやめまつり

4
【予想】

久慈川支流の名瀑で、**冬季**の**氷瀑**で知られる ▢▢▢▢ は、4つの段差を流れ落ちることから**四度の滝**とも呼ばれ、観瀑台から4段のすべてを見渡すことができる。

袋田の滝

5
【予想】

高萩市の ▢▢▢▢ 渓谷は、**汐見滝吊り橋**からの眺めが素晴らしく、渓谷沿いに茂る木々は吊り橋を覆うほど大きく枝をのばし、秋には華やかな紅葉を楽しめる。

花貫

6
【予想】

茨城県の太平洋岸にある国営 ▢▢▢▢ 公園では、広大な園内に季節の花々が咲き乱れ、春は**ネモフィラ**の青、秋は**コキア**の赤で「**みはらしの丘**」一面が彩られる。

ひたち海浜

7
【H28】
総

下線部a〜dのうち、誤っているものはどれか。

茨城県の観光地等には、日本三大稲荷のひとつといわれる a. 笠間稲荷神社、ブロンズ製立像としては世界最大でギネスブックにも登録されている b. 牛久大仏、朝夕に山肌の色を変えるところから「紫峰」とも呼ばれる c. 筑波山、徳川斉昭が藩校として創設した d. 史跡足利学校などがある。

d
徳川斉昭が創設したのは、旧弘道館。史跡足利学校（栃木県足利市）は、日本で最も古いとされる学校施設を復元・公開している史跡。

8
【R1】
総

下線部a〜dのうち、誤っているものはどれか。

茨城県の観光地等には、春のネモフィラで知られる a. 国営ひたち海浜公園、国内第2位の面積をもつ湖で夏には観光帆引き船が運航される b. 千波湖、日本三大稲荷神社のひとつといわれる c. 笠間稲荷神社、四度の滝とも呼ばれる d. 袋田の滝などがある。

b
国内第2位の面積を持つ湖は霞ヶ浦。千波湖は偕楽園（水戸市）に隣接する淡水湖。

🔒 **2 栃木県**

MAP ▶ P61

1
【H19】
国

中禅寺湖の水が断崖を一気に落下する姿が圧巻な［　　　］は、日本三名瀑のひとつといわれ、堅い岩盤をくり抜いて造ったエレベーターを使えば、滝を間近に観察できる。

華厳滝

2
【予想】

栃木県にあり、**日本で最も古い学校**として知られる史跡［　　　］は、創建された時代に諸説あるが、室町時代に学校として整備された記録が残り、江戸後期には文庫（図書館）として注目された。

足利学校

3
【予想】

日光市街と中禅寺湖・奥日光を結ぶ**観光山岳道路**の［　　　］には下り専用と上り専用の二つの坂があり、上り専用の坂の途中にある**明智平展望台**から眺める紅葉は絶景である。

いろは坂
二つの坂にあるカーブの合計は48か所で、カーブつごとに「い」「ろ」「は」…の看板が表示されている。

4
☐☐
【予想】

日光市内にあり、400年の歴史を誇り、かつて"日本一の鉱都"と呼ばれた □□□ 銅山は、閉山後に坑内の一部が開放され、トロッコ電車に乗って当時の坑道を見学できる。

足尾（あしお）

5
☐☐
【H26】
総

下線部a〜dのうち、誤っているものはどれか。

日光市にある東照宮（とうしょうぐう）には、「日暮（ひぐらし）の門」と呼ばれるa. 唐門（からもん）、「左甚五郎（ひだりじんごろう）作」と伝えられるb. 眠り猫、「見ざる、言わざる、聞かざる」のc. 三猿（さんざる）、本地堂（薬師堂）の内陣天井に描かれたd. 鳴竜（なきりゅう）などがある。

a
いつまでも見飽きることがないとの例えから「日暮の門」と呼ばれるのは陽明門。唐門も日光東照宮の社殿群のひとつ。

6
⚐
【H29】
総

次の記述から、正しいものだけをすべて選んでいるものはどれか。

（ア）日光市の二荒山神社（ふたらさん）は、男体山を御神体とした神社で、華厳滝や重要文化財の神橋（しんきょう）もその境内に含まれている。

（イ）日光市の東照宮は、徳川家康公を御祭神とした神社で、2017年3月に「日暮の門」と呼ばれる国宝「唐門」が平成の大修理を終え、その光り輝く姿が公開された。

（ウ）日光市の輪王寺（りんのうじ）は、本堂、慈眼堂、中禅寺などのお堂や本坊、十五の支院を総称したものである。

a．（ア）（イ）　　b．（ア）（ウ）

c．（イ）（ウ）　　d．（ア）（イ）（ウ）

b．（ア）（ウ）
（イ）の「日暮の門」と呼ばれるのは国宝「陽明門」。

日光東照宮 陽明門

---

3 群馬県

MAP ▶ P62

関東地方

1
[H26]
国

榛名山の山麓に湧き、茶褐色の湯で知られる ☐☐☐☐ 温泉は、**365段の石段**の両側に旅館、おみやげ物屋などが軒を連ね、**徳冨蘆花記念文学館**や美人画で知られる**竹久夢二の記念館**がある。

伊香保

伊香保温泉は徳冨蘆花の小説『不如帰』の舞台。

2
【予想】

尾瀬観光の拠点として知られる**老神温泉の近く**にある ☐☐☐☐ は、**東洋のナイアガラ**とも呼ばれる豪快な滝である。

吹割の滝

3
[H30]
総

群馬県西部にあり、強酸性の硫黄泉である ☐☐☐☐ 温泉は、標高約1,200 mの高原に位置し、温泉が**湯畑**を中心に万代、西の河原などから湧出し、独特の入浴法である「時間湯」や「湯もみ」が行われることでも知られる。

草津

湯もみ

4
【予想】

☐☐☐☐ は、浅間山の大噴火で流れ出た溶岩による奇勝で、園内の中央には、噴火の犠牲になった人々の霊を供養するための浅間山観音堂が建立された。

鬼押出し園

5
【R3】
総

次の下線部a〜dのうち、誤っているものはどれか。

群馬県の温泉地には、利根川上流の渓流沿いに旅館やホテルが建ち並ぶ<u>a．水上温泉</u>、片品川に沿った斜面に旅館やホテルが建ち並ぶ<u>b．老神温泉</u>、日本三名泉のひとつで、温泉街の中心に湯畑がある<u>c．草津温泉</u>、榛名山東麓に湧く温泉で、急な石段を挟んで雛壇状に旅館や飲食店が並ぶ<u>d．四万温泉</u>などがある。

d

dは伊香保温泉を指す。四万温泉（群馬県）は四万川沿いにある温泉地。

4 埼玉県

1
□□
【予想】
小江戸・川越市にある _____ は、江戸時代の大火で焼失ののち三代将軍徳川家光により復興され、現在は客殿・**徳川家光誕生の間**や、書院・**春日の局化粧の間**などの**江戸城ゆかりの文化財**が残されている。

喜多院

2
□□
【予想】
埼玉県西部の渓谷である _____ は、国の名勝及び天然記念物に指定され、**ライン下り**と**岩畳**で名高い。

長瀞

3
□□
【予想】
ムーミンバレーパークは、 _____ 市の郊外、宮沢湖畔にあり、フィンランドの作家トーベ・ヤンソン原作の物語『ムーミン』をモチーフにしたテーマパークである。

飯能
ムーミンバレーパークは 2019 年開業。

4
□□
【R1】
国
_____ 市は、ピンクや白の**芝桜**が丘陵に咲き誇る**羊山公園**や 12 月に行われる**夜祭**、標高約 1,100m に位置する**三峯神社**などで知られ、埼玉県を代表する観光地である。

秩父

5
□□
【H23】
総
下線部a～dのうち、誤っているものはどれか。
埼玉県には、関東三大梅林で知られる<u>a．越生梅林</u>、川越市にあり天海僧正ゆかりの<u>b．喜多院</u>、荒川の渓谷で、ライン下りで有名な<u>c．長瀞</u>、師走に催される秩父神社の例大祭である<u>d．秩父音頭まつり</u>などがある。

d
秩父神社の例大祭は秩父夜祭（例年 12 月に開催）。

千葉県

MAP ▶ P64

関東地方

1
【予想】
東京ディズニーリゾートは千葉県 ◻️ 市内に位置し、東京湾に面して東京ディズニーランドと東京ディズニーシーの二つのパークがある。

浦安
うらやす

2
【予想】
房総半島の南東部に位置する**鴨川市**（かもがわ）は、日蓮宗の開祖・**日蓮聖人の生地**として知られ、**鯛の浦**（たい）や、日蓮誕生の地に建立されたと伝えられる ◻️ など、聖人ゆかりの社寺等がある。

誕生寺
たんじょうじ

3
【予想】
日本寺（にほんじ）や**地獄のぞき**などがある標高 330mの ◻️ は、麓からロープウェイが整備され、温暖な房総半島に位置していることから 1 年を通して登山、ハイキングが楽しめる。

鋸山
のこぎりやま

4
【予想】
千葉県 ◻️ 市にある**犬吠埼**（いぬぼうさき）は、先端に**白亜の灯台**が立ち、緯度と経度の関係から、山頂・離島を除き日本で一番早く初日の出を拝める場所として知られる。

銚子
ちょうし

5
【予想】
東京湾アクアラインは東京湾を横断する自動車専用道路で、道路上のパーキングエリア ◻️ から、横浜ベイブリッジ、東京都心の高層ビル群、富士山まで眺めることができる。

海ほたる
東京湾アクアラインは千葉県木更津市と神奈川県川崎市とを結ぶ。
海ほたるパーキングエリアは、周囲を海に囲まれた島（木更津人工島）にある世界でも珍しいパーキングエリア。

東京都

MAP ▶ P65〜67

1
□□
【予想】
新交通臨海線（通称 **ゆりかもめ**）が通る江東区の □□□□ は、大型商業施設が充実し、2018年10月には **東京都中央卸売市場**が開場した。

とよす
豊洲

2
□□
【H23】
国
東京都の**西部**にある □□□□ 山は、山中に真言宗の寺院 があり、**ミシュランの旅行ガイド**で日光、富士山などと 同じ最高の「**3つ星**」**観光地**にランクされている。

たか お
高尾

3
□□
【H24】
国
東京都に属し、**父島**や**母島**など多くの島々からなる □□□□ 諸島は、**固有の生物が数多く生息している**こと が認められ、2011年に世界自然遺産に登録された。

お がさわら
小笠原
"東洋のガラパゴス"とも呼ばれる。

4
□□
【予想】
東京都墨田区にあり、2012年に開業した □□□□ は、**自 立式電波塔としては世界一の高さ**を誇り、ギネス世界記 録にも認定されている。

東京スカイツリー

5
□□
【H30】
総
伊豆諸島最大の島で、標高758mの**三原山**がある □□□□ では、**椿**が有名で、1月下旬から3月下旬にかけ て**椿まつり**が開催され、椿油、工芸品、炭材などが特産 品として生産されている。

み はらやま

大島
（伊豆大島）

6
□□
【予想】
葛飾区にある □□□□ は、正式には**題 経 寺**といい、映画 『**男はつらいよ**』の舞台として知られる。

だいきょう じ

しばまたたいしゃくてん
柴又帝 釈 天

7
□□
【H28】
国
東京都文京区に所在する □□□□ は **柳 沢吉保**が設計指 揮し造り上げた「**回遊式築山泉水庭園**」で、国の特別名 勝に指定されている。

やなぎさわよしやす

りく ぎ えん
六義園

8
□□
【予想】

5月の三社祭、7月の**ほおずき市**、11月の 鷲（おおとり） 神社の**酉（とり）の市**など多くの行事で知られる ____ は、**仲見世通り（なかみせ）**や**隅田川**の水上バスなど東京の下町文化を感じることができる町として人気がある。

浅草（あさくさ）
雷 門（かみなりもん）で知られる浅草寺は浅草のシンボル。

9
□□
【H25】
総

東京都の観光地等に関する次の記述のうち、誤っているものはどれか。

a．新橋駅から豊洲駅間を走る新交通ゆりかもめの沿線には、お台場海浜公園や江戸東京博物館がある。

b．東京ミッドタウンは、ホテル、美術館、商業店舗、公園などが集約された広大なグリーンと6つの建物からなる複合都市である。

c．サンシャインシティは、商業施設、展望台や水族館などのアミューズメント施設、劇場、博物館などの文化施設、ホテルなどが一体となった施設である。

d．葛西臨海水族園には、世界で初めてクロマグロの群泳が見られる大水槽がある。

a
江戸東京博物館はJRおよび地下鉄線の沿線（両国駅）にあり、ゆりかもめ沿線ではない。

10
□□
【H26】
総

次の下線部a〜dのうち、誤っているものはどれか。
東京都には、芝浦と台場などを結ぶ吊り橋で首都高速道路、新交通システムのゆりかもめなどが通るa．**東京ゲートブリッジ**、不忍池（しのばずのいけ）や西郷隆盛の銅像、動物園、美術館などがあるb．**上野恩賜公園（おんし）**、ミシュランの三つ星に指定されたc．**高尾山**、自立式電波塔634mのd．**東京スカイツリー**などがある。

a
ゆりかもめが通り、芝浦と台場などを結ぶ吊り橋はレインボーブリッジ。ゆりかもめのほか、首都高速道路が走り、遊歩道も設けられている。

11
□□
【H29】
総

下線部a〜dのうち、誤っているものはどれか。
日本で最初に指定された公園のひとつ上野恩賜公園の園内には、蓮の名所であるa．**不忍池**、ぼたん苑のあるb．**上野東照宮**、約350種2,500点の動物を飼育しているc．**上野動物園**、世界文化遺産に登録されているd．**国立科学博物館**をはじめ多くの文化施設がある。

d
世界文化遺産に登録されているのは国立西洋美術館。国立科学博物館も上野恩賜公園内にある文化施設。

12
□□
【H22】
総

次の下線部a〜dのうち、誤っているものはどれか。

自立式電波塔として世界一の高さを誇る東京スカイツリーは、a. 多摩川の近くにあり、周辺には江戸情緒の残るb. 浅草や両国があり、そこにはc. 雷門、d. 江戸東京博物館などがある。

a
スカイツリーは、多摩川ではなく、隅田川の近くにある。
cの雷門があるのは浅草、dの江戸東京博物館があるのは両国。

13
□□
【R2】
総

東京都の**上野公園**にあり、**建築家ル コルビュジエが設計**した日本で唯一の建築作品で、**世界文化遺産**に登録されている写真の建物は次のうちどれか。

b
「ル・コルビュジエの建築作品−近代建築運動への顕著な貢献−」の構成資産に含まれる。
a、c、dも上野（恩賜）公園内にある文化施設。

[写真]

a．国立科学博物館　　b．国立西洋美術館
c．東京国立博物館　　d．東京都美術館

7 神奈川県

MAP ▶ P68

1
□□
【予想】

鎌倉市にある｜　　　｜は、鎌倉時代に北条時頼によって創建され、**鎌倉五山第一位の寺**として知られている。

建長寺

2
□□
【R3】
国

源頼朝が現在の地に基礎をつくったとされる｜　　　｜は、「武運の神」として人々の信仰を集めた神社で、国の重要文化財である本宮（上宮）、若宮（下宮）や**由比ヶ浜海岸**から延びる**若宮大路**（参道）で知られている。

鶴岡八幡宮

3
□□
【H19】
国

商業貿易都市として発展し、さらに工業都市としても歩んできた［　　］市は、現在は、**外国人墓地、中華街**のほかに**赤レンガ倉庫**や**みなとみらい21**等の新旧観光スポットが融合している港街である。

横浜（よこはま）

4
□□
【H18】
総

片瀬海岸から歩行者専用と自動車専用の2本の**橋で結ばれた**［　　］には、**弁財天**が祀られ、水族館、ヨットハーバーなどが整備され観光行楽地となっている。

江ノ島（えのしま）

5
□□
【H21】
総

神奈川県内最大の湖である［　　］は、遊覧船が運航し、**富士山も望める景勝地**として知られる。

芦ノ湖（あしのこ）

6
□□
【予想】

神奈川県の**三浦半島南端**に位置する［　　］は相模灘に突き出した島で、半島側と橋で結ばれ、対岸の三崎から船で渡ることもできる。

城ヶ島（じょうがしま）
神奈川県三浦市に属する。

7
□□
【R4】
総

次の下線部a〜dのうち、誤っているものはどれか。
神奈川県の観光地等には、日本三大弁財天のひとつを祀る神社がある<u>a. 江の島</u>、源頼朝が天下泰平、国家安穏を祈願して催されたのが始まりとされる流鏑馬神事が行われる<u>b. 鶴岡八幡宮</u>、黒たまごで知られ、噴気が立ちのぼる火山活動を間近に見られる箱根の<u>c. 大涌谷（おおわくだに）</u>、実業家によって造られた日本庭園で、桜や紅葉の名所として知られる横浜の<u>d. 六義園</u>などがある。

d
横浜にあり、実業家によって造られたのは「三溪園（さんけいえん）」。生糸貿易で財を成した実業家・原三溪が造成。
六義園は東京都文京区にあり、柳沢吉保により築庭。

1

【H20】
総

関東地方の観光地等に関する次の記述のうち、誤っているものはどれか。

a. 二荒山神社、東照宮、輪王寺とこれらの建造物群を取りまく遺跡は、日光の社寺として世界遺産に登録されている。

b. 水戸市の偕楽園は金沢市の兼六園、岡山市の後楽園とともに日本三名園の一つで梅祭りの季節には多くの観光客で賑わう。

c. 矢切の渡しは千葉県松戸市の矢切と東京都葛飾区の柴又の間を渡し船でつなぎ、柴又帝釈天への参詣などにも利用される。

d. 秩父市で夏に開催される秩父夜祭は、三峯神社の例大祭で、豪華な彫刻が施され、動く陽明門とも形容される笠鉾、屋台の山車を曳航するお祭りである。

d
秩父夜祭は秩父神社の例大祭で、冬（12月）に開催される。

2

【H22】
総

関東地方の観光地等に関する次の記述のうち、誤っているものはどれか。

a. 茨城県にある筑波山は、「西の富士、東の筑波」と言われるほど美しい姿を見せる関東の名山である。

b. 埼玉県秩父市で冬に開催される秩父夜祭は、秩父神社の例大祭で豪華な彫刻が施された笠鉾や屋台の山車を曳航するお祭りである。

c. 千葉県鴨川市にある誕生寺は、日蓮宗の開祖日蓮が誕生した地に弟子によって建立された。

d. 神奈川県藤沢市にある城ヶ島は、片瀬海岸から自動車用、歩行者用の2本の橋で結ばれ、島内には、サムエル・コッキング苑や展望灯台などの観光施設や神社仏閣がある。

d
dは藤沢市の江ノ島を指す記述。城ヶ島は藤沢市ではなく、三浦半島の南端にある島。

3 関東地方の観光地等に関する次の記述のうち、誤っているものはどれか。

【H24】
総

a．茨城県水戸市にある偕楽園は「民と偕に楽しむ」より命名され、梅園としても知られ、梅まつりの季節は多くの人で賑わう。

b．白根火山の南東麓で標高 1,200m の高原にある群馬県の四万(しま)温泉は、「お湯の中にも花が咲く」と民謡でも唄われる。

c．東京都文京区本駒込にある六義園は、柳沢吉保の下屋敷に造成された回遊式築山泉水の日本庭園である。

d．12 世紀末の源頼朝から約 150 年間日本の政治の中心地であった神奈川県鎌倉市には、鶴岡八幡宮、建長寺、円覚寺(えんがく)など多くの寺社がある。

b
bは草津温泉を指す記述。「お湯の中にも花が咲く」は民謡・草津節の一節。
四万温泉は群馬県中之条(なかのじょう)町にあり、草津、伊香保とともに群馬を代表する温泉地。

4 関東地方の観光地等に関する次の記述のうち、正しいものを<u>すべて</u>選びなさい。

【H24】
総

a．栃木県日光市には、世界の遺跡などを 1/25 で再現した東武ワールドスクウェアや江戸時代を体験できる江戸村など、家族で楽しめるテーマパークがある。

b．埼玉県の長瀞町は、荒川流域の景勝地で、名勝岩畳を中心にライン下りを楽しむことができる。

c．千葉県銚子市の岬に建つ白亜の犬吠埼灯台からは、雄大な太平洋を眺めることができる。

a、b、c
a、b、cのいずれも正しい。

MAP 8

茨城県

🎌 水郷潮来あやめまつり（5月末～6月）／梅まつり（2月下旬～3月）／磯節
🍲 あんこう鍋
🎎 結城紬／笠間焼

水戸市

水戸徳川家の城下町として栄えた県都。

□ 偕楽園
□ 千波湖
□ 弘道館（旧水戸藩の藩校）

福島県

五浦海岸

♨ 袋田の滝
袋田

□ 花貫渓谷
□ 竜神大吊橋

栃木県

□ 国営ひたち海浜公園

卍
笠間稲荷
神社

▲ 筑波山

大洗海岸

霞ヶ浦

□ 牛久大仏

潮来市

埼玉県

千葉県

MAP

9

栃木県

- 🏯 輪王寺強飯式（4月）
- 🍴 かんぴょう
- 🏺 益子焼

日光市

日光の二社一寺で知られる観光都市。

- ⛩ 日光東照宮 🏛
- ⛩ 二荒山神社 🏛
- 卍 輪王寺 🏛
- □ 中禅寺湖
- □ 華厳滝
- □ 竜頭滝
- □ いろは坂
- △ 霧降高原
- △ 戦場ヶ原
- □ 龍王峡
- □ 足尾銅山
- □ 東武ワールドスクウェア
- ♨ 日光湯元
- ♨ 鬼怒川
- ♨ 湯西川
- ♨ 川治
- ♨ 川俣

福島県

▲ 那須岳（茶臼岳）

△ 那須高原

那須湯本

♨ 塩原温泉郷

▲ 男体山
□ 華厳滝

中禅寺湖

群馬県

◎宇都宮市

● 益子町

茨城県

足利市

市の中央部に渡良瀬川が流れる。

- □ 史跡足利学校
- □ あしかがフラワーパーク

埼玉県

MAP
10

群馬県

- 🎌 高崎だるま市（1月）／草津節
- 🍲 コンニャク／下仁田ねぎ／水沢うどん
- 🎎 高崎だるま

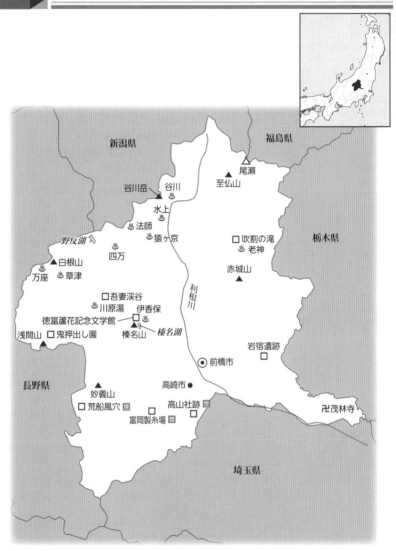

新潟県

福島県

尾瀬 ▲

至仏山 ▲

谷川岳 ▲　谷川 ♨

水上 ♨

法師 ♨

猿ヶ京 ♨

野反湖

四万 ♨

□ 吹割の滝

老神 ♨

栃木県

白根山 ▲

万座 ♨　草津 ♨

赤城山 ▲

利根川

□ 吾妻渓谷

川原湯 ♨　伊香保 ♨

徳冨蘆花記念文学館 □ ♨

榛名山 ▲　榛名湖

浅間山 ▲　□ 鬼押出し園

□ 岩宿遺跡

◉ 前橋市

長野県

妙義山 ▲

高崎市 ●

□ 荒船風穴 🏛

□ 富岡製糸場 🏛

□ 高山社跡 🏛

卍 茂林寺

埼玉県

MAP
11

埼玉県

🎆 秩父夜祭（12月）
🍵 狭山茶／草加せんべい

秩父市
ちちぶ

12月に開催される秩父夜祭で知られる。

⛩ 秩父神社
⛩ 三峯神社
口 羊山公園
口 不動滝

渋沢栄一記念館（深谷市）口

口 さきたま古墳群

栃木県

群馬県

茨城県

予県

口 長瀞（岩畳）

千葉県

口 越生梅林

● 飯能市

角川武蔵野
ミュージアム
口

山梨県

東京都

関東地方

川越市
かわごえ

蔵造りの街並みで知られる「小江戸」。

卍 喜多院
口 時の鐘
口 菓子屋横丁

さいたま市

口 鉄道博物館
口 大宮盆栽村

MAP
12

千葉県 節分会（2月／成田山）

茨城県

埼玉県

東京都

矢切

浦安市

東京ディズニーランド
東京ディズニーシー

成田山新勝寺 卍

成田国際空港 ✈

犬吠埼

銚子半島

加曽利貝塚 □

千葉市 ◎

東京湾アクアライン
海ほたる □

九十九里浜

東京ドイツ村 □

房総半島

木更津市 ●

養老渓谷 □

鋸山 ▲

誕生寺 卍

鴨川市 ●

野島崎

MAP 13 東京都

- 🏮 三社祭（5月）／神田祭（5月）／山王祭（6月）
- 🍲 深川めし／どじょう鍋
- 🧵 黄八丈

関東地方

埼玉県

東京都区内
（23区）
▶ P66 〜 67

千葉県

□ 日原鍾乳洞

奥多摩湖 ▲ 御岳山

高尾山
▲

山梨県

神奈川県

✈ 東京国際
（羽田）空港

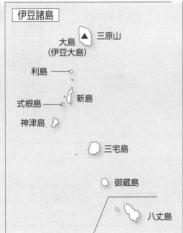

伊豆諸島

大島
（伊豆大島） ▲ 三原山

利島

式根島 新島

神津島

三宅島

御蔵島

八丈島

小笠原諸島

聟島

父島

西之島

母島

北硫黄島
硫黄島
南硫黄島

東京都区内の観光スポット

14 東京都庁

地上45階の展望室が人気の第一本庁舎のほか、第二本庁舎、都議会議事堂、都民広場からなる。

15 サンシャイン60

水族館、展望台、プラネタリウムや博物館などが併設され、複合施設「サンシャインシティ」がある高層ビル。

16 六義園

江戸時代の大名柳沢吉保により築造された日本庭園。文京区本駒込にある。

13 明治神宮

正月の参拝客の多さは全国一。

12 渋谷駅前交差点

（渋谷スクランブル交差点）

大量の通行人が交差点をさまざまな方向に渡る様子が外国人旅行者に人気。

11 皇居（江戸城跡）

皇居東御苑を中心に敷地内の一部が一般に公開され、旧江戸城天主台跡や皇室に代々受け継がれてきた美術品などを展示した三の丸尚蔵館などが見学できる。

10 東京ミッドタウン

敷地内にホテル、文化施設、商業店舗、オフィス、住居、病院、公園などが集約された複合施設。

9 六本木ヒルズ

展望台「東京シティビュー」からの夜景で知られる複合施設。

板橋区
北区
練馬区
豊島区
15 サンシャイン60
16 六義園
文京
中野区
新宿区
杉並区
千代田
14 東京都庁
11 皇居
13 明治神宮
10 東京ミッドタウン
9 六本木ヒルズ
東京タワー
12 渋谷駅前交差点
港区
世田谷区
渋谷区
目黒区
品川区
大田区

最先端の流行を発信する話題のスポットや下町の伝統的な街並み、都心とは思えない緑豊かな庭園など、楽しみ方も多彩な東京都区内エリア。代表的な観光資源を要チェック!

1 浅草寺

大提灯をつるした雷門(風雷神門)をくぐると、浅草寺までの参道上に仲見世(商店街)が続く。

2 上野恩賜公園

都内でも随一の桜の名所。園内に複数の美術館、博物館をもつ文化・芸術の発信地。

- ・不忍池　　・西郷隆盛の像　・恩賜上野動物園
- ・国立西洋美術館 遺 (ル・コルビュジエ設計)
- ・東京国立博物館　　・国立科学博物館

3 柴又帝釈天

正式名称は題経寺。映画『男はつらいよ』の舞台。

4 東京スカイツリー

自立式電波塔としては高さ世界一。

5 江戸東京博物館
(大規模改修により休館中)

江戸時代および近代東京の歴史・文化をテーマとする博物館。大相撲興行で知られる両国国技館に隣接。

6 葛西臨海公園

クロマグロの群泳で有名な葛西臨海水族園が見どころ。東京都初のラムサール条約湿地葛西海浜公園と橋で結ばれている。

7 豊洲市場

東京都中央卸売市場の一つ。2018年に中央区の築地市場が移転し、豊洲市場として開業。

8 レインボーブリッジ

都心部と臨海副都心とを繋ぐ吊り橋。ゆりかもめが通る。

荒川区
足立区
墨田区
葛飾区
江戸川区
台東区
東京スカイツリー
上野恩賜公園
浅草寺
東京駅
江戸東京博物館
江東区
中央区
豊洲市場
レインボーブリッジ
葛西臨海公園
羽田空港

関東地方

MAP
14

神奈川県

箱根大名行列 (11月)
鎌倉彫

鎌倉市

源頼朝によって鎌倉幕府が置かれた古都。

- 〒 鶴岡八幡宮
- 卍 円覚寺
- 卍 建長寺
- 卍 長谷寺
- 卍 高徳院 (鎌倉大仏殿)
- □ 由比ヶ浜

東京都

□ 藤子・F・不二雄
ミュージアム

山梨県

▲ 丹沢山

静岡県

箱根山 ▲
芦ノ湖
湯河原 ♨

● 小田原市

藤沢市 ●

江ノ島 →

三浦半島

観音崎

箱根町

古くからの温泉地で、江戸時代には関所 (箱根関) が置かれた。箱根駅伝は正月の風物詩。

- ▲ 箱根山
- □ 芦ノ湖　　□ 大涌谷
- □ 箱根彫刻の森美術館
- ♨ 箱根湯本　♨ 宮ノ下
- ♨ 仙石原　　♨ 強羅

城ヶ島

横浜市

明治時代、異国への玄関口として開かれた情緒あふれる港町。

- □ 三溪園
- □ 横浜赤レンガ倉庫
- □ 横浜ベイブリッジ
- □ 山下公園
- □ 横浜中華街
- □ 横浜外国人墓地
- □ 横浜みなとみらい 21
- □ カップヌードルミュージアム
  (安藤百福発明記念館)
- □ 八景島

第4章

中部地方

1 山梨県

MAP ▶ P85

1
[H26]
総

世界文化遺産「富士山－信仰の対象と芸術の源泉」として登録された資産のうち、□□□は、**富士五湖**のひとつで、**最西端**にあり、この湖の北岸から撮影された写真は**千円紙幣の裏面に描かれた逆さ富士**のモデルとなった。

本栖湖
富士五湖は山梨県側の富士山麓にある五つの湖の総称で、西から順に本栖湖、精進湖、西湖、河口湖、山中湖のこと。

2
[H23]
国

武田信玄の陣中食とも伝えられる□□□は、**野菜と手打ち麺を味噌仕立てで煮込んだもの**で、甲府盆地を中心とした地域で作られる郷土料理である。

ほうとう

3
[H22]
国

富士山北麓に位置する富士五湖の中で、**武田信玄の隠し湯**の一つと伝えられている**下部温泉**に最も近いのは□□□である。

本栖湖

4
[H24]
総

山梨県甲州市にある□□□は、**武田信玄の菩提寺**であり、16世紀に織田勢の焼き討ちの時に**快川国師**が三門楼上で「**心頭滅却すれば火も自ずから涼し**」と唱えた場所でもある。

恵林寺

5
[R1]
総

甲府市の北部に位置する□□□には、**覚円峰**、天狗岩などの奇岩や**仙娥滝**などがあり、四季折々で変化に富んだ渓谷美を楽しむことができる。

(御岳)昇仙峡

6
[予想]

日蓮宗総本山・**身延山**□□□は、山麓から標高1,153mの身延山山頂・奥之院駅までロープウェイで結ばれ、山頂展望台では360度の大パノラマが広がる。

久遠寺
春は桜の名所としても知られ、多くの参拝客が訪れる。

中部地方

7
【予想】

大月市にあり、**日本三奇橋の一つ**とされる _____ は、橋脚が立てられない深い谷に架かり、両岸から張り出した四層のはね木によって支えられた木橋である。

猿橋

歌川広重の浮世絵『甲陽猿橋之図』に描かれている。

8
【予想】

笛吹川上流の _____ 渓谷は**秩父多摩甲斐国立公園**に属す景勝地で、遊歩道からは名瀑・**七ツ釜五段の滝**を筆頭に、三重の滝、竜神の滝などの渓谷美を楽しめる。

西沢

9
【予想】

_____ は、底抜池、銚子池など、**富士山の雪解け水が湧き出る八つの池の総称**で、世界遺産「富士山−信仰の対象と芸術の源泉」の構成資産に含まれる。

忍野八海

山梨県の忍野村にある湧水池。

2 長野県

1
□□
【H16】
国

_____は、城下町**松本の奥座敷**として知られ、松本藩の御殿湯となっていた歴史のある温泉地であり、北アルプスの眺望もよい。

浅間温泉

2
□□
【H17】
国

県境にある甲武信ヶ岳(こぶしがたけ)に源を発する_____川は、豊かに広がる自然に恵まれたリンゴ、モモなどの産地を流れる雄大な川で、**島崎藤村(しまざきとうそん)**の「**小諸(こもろ)なる古城のほとり雲白く…**」で始まる詩にも詠われている。

千曲(ちくま)
"小諸なる古城のほとり…"は『千曲川旅情の歌』。

3
□□
【H19】
国

_____古戦場は、**武田信玄と上杉謙信が激しい戦いを繰り広げた場所**である。同古戦場を望む千曲川堤防の脇には軍師山本勘助の墓がある。

川中島(かわなかじま)

4
□□
【予想】

戦国時代、伊那谷(いなだに)の要所であった_____城は、現在は城址公園として整備され、約 1,500 本のコヒガンザクラが生育する**花見の名所**で、園内には「**天下第一桜**」と刻まれた碑がある。

高遠(たかとお)

5
□□
【R1】
国

梓(あずさ)川に架かる**河童橋(かっぱばし)**から望む**穂高連峰**や**大正(たいしょう)池**などで知られる景勝地_____は、**中部山岳国立公園の一部**として国の文化財（特別名勝・特別天然記念物）にも指定されている。

上高地(かみこうち)
大正池から河童橋までの散策コースが人気。

6
□□
【H22】
国

木曽川上流の景勝地である_____は、花崗岩の柱状節理と清流のコントラストが美しく、**浦島太郎伝説が残る**場所の一つである。

寝覚ノ床(ねざめのとこ)

7
□□
【H24】
国

長野県小諸市、**千曲川**沿いの_____は、別名「**酔月(すいげつ)城(じょう)**」とも呼ばれた**小諸城の跡**に造られた公園で、桜や紅葉の名所としても知られている。

懐古園(かいこえん)

中部地方

8
[R4]
国

□□　⬜⬜⬜は、特定の宗派を持たない庶民の寺院で、本堂の外陣に安置された「びんずる尊者像」をなでると病が治るという言い伝えや、数え年で**7年に一度**の「**御開帳**」と呼ばれる行事で知られる。

善光寺
長野市にあり、「牛に引かれて善光寺参り」のことわざでも知られる。

9
[H30]
国

⬜⬜⬜は、冬季のわかさぎ釣りや夏季の花火大会でも知られ、**真冬の全面結氷した湖**で起きる神秘的な自然現象「**御神渡り**」でも有名である。

諏訪湖

御神渡り

10
【予想】

長野県南部、**中央アルプス**宝剣岳の麓に広がる⬜⬜⬜は、**駒ケ岳ロープウェイ**を使ってアクセスすることができ、春から夏にかけての高山植物、秋の紅葉などの絶景を楽しめる。

千畳敷カール
「カール」は氷河期の氷の浸食により形成されたお椀型の地形のこと。

11
【予想】

教会風の建物が特徴的な**碌山美術館**は、近代彫刻の先駆者・**荻原守衛**（碌山）の作品を中心に展示する個人美術館で、長野県⬜⬜⬜市にある。

安曇野

12
【予想】

千曲川の東岸に位置する⬜⬜⬜町は、この地で伝統的に生産される**栗菓子**や、**葛飾北斎**による天井画『**大鳳凰図**』がある**岩松院**などで知られる「栗と北斎の町」である。

小布施

13
【予想】

上信越高原国立公園の志賀高原を源とする横湯川の渓谷に位置する⬜⬜⬜は、**温泉に入る野生のニホンザル**が見られることで外国人旅行者に人気の観光地である。

地獄谷野猿公苑
近くには湯田中、渋などの温泉地がある。

14
□□
【H29】
総

下線部a〜dのうち、誤っているものはどれか。

長野県松本市には、上高地のシンボルa. 河童橋、明治時代に建てられた小学校の校舎を保存したb. 国宝旧開智学校校舎、戦国時代に作られたc. 深志城が始まりである国宝松本城、約1,300年の歴史があるといわれるd. 別所温泉がある。

d

松本市内にあり、約1,300年の歴史があるのは「松本の奥座敷」と呼ばれる浅間温泉。

別所温泉は長野県上田市にある。

---

3 新潟県

MAP ▶ P87

1
□□
【予想】

糸魚川市にある [____] は、日本海に面した海岸沿いの景勝地で、かつて断崖絶壁と荒波が旅人の行く手を阻む北陸道最大の難所であった。

親不知

2
□□
【R3】
国

瀬波温泉や美しい海岸線の笹川流れでも知られる [____] 市は、臥牛山に城が築かれ、藩士の邸宅や町屋も残されているかつての城下町で、百を超える鮭料理など独自な鮭文化を築き上げた。

村上

市内を流れる三面川を遡上する鮭を使った料理が有名。

3
□□
【H27】
国

新潟県北部の湖沼で、"白鳥の渡来地" としても知られる [____] は、2008年ラムサール条約に登録された。

瓢湖

4
□□
【H30】
国

金銀採掘や遠流の島としての歴史を持つ [____] は、尖塔状の断崖が連なる尖閣湾や巨大な一枚岩が海に突き出した大野亀などの海岸風景でも知られる。

佐渡島

5
□□
【予想】

上越新幹線が停車する [____] は、"国境の長いトンネルを抜けると雪国であった" で始まる川端康成の名作『雪国』の舞台として描かれた温泉地である。

越後湯沢

6
□□
【予想】

妙高山の中腹にある [____] 温泉は、妙高戸隠連山国立公園内に属し、岡倉天心、与謝野晶子、尾崎紅葉などの文人が訪れたことでも知られる温泉地で、冬はスキー客でにぎわう。

赤倉

7 □□ 【予想】	**新潟市内**にあり300年以上の歴史を持つ □□□□ 温泉は、一羽の傷ついた雁が泉流に浴して怪我を癒していたことから、源泉を発見したとされる不思議な言い伝えに由来し、別名「**霊雁の湯**」とも呼ばれている。	岩室 <small>いわむろ</small>

🔒 4 富山県

MAP ▶ P88〜89

1 □□ 【H15】 総	**立山黒部アルペンルート**は、北アルプス連峰を貫き、ケーブルカー、ロープウェイ、トロリーバスなどで**富山県**と □□□□ 県を結ぶ日本を代表する**山岳観光ルート**である。	長野
2 □□ 【予想】	毎年9月1日から3日にかけて**富山市八尾町**で行われる □□□□ は、二百十日の台風をおさめ五穀豊穣を祈り優美に歌い踊り継がれる行事である。	おわら風の盆 <small>かぜ ぼん</small>
3 □□ 【R1】 国	富山県高岡市にあり、能登半島国定公園に属する □□□□ 海岸は、万葉集にも情景が詠まれ、**富山湾越しに立山連峰を望む**ことができる。	雨晴 <small>あまはらし</small>
4 □□ 【H30】 総	**立山黒部アルペンルート**の □□□□ 付近では、全線開通後の4月中旬から6月中旬にかけて、**ダイナミックな雪の壁（雪の大谷）**を見ながら歩くことができる。	室堂 <small>むろどう</small>
5 □□ 【予想】	黒部川の上流・中流域にある**黒部峡谷**は、日本で最も深い峡谷の一つとされ、 □□□□ から**欅 平**まで**黒部峡谷鉄道**の**トロッコ電車**に乗って峡谷美を楽しむことができる。	宇奈月 <small>う な づき</small> 宇奈月温泉が観光拠点。

1
□□
【H14】
総

能登半島の北東端に位置する　　　　は、狼煙大地（のろし）と呼ばれる海岸段丘にあり、海から昇る朝日と海に沈む夕日が同じ場所で見られることで有名である。

禄剛崎（ろっこうざき）

2
□□
【予想】

能登半島の北岸にあり、**漆器**と**朝市**が有名な　　　　市は、禄剛崎、白米千枚田（しろよねせんまいだ）など奥能登観光の拠点である。

輪島（わじま）

3
□□
【予想】

石川県小松市にある　　　　関跡は、源義経が兄の頼朝に追われ、武蔵坊弁慶らを率いて加賀国を通過するときの様子を描いた**歌舞伎**の演目「勧進帳（かんじんちょう）」の舞台として知られている。

安宅（あたか）

4
□□
【H26】
国

石川県に位置する景勝地で、**松本清張（せいちょう）**の小説『ゼロの焦点』の舞台ともなった　　　　は、**巌門（がんもん）、関野鼻（せきのはな）、ヤセの断崖**などの観光地がある海岸である。

能登金剛（こんごう）

5
□□
【H28】
国

日本海に面して重なる田が海岸まで続く　　　　は奥能登を代表する絶景の観光地で、世界農業遺産「能登の里山里海」に認定されている。

白米千枚田（しろよねせんまいだ）

6
□□
【予想】

七尾湾（ななお）に面して旅館が建ち並ぶ　　　　温泉は、豊富な塩分を含むことから**海の温泉**とも呼ばれ、**能登半島**の観光拠点として多くの旅行者が訪れる。

和倉（わくら）

7
□□
【R2】
国

現代アートを中心とした　　　　美術館は、全面ガラス張りの外観が特徴で、プールを介して地上と地下で人と人が出会うことができる作品（通称：**レアンドロのプール**）が人気である。

金沢21世紀
金沢市にある現代美術館。作家レアンドロ・エルリッヒの作品「スイミング・プール」が有名。

8
☐☐
【R4】
国

金沢市中心部にあり、江戸時代より加賀藩前田家の御膳所として、また**市民の台所**としてにぎわってきた　　　　市場には、狭い小路を挟んで新鮮な食材を扱う店や地元のグルメを楽しめる飲食店が立ち並んでいる。

おう み ちょう
近江 町

9
☐☐
【H26】
総

下線部a〜dのうち、誤っているものはどれか。

加賀百万石の城下町金沢には、藩祖前田利家公と正室お松の方を祀る<u>a. 尾山神社</u>、城下町の風情が色濃く残る<u>b. 長町武家屋敷跡</u>、日本三名園のひとつ<u>c. 兼六園</u>、金沢の台所として古い歴史を持つ<u>d. 　錦 市場</u>などがある。
にしき

d
金沢の台所と呼ばれるのは近江町市場。
錦市場は京都市中京区にあり、京都の台所と呼ばれる。

1
□□
[H19]
総

福井市の東方にある、道元禅師によって開創された曹洞宗大本山 ⬚ には、七堂伽藍をはじめとする70余棟の建物が静かに佇み、一般の参拝者も寺院の施設内で説法を聴くことができる。

永平寺

2
□□
[H21]
総

福井県北部、坂井市三国町にある ⬚ は、柱状節理の断崖絶壁が約1kmにわたって続き、水面から25mもの高さから見下ろす眺めはまさに絶景である。

東尋坊

3
□□
[H27]
国

敦賀湾の最奥部に位置する ⬚ は、アカマツ、クロマツが海岸線約1.5kmにわたって続き、日本三大松原の一つともいわれる景勝地である。

気比の松原

4
□□
[予想]

日本海の奇勝 ⬚ は、花崗岩が波に打ち砕かれ、海蝕によってできた大門・小門などの奇岩・洞窟・断崖が約6kmにも及ぶ景勝地で、小浜港からの遊覧船でその雄大な姿を楽しめる。

蘇洞門

5
□□
[予想]

ラムサール条約湿地の ⬚ は、低いゆるやかな山々の谷間にある5つの湖で、レインボーライン山頂公園の展望台から、水質・水深の異なる湖がかもしだす色合いを眺められる。

三方五湖

6
□□
[予想]

恐竜化石の一大産地である福井県 ⬚ 市に建てられた福井県立恐竜博物館は、恐竜を中心とする地質・古生物学博物館で、44体もの恐竜骨格をはじめとする多数の標本、大型復元ジオラマや映像などがある。

勝山
「恐竜のまち」として知られる勝山市はその全域が「恐竜渓谷ふくい勝山ジオパーク」として認定されている。

1
【H20】
国

中部山岳国立公園の奥飛騨温泉郷にある ［　　　］ロープ
ウェイは、日本初の2階建てゴンドラを使用し、標高
2,200m地点まで行けば、晴天の日には**北アルプスの絶
景**が眺められる。

新穂高

2
【H30】
国

旧中山道の宿場町として栄えた ［　　　］宿は、石畳が敷
かれた坂に沿った風情ある街並みと**当地出身の文豪・島
崎藤村の記念館**があることで知られる。

馬籠
中津川市にある宿
場町で、島崎藤村
の小説『夜明け前』
の舞台。

3
【予想】

庄川をせきとめたダム建設によってできた ［　　　］湖畔
の展望台には、樹齢500余年といわれる**2本の巨桜・
荘川桜**があり、春に訪れる人々の目を楽しませる。

御母衣
御母衣ダム建設にと
もない湖底に沈む
予定だった桜の巨
木を惜しみ、現在
の地へ移植された。

4
【予想】

槍ヶ岳、穂高岳など3,000m級の北アルプスの山々に抱
かれた ［　　　］は、**平湯、福地、新平湯、栃尾、新穂高**
の**5つの温泉**が集まる**岐阜県最大の温泉郷**である。

奥飛騨温泉郷

5
【予想】

「**天下分け目の戦い**」が繰り広げられた ［　　　］古戦場跡
は、かつて中山道と北国街道、伊勢街道が交差する軍事・
交通の要衝で、決戦地北西に位置する笹尾山の山頂には
「**石田三成陣跡**」の石碑がある。

関ヶ原
徳川家康が率いる
東軍と石田三成が
率いる西軍が激し
い戦いを繰り広げ
た地。

6
【R1】
国

白山国立公園の大日ヶ岳を源流とする ［　　　］川は、国
の重要無形民俗文化財にも指定されているおよそ1,300
年の歴史を持つ漁法 "**鵜飼**" が行われることで知られる。

長良
三重県を経て伊勢
湾に注ぐ。

7
☐☐
【R4】
総

奥飛騨温泉郷のひとつ [____] 温泉は、岐阜県と長野県を結ぶ安房トンネルの岐阜県側の玄関口に位置し、乗鞍、上高地、高山などの観光地を結ぶ交通の要所としてバスターミナルがある。

平湯

平湯バスターミナルは、上高地・新穂高・乗鞍・高山方面への路線バスや、新宿・松本方面への高速バス・特急バスの発着場になっている。

8
☐☐
【H25】
総

岐阜県の観光地等に関する次の記述のうち、誤っているものはどれか。

a．高山市にある飛騨民俗村 飛騨の里は、合掌造りをはじめとした飛騨の民家が移築復元された集落博物館である。

b．白川村にある野外博物館 合掌造り民家園では、25棟の合掌造りをはじめ、神社やお寺の本堂、水車小屋などを見ることができる。

c．金華山山頂にある岐阜城は、かつて織田信長が天下統一の志をかかげたところである。

d．中山道にある妻籠宿は、木曽路の11宿のうちで最南端に位置し、文豪島崎藤村の出生地である。

d

木曽路11宿のうち最南端にあるのは馬籠宿で、島崎藤村の生地。
妻籠宿も木曽路11宿の一つだが、長野県南木曽町に属する。

中部地方

8 静岡県

1
【予想】

伊東市にある □□□ 海岸は、**大室山**（おおむろやま）の噴火による溶岩が海に流れ出し、海の浸食作用でできた溶岩岩石海岸で、門脇灯台を中心にハイキングコースがあり、門脇崎の**海の吊り橋**は長さ 48 m、高さ 23 m でスリル満点である。

城ヶ崎（じょうがさき）

2
【H18】
総

伊豆最古の温泉といわれる □□□ は、伊豆半島のほぼ中央にあり狩野川支流の**桂川渓谷**（かつらがわ）にある温泉で、弘法大師（だいし）が湧出させたという「**独鈷の湯**」（とっこ）が有名である。

修善寺温泉（しゅぜんじ）

3
【H21】
国

伊豆半島の下田街道にある標高約 800 m の □□□ 峠は、**川端康成**の小説『**伊豆の踊子**』で知られる。

天城（あまぎ）

4
【H29】
総

彦根藩主井伊家発祥の地にある**井伊家の菩提寺** □□□（いい）は、静岡県**浜松市**にあり、8 世紀に**行基**（ぎょうき）によって建立されたといわれる古刹で、江戸時代初期に築かれた小堀遠州（しゅう）作の池泉（ちせん）観賞式庭園は寺院庭園として代表的である。

龍潭寺（りょうたんじ）

5
【予想】

伊豆の国市にあり、金属を溶かし**大砲などを鋳造するた**めの溶解炉として、江戸時代の末期に造られた □□□ は、**実際に稼働した反射炉**（はんしゃろ）**として国内で唯一現存するも**のである。

韮山反射炉（にらやまはんしゃろ）
「明治日本の産業革命遺産 製鉄・製鋼、造船、石炭産業」の構成遺産の一つ。

6
【R2】
国

久能山東照宮（くのうざんとうしょうぐう）を結ぶロープウェイが運行している景勝地 □□□ は、富士山をはじめ眼下には三保松原や駿河（するが）湾が望め、夜景の美しさでも知られる丘陵である。

日本平（にほんだいら）

7
☐☐
【R4】
国

_____ は、源頼朝の深い崇敬を受けた伊豆一の宮で、北条政子による奉納と伝えられる国宝の蒔絵手箱や総けやき素木づくりの本殿でも知られる。

三嶋大社
三島市の桜の名所。源頼朝が源氏再興を祈願したとされる。

8
☐☐
【予想】

静岡県**静岡市清水区**に位置する _____ は、駿河湾に突き出た半島の海岸線に沿って約7kmにわたりクロマツが茂る松原で、その一角には天女伝説で知られる**羽衣の松**がある。

三保松原
その風景は歌川広重の浮世絵や数々の絵画に描かれた。「富士山－信仰の対象と芸術の源泉」の構成資産である。

9
☐☐
【予想】

静岡県下最大の都市である**浜松市**は、遠州灘や天竜川、浜名湖などの自然に囲まれ、ウナギの養殖で有名な**浜名湖畔**にある _____ 温泉は、関東・関西からの旅行者が多く訪れる名湯である。

舘山寺

10
☐☐
【予想】

名所「夢の吊り橋」で知られる _____ は、南アルプスの麓、**大井川**の支流にある渓谷で、奥大井観光の拠点である**千頭**まで運行する**大井川鐵道のSL**を利用して訪れることができる。

寸又峡
渓谷沿いに寸又峡温泉がある。

11
☐☐
【予想】

全長400m、**歩行者専用のつり橋としては日本一の長さ**を誇る _____ は、橋上から**富士山**や**駿河湾**を一望できる。

三島スカイウォーク
正式名称は「箱根西麓・三島大吊橋」。

12
☐☐
【R4】
総

次の下線部a～dのうち、誤っているものはどれか。
伊豆半島の観光地等には、実際に稼働した反射炉として現存する**a. 韮山反射炉**、一面草で覆われた円錐型の山で毎年2月には山焼きが行われる**b. 大室山**、狩野川の上流にあり演歌の歌詞でも知られる**c. 浄蓮の滝**、鎌倉二代将軍源頼家の墓や弘法大師空海ゆかりの独鈷の湯で知られる**d. 伊東温泉**などがある。

d
弘法大師空海が湧出させたといわれる「独鈷の湯」は修善寺温泉にある。
伊東温泉は伊豆半島東部、城ケ崎、大室山などの見どころで知られる温泉地。

13
【H24】
総

静岡県の観光地等に関する次の記述のうち、誤っている
ものはどれか。

a．富士宮市にある白糸の滝は、白糸の名にふさわしく、富士山の雪解け水が湾曲した絶壁から湧出して、幾筋もの絹糸を垂らしたように流れ落ちている。

b．静岡市にある日本平からは、駿河湾や富士山などを眺望することができ、東照宮のある久能山まではロープウェイで行くことができる。

c．伊豆半島中央部の天城山中にある浄蓮の滝は、『伊豆の踊子』の小説の舞台、また石川さゆりの『天城越え』に歌われたことで知られる。

d．伊豆半島最南端南伊豆町にある爪木崎は、遠州灘と相模湾の波濤を受ける絶壁が続く岬である。

d
伊豆半島の最南端にあるのは石廊崎。爪木崎は下田市にある岬で水仙の群生地として知られる。

82

9 愛知県

1
□□
【H26】
総

木曽川沿いの小高い山の上にある　　　　城は、「白帝城」ともよばれ、16世紀に築かれたとされる天守が現存し、国宝に指定されている。

犬山
いぬやま

2
□□
【H28】
国

渥美半島の先端に位置する　　　　岬は、詩人・小説家の島崎藤村の詩に、後年、曲を付した唱歌「椰子の実」の舞台となった恋路ヶ浜がある。

伊良湖（岬）
いらご　ざき

3
□□
【予想】

豊田市足助町にある　　　　は、紅葉やカタクリの花で知られる渓谷で、秋には東海隋一といわれる約4,000本のもみじが彩りを見せる。

香嵐渓
こうらんけい

4
□□
【予想】

三河湾に浮かぶ　　　　は知多半島先端の師崎から約2kmの距離にある離島で、海水浴や釣り、タコやフグなどの海の幸を目当てに多くの観光客が訪れる。

日間賀島
ひまかじま

5
□□
【予想】

東海屈指の霊場で商売繁盛の神として知られる　　　　は、正式名称を妙厳寺といい、広大な境内の中に大小合わせて90余棟の堂塔伽藍が点在する。

豊川稲荷

中部地方

1
【H24】
総

中部地方の観光地等に関する次の記述のうち、誤っているものはどれか。

a．石川県金沢市には、日本三名園のひとつ兼六園や、前田利家を祀った尾山神社などがある。

b．福井県と長野県を結ぶ立山黒部アルペンルートは、北アルプスを貫き、ケーブルカー、ロープウェイ、トロリーバスなどを乗り継ぐ山岳観光ルートとなっている。

c．長野県最大の諏訪湖は、真冬に湖面の氷が盛り上がる御神渡という現象が起こることで知られる。

d．岐阜県の馬籠宿は木曽11宿のひとつで、文豪島崎藤村の出生地としても知られる。

b
立山黒部アルペンルートは、富山県と長野県とを結ぶ山岳観光ルート。

2
□□□
【H26】
総

中部地方の観光地等に関する次の記述のうち、誤っているものはどれか。

a．新潟県村上市には、鮭の遡上する三面川や日本海に沈む夕日を眺めることができる瀬波温泉がある。

b．福井県越前市には、日本海に断崖、絶壁が約1kmにわたり続く国の名勝・天然記念物に指定された東尋坊がある。

c．長野県松本市には、松本城や旧開智学校など、国宝に指定された歴史的な見どころがある。

d．岐阜県高山市には、伝統的な工芸品として飛騨 春慶塗などがあり、江戸時代の古い町並みが保存されている。

b
東尋坊があるのは福井県坂井市（三国町）である。

MAP
15

山梨県

- 🏯 信玄公祭り（4月）／吉田の火祭り（8月）／武田節
- 🍜 ほうとう
- 💎 甲州印伝／甲州水晶貴石細工

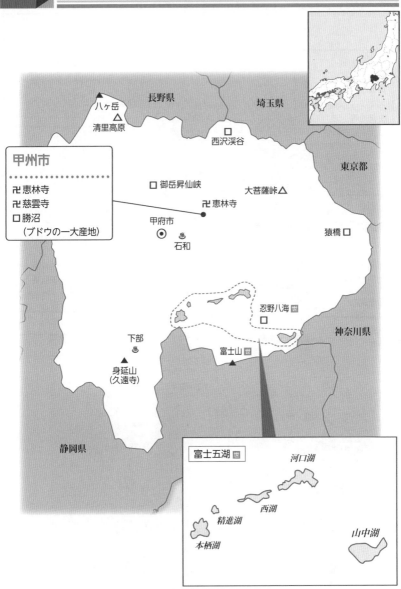

長野県

埼玉県

東京都

中部地方

八ヶ岳▲
△
清里高原

□
西沢渓谷

甲州市

- 卍 恵林寺
- 卍 慈雲寺
- □ 勝沼
  （ブドウの一大産地）

□ 御岳昇仙峡

大菩薩峠△

卍 恵林寺

甲府市
◉
石和

猿橋 □

神奈川県

忍野八海 🏛
□

下部
♨
▲
身延山
（久遠寺）

富士山 🏛

静岡県

富士五湖 🏛

河口湖

西湖

精進湖

本栖湖

山中湖

MAP
16 ▶

長野県

道祖神祭り（1月）／ウェストン祭（6月）／木曽節
野沢菜漬
鳩車

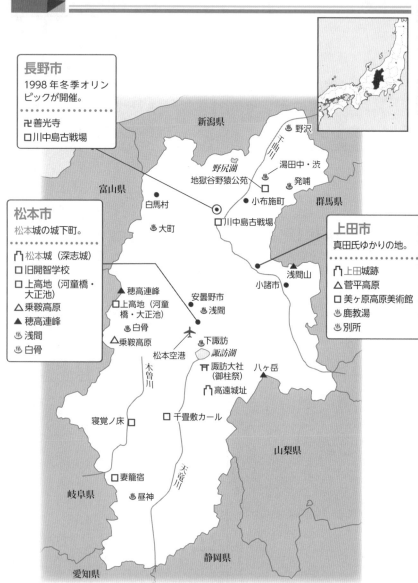

長野市
1998年冬季オリンピックが開催。

卍 善光寺
□ 川中島古戦場

松本市
松本城の城下町。

🏯 松本城（深志城）
□ 旧開智学校
□ 上高地（河童橋・大正池）
△ 乗鞍高原
▲ 穂高連峰
♨ 浅間
♨ 白骨

上田市
真田氏ゆかりの地。

🏯 上田城跡
△ 菅平高原
□ 美ヶ原高原美術館
♨ 鹿教湯
♨ 別所

新潟県

野沢

湯田中・渋

野尻湖

地獄谷野猿公苑

発哺

富山県

白馬村

小布施町

群馬県

♨ 大町

□ 川中島古戦場

▲ 穂高連峰

安曇野市

浅間山

小諸市

□ 上高地（河童橋・大正池）

♨ 浅間

△ 乗鞍高原

♨ 白骨

♨ 下諏訪

諏訪湖

松本空港

木曽川

⛩ 諏訪大社（御柱祭）

八ヶ岳

🏯 高遠城址

寝覚ノ床 □

□ 千畳敷カール

山梨県

□ 妻籠宿

天竜川

岐阜県

♨ 昼神

静岡県

愛知県

MAP
17 ▶

新潟県

🏮 長岡まつり（8月／大花火大会）／相川音頭／米山甚句

🍜 へぎそば

🏺 無名異焼／小千谷縮

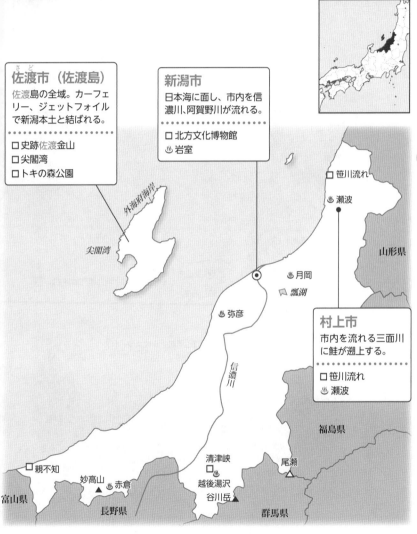

佐渡市（佐渡島）

佐渡島の全域。カーフェリー、ジェットフォイルで新潟本土と結ばれる。

□ 史跡佐渡金山
□ 尖閣湾
□ トキの森公園

新潟市

日本海に面し、市内を信濃川、阿賀野川が流れる。

□ 北方文化博物館
♨ 岩室

村上市

市内を流れる三面川に鮭が遡上する。

□ 笹川流れ
♨ 瀬波

外海府海岸

尖閣湾

信濃川

♨ 月岡
🏞 瓢湖

♨ 弥彦

□ 笹川流れ
♨ 瀬波

山形県

福島県

尾瀬 △

清津峡
□ ♨
越後湯沢
谷川岳 ▲

□ 親不知
妙高山 ▲ ♨ 赤倉

群馬県

長野県

富山県

MAP
18

富山県

石川県

新潟県

富山湾

♨ 宇奈月

雨晴海岸 □

高岡市 ●

卍 瑞龍寺

◉ 富山市

黒部峡谷 □

✈ 富山空港

● 八尾町

立山黒部アルペンルート
▶ P89

□ 五箇山の
合掌造り集落 🏛

長野県

岐阜県

立山黒部アルペンルート

標高 3,000m級の峰々が連なる北アルプスを貫く 37.2km にわたる山岳観光ルート。立山駅（富山県）と扇沢駅（長野県）の間をトロリーバス、ケーブルカー、ロープウェイなどに乗りながら、雄大な大自然を身近に楽しめる。中部山岳国立公園を代表する観光地の一つ。

1 称名滝（しょうみょう）

水煙をあげながら流れ落ちる落差は約 350m。

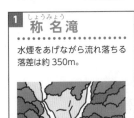

2 立山ロープウェイ

黒部平と大観峰とを繋ぐ。

3 黒部ダム

毎秒 10 t 以上の水が霧状となって放水される様子は圧巻。

ルート上の最高所

ラムサール条約湿地の一つ

富山県 ← → 長野県

立山
立山室堂
天狗平
弥陀ヶ原
大観峰
黒部平
黒部ダム
黒部湖
扇沢
1 称名滝
美女平
立山駅
2450m

立山ケーブルカー
立山高原バス
立山トンネルトロリーバス
立山ロープウェイ
黒部ケーブルカー
電気バス

4 雪の大谷

高さ 20mにも迫る巨大な雪の壁。室堂付近にある大谷を通る道路を除雪することでできる。

5 みくりが池

室堂を代表する風景。夏から秋にかけて、澄んだ湖面に立山を映す。

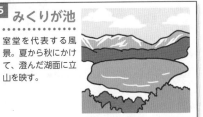

MAP
19
石川県

🎏 青柏祭（5月）／金沢百万石まつり（6月）／山中節
🍲 治部煮／ごり汁
🎨 加賀友禅／九谷焼／輪島塗

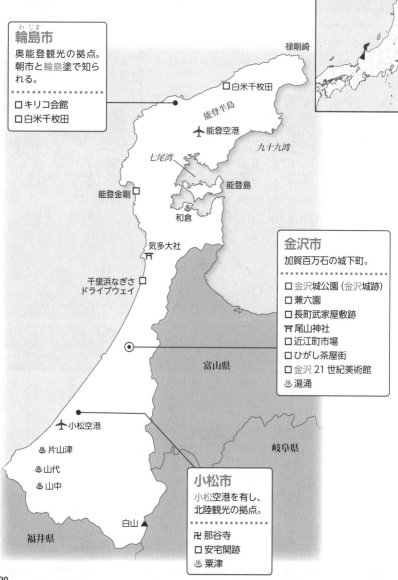

輪島市
（わじま）

奥能登観光の拠点。朝市と輪島塗で知られる。

□ キリコ会館
□ 白米千枚田

禄剛崎

□ 白米千枚田

能登半島

✈ 能登空港

九十九湾

七尾湾

能登島

能登金剛 □

和倉

♨

金沢市

加賀百万石の城下町。

□ 金沢城公園（金沢城跡）
□ 兼六園
□ 長町武家屋敷跡
⛩ 尾山神社
□ 近江町市場
□ ひがし茶屋街
□ 金沢21世紀美術館
♨ 湯涌

気多大社 ⛩

千里浜なぎさ □
ドライブウェイ

富山県

✈ 小松空港 ●

♨ 片山津

岐阜県

♨ 山代

♨ 山中

小松市

小松空港を有し、北陸観光の拠点。

卍 那谷寺
□ 安宅関跡
♨ 粟津

白山 ▲

福井県

MAP
20

福井県

- 🎏 お水送り（3月）／三国節
- 🦀 越前ガニ
- 🏺 越前焼／越前竹人形

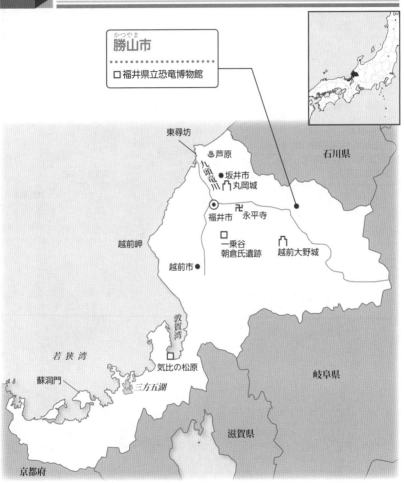

かつやま
勝山市
....
□ 福井県立恐竜博物館

石川県

中部地方

東尋坊

九頭竜川

♨芦原

●坂井市
🏯丸岡城

◉
福井市 卍永平寺

□
一乗谷
朝倉氏遺跡

🏯越前大野城

越前岬

越前市 ●

敦賀湾

若狭湾

□
気比の松原

蘇洞門

三方五湖

岐阜県

滋賀県

京都府

MAP 21 岐阜県

🎎 高山祭（4月／10月）／郡上おどり（7月～9月）／長良川
鵜飼
🍲 朴葉味噌
🎨 美濃紙／美濃焼／一位一刀彫／飛騨春慶塗

高山市

「飛騨の小京都」。

□ 高山陣屋
□ 飛騨民俗村・飛騨の里
□ 三町筋の古い町並み
♨ 奥飛騨温泉郷

富山県

石川県

福井県

滋賀県

奥飛騨温泉郷 ♨
新穂高ロープウェイ □
▲ 穂高連峰

白川郷の合掌
造り集落 🏛

御母衣湖

濁河 ♨

下呂 ♨

長野県

長良川

□ 郡上八幡

恵那峡

木曽川 □ □

□ 馬籠

杉原千畝記念館

□ 関ヶ原古戦場

愛知県

三重県

岐阜市

織田信長が天下統一の
拠点とした地。長良川
の鵜飼で知られる。

🏯 岐阜城（金華山山頂）
□ 長良川

MAP
22

静岡県

🎌 黒船祭（5月）／ちゃっきり節
🍴 安倍川餅／桜えび

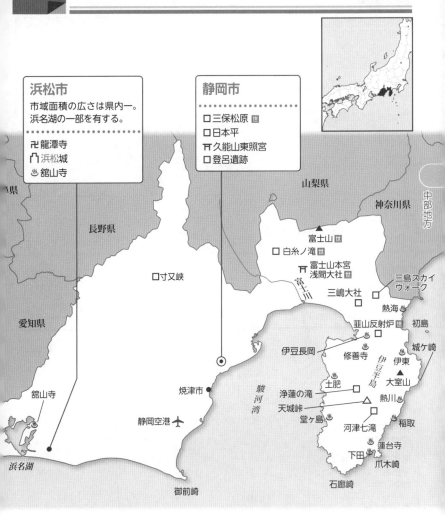

浜松市

市域面積の広さは県内一。
浜名湖の一部を有する。

卍 龍潭寺
🏯 浜松城
♨ 舘山寺

静岡市

□ 三保松原 🏛
□ 日本平
⛩ 久能山東照宮
□ 登呂遺跡

山梨県

神奈川県

中部地方

長野県

▲ 富士山 🏛
□ 白糸ノ滝 🏛
⛩ 富士山本宮
浅間大社 🏛

三島スカイ
ウォーク

富士川

三嶋大社
□

熱海

韮山反射炉

初島

□寸又峡

愛知県

伊豆長岡

修善寺
♨

城ヶ崎
♨

伊東
♨

伊
豆
半
島

舘山寺

焼津市 ●

静岡空港 ✈

駿
河
湾

浄蓮の滝
天城峠
堂ヶ島 ♨

土肥
♨

△

▲
大室山

熱川 ♨

河津七滝 ♨

稲取

浜名湖

下田
♨

蓮台寺

爪木崎

御前崎

石廊崎

犬山市

🏯 犬山城（白帝城）
□ 博物館明治村

岐阜県

長野県

長久手市 ● □
ジブリパーク

足助町
□ 香嵐渓

三重県

□ 桶狭間

鳳来寺山
▲
♨ 湯谷

静岡県

🏯 岡崎城

中部国際
空港

三谷
♨
西浦

卍 豊川稲荷

知
多
半
島

日間賀島

三
河
湾

名古屋市

尾張徳川家の城下町。
中部地方の経済・文化
の中心地。

🏯 名古屋城
⛩ 熱田神宮
□ 徳川美術館
□ レゴランド・ジャパン
□ リニア・鉄道館

伊良湖岬

渥美半島

第5章

近畿地方

1 三重県

MAP ▶ P107

1
[H21]
総

三重県名張市（なばり）の[   ]は、大小様々な滝が約4kmにわたって続き、不動滝、千手滝（せんじゅ）、布曳滝（ぬのびきだき）などからなる五瀑や雛段滝（ひなだん）など多彩な滝を見ることができる。

赤目四十八滝（あかめしじゅうはちたき）

2
[H24]
国

[   ]は、皇大神宮（こうたいじんぐう）（**内宮**（ないくう））と豊受大神宮（とようけだいじんぐう）（**外宮**（げくう））の総称で、20年に一度、神宮最大の行事である**式年遷宮**（しきねんせんぐう）が行われることで知られる。

伊勢神宮（いせ）

3
[H23]
総

伊勢神宮内宮前の**おはらい町**の一角にある[   ]は、お伊勢参りで賑わった江戸から明治にかけての伊勢路の代表的な建築物を移築、再現したものである。

おかげ横丁

4
[H27]
国

志摩半島の南部に位置し、賢島（かしこじま）をはじめとした大小さまざまの島が浮かぶ[   ]湾は、**真珠の養殖**でも知られる**リアス海岸**の景勝地である。

英虞（あご）

5
[H29]
国

古くから交通の要衝として栄えた[   ]は、俳聖・**松尾芭蕉の生誕地**として、また**忍者のふるさと**としても知られる城下町である。

伊賀上野（いがうえの）
伊賀上野城の城下町で伊賀市の中心。

6
[予想]

東海道五十三次の47番目の宿場町として栄えた[   ]は、江戸から明治にかけて建てられた町家が200棟以上も現存し、国の重要伝統的建造物群保存地区に選定されている。

関宿（せきじゅく）

7
[予想]

御在所岳（ございしょだけ）は鈴鹿山脈の主峰で、山麓には[   ]温泉があり、ロープウェイで山頂と通じている。

湯の山（ゆやま）

8
☐☐
【予想】
桑名市にある**長島温泉**周辺は、華やかな**イルミネーショ**ンで知られるテーマパーク ☐ や東海地区では最大級の遊園地などがある一大リゾートエリアになっている。

なばなの里
東海地区で最大級の遊園地はナガシマスパーランド。

2 滋賀県

MAP ▶ P108

1
☐☐
【予想】
日本最大の淡水湖である ☐ は、ラムサール条約湿地の一つで、コハクチョウなどの越冬地となっている。

琵琶湖

2
☐☐
【H20】
国
琵琶湖の北部に浮かび琵琶湖八景の一つにも数えられている ☐ 島には、西国三十三所第 30 番札所の**宝厳寺**がある。

竹生

3
☐☐
【H23】
国
日本百名城のひとつである ☐ は、天守閣が国宝に指定されている**井伊家の居城**で、世界遺産暫定リストにも記載されている。

彦根城

4
☐☐
【H23】
国
日本六古窯のひとつに数えられ、一般には**狸の置物**が有名な ☐ は、**滋賀県を代表する陶磁器**である。

信楽焼

5
☐☐
【H23】
国
滋賀県と岐阜県の県境にあり、**滋賀県最高峰**の ☐ は、古くから霊峰とされ山頂には日本武尊の像がある。晴れた時には頂上から眼下に**琵琶湖を望む**。

伊吹山

6
☐☐
【予想】
西国三十三所第 13 番札所の ☐ は、この寺に参詣した**紫式部**が『**源氏物語**』の着想を得たと伝えられ、本堂の一角には物語を執筆したとされる**源氏の間**がある。

石山寺

7
☐☐
【R2】
総
琵琶湖の南西に位置する大津市坂本は比叡山延暦寺の門前町として栄え、紅葉の名所である日吉大社や**明智光秀ゆかりの寺院**である ☐ があり、その町並みが国の重要伝統的建造物群保存地区に選定されている。

西教寺

8
☐☐
【R2】
国

国宝の金堂をはじめとする多くの堂舎が建ち並ぶ ☐☐☐☐ は、天智・天武・持統の三天皇の産湯に用いられたとされる霊泉（井戸）や、歌川広重が描いた浮世絵風景画 **"近江八景"** に取り入れられた「**晩鐘**」でも知られる。

三井寺
近江八景の一つ「三井の晩鐘」で知られる大鐘がある。正式名称は長等山園城寺。

9
☐☐
【予想】

近江八景の一つ「**堅田の落雁**」で知られる堅田の ☐☐☐☐ は、琵琶湖大橋の南に位置し、湖に延びる橋の先に宝形造の仏殿が建っている。

浮御堂

10
☐☐
【予想】

琵琶湖の西岸、大津市にある ☐☐☐☐ **温泉は、最澄が開湯したと伝えられる温泉地で、周辺には比叡山延暦寺、石山寺、三井寺、浮御堂などの見どころがある。**

雄琴

11
☐☐
【R1】
総

下線部a～dのうち、誤っているものはどれか。
滋賀県の観光地等には、北国街道の宿場として栄え黒壁スクエアのあるa. 長浜、宝厳寺と都久夫須麻神社がある琵琶湖の島b. 竹生島、井伊氏の居城で天守が国宝に指定されているc. 彦根城、紫式部が参籠中に「源氏物語」を起筆したと伝わるd. 三井寺などがある。

d
紫式部が『源氏物語』を起筆したと伝わるのは石山寺（大津市）。

12
☐☐
【R4】
総

次の下線部a～dのうち、誤っているものはどれか。
滋賀県の観光地等には、宝厳寺と都久夫須麻神社がある琵琶湖のa. 竹生島、左義長まつりが行われる日牟禮八幡宮や水郷巡りで知られるb. 彦根、近江八景のひとつとして知られる梵鐘を吊る鐘楼があるc. 三井寺、琵琶湖南西岸にあり、伝教大師最澄によって開湯されたと伝えられるd. おごと温泉などがある。

b
水郷巡りで知られ、左義長まつりが行われる日牟禮八幡宮があるのは近江八幡。
彦根は琵琶湖の東岸に位置する都市で井伊家の居城・彦根城で知られる。

1
【予想】
京都屈指の観光名所、嵯峨嵐山にある　　　　は、後醍醐天皇の冥福祈願のため、足利尊氏が創建し、高僧・夢窓国師を開山とした京都五山第一位の寺である。

天龍寺

2
【H18】
総
京都の代表的な観光地の一つである　　　　は、徳川家康が将軍上洛の際の宿所として造営し、桃山時代武家風書院造りの代表的な建物で、各部屋の襖絵は狩野派の手によるものである。

二条城

3
【H20】
国
折れ曲がった石段の続く　　　　は、清水寺への参詣道で、京都独特の魅力的な店が並んでいる。

三年坂
産寧坂とも呼ばれる。

4
【R3】
総
京都市右京区にある臨済宗の古刹　　　　は、世界文化遺産に登録されており、石庭として有名な白砂に15個の石を配した方丈庭園がある。

龍安寺

5
【H22】
総
桓武天皇を祭神とし、明治28年に創建された　　　　は、京都三大祭の一つである時代祭が行われることでも知られ、壮麗な朱塗りの社殿、池泉式庭園が見事である。

平安神宮

6
【H27】
国
京都府を流れる　　　　川は、桂川の中流部に位置し、亀岡市から嵯峨嵐山までの約16kmの渓流では舟下りも楽しめる。

保津

7
【H29】
国
京都府にある　　　　は、五穀豊穣・商売繁盛の神様として知られる宇迦之御魂大神を主祭神として祀り、千本鳥居と呼ばれる朱色の鳥居が林立する境内の光景が外国人観光客にも人気である。

伏見稲荷大社

8
☐☐
【R1】
総

2019年に1,150年の節目を迎えた京都三大祭のひとつ**祇園祭**は ☐ の祭礼で、なかでも、祇園囃子の響く**山鉾巡行**が祭りの見どころとして知られている。

八坂神社
やさか

9
☐☐
【R4】
総

京都の奥座敷といわれる ☐ は、川沿いに並ぶ飲食店の**川床**が夏の風物詩として知られ、**和泉式部**が参詣し不和となった夫との復縁を祈願し、その願いが成就した逸話が残る神社がある。

貴船
きぶね

"和泉式部が……復縁を祈願し"とあるのは貴船神社のこと。

10
☐☐
【予想】

奈良時代に行基が開山したのち、室町時代に夢窓国師の手により再興された ☐ は、**境内一面を覆う苔の美しさ**から**苔寺**の別名を持つ。

西芳寺
さいほうじ

11
☐☐
【予想】

京都府北部、**丹後半島**の北東部にある ☐ 町には、**船の収納庫の上に居室を備えた**この地区独特の伝統的建造物・**舟屋**が海に面して連なり、その美しい景観が映画、ドラマの舞台として使われている。

伊根
いね

舟屋

12
☐☐
【H23】
総

次の下線部a〜dのうち，誤っているものはどれか。
京都三大祭とは、下鴨神社と上賀茂神社の例祭で5月に催される**a. 葵祭**、7月に行われ、1000年以上の伝統を有する八坂神社の祭礼**b. 祇園祭**、10月に**c. 平安神宮**で催される**d. 三船祭**をいう。

d
京都三大祭のうち10月に行われるのは平安神宮の例祭・時代祭。
三船祭は京都市の車折神社の例祭で5月に行われる。

1
【予想】

593年に**聖徳太子が創建**した**日本最古の官寺**である
　　　　は、戦火や災害により多くが消失したが、創建
当時の四天王寺式伽藍配置の様式を忠実に再現している
貴重な建造物である。

四天王寺
四天王寺式伽藍配置とは、南から北へ向かって中門、五重塔、金堂、講堂を一直線に並べ、それらを回廊で囲む形式。

2
【予想】

堺市内の東西・南北約4キロメートルの範囲に広がる
　　　　古墳群には、世界最大級の墳墓・**仁徳天皇 陵 古墳**をはじめとする巨大前方後円墳などが含まれ、日本の古墳文化を物語る貴重な遺産である。

百舌鳥
古市古墳群（藤井寺市・羽曳野市）とともに、世界文化遺産として登録されている。

3
【R4】
総

大阪三大夏祭りのひとつといわれる　　　　は、本宮の夜、**大川**（旧淀川）に多くの船が行き交う**船渡御**が行われ、大川に映る篝火や提灯灯り、奉納花火が上がることから、火と水の祭典とも呼ばれている。

天神祭
大阪天満宮（大阪市）の祭事。本宮祭は7月に開催される。

4
【予想】

大阪府の観光地等に関する次の記述から、正しいものだけをすべて選んでいるものはどれか。

（ア）エキスポシティ（EXPO CITY）は、大阪市港区にあり、世界最大級の水族館「海遊館」や大観覧車、ホテルなどを中心とする複合型アミューズメント施設である。

（イ）ユニバーサルスタジオジャパンは、ジュラシック・パークやスパイダーマンなど、人気映画のシーンを再現したアトラクションが楽しめるテーマパークである。

（ウ）梅田スカイビルは大阪市北区の新梅田シティ内にあり、屋上の空中庭園展望台からの絶景で人気である。

a．（ア）（イ）　　　b．（ア）（ウ）
c．（イ）（ウ）　　　d．（ア）（イ）（ウ）

c．（イ）（ウ）
aは**天保山**ハーバービレッジを指す。
エキスポシティは、大阪府吹田市の万博記念公園内にある複合施設である。

5

□□
【H23】
総

次の記述のうち、大阪市の観光地等に該当していないものはどれか。

a. 大村益次郎や福沢諭吉など幕末から明治にかけて活躍した人材を多く輩出した蘭学塾「適塾（てきじゅく）」は、1838年（天保9年）に緒方洪庵（おがたこうあん）が開いた。

b. 聖徳太子が6世紀後半に建立したといわれる四天王寺は「四天王寺式伽藍配置」と言われ、日本では最も古い建築様式のひとつである。

c. 水上バス「アクアライナー」は大川を周遊し、水の都大阪を楽しむことができる。

d. 1970年に開催された日本万国博覧会会場跡地を利用した万博記念公園は、太陽の塔を中心とした花と緑の公園で、園内には当時のパビリオンなどが残されている。

d
万博記念公園があるのは大阪府吹田市（大阪市ではない）。

近畿地方

1
【H19】
総
天武天皇が**皇后の病気治癒**を祈願して造営が始められた　　　　は、「**龍宮造り**」と言われる**金堂をはさんで対をなす東西の塔**が美しく、世界文化遺産に登録されている。

薬師寺
世界遺産「古都奈良の文化財」の構成資産の一つ。

2
【H21】
総
奈良県斑鳩町にある**日本最古の木造建築**は、「**柿食へば鐘が鳴るなり　　　　**」と**正岡子規**によって詠まれた寺である。

法隆寺
世界遺産「法隆寺地域の仏教建造物」の構成遺産の一つ。

3
【H25】
国
　　　　は、奈良県の**十津川村**にある長さ 297 メートルの橋で、もともと生活用に架けられたものが人気の観光スポットになっている。

谷瀬の吊り橋
住民の生活用に架けられた鉄線の吊り橋。

4
【R3】
総
「**女人高野**」と呼ばれる　　　　は、**シャクナゲやモミジ**が境内を美しく彩ることで知られ、屋外に立つ古塔としてわが国で最小の高さ 16m の五重塔がある。

室生寺
宇陀市にある寺院でシャクナゲの名所。

5
【H26】
総
旧暦の２月１日から奈良市の　　　　**二月堂**で行われていた**修二会**は、現在は**３月**１日から２週間にかけて行われ、**お水取り**、お松明とも呼ばれる法会である。

東大寺
世界遺産「古都奈良の文化財」の構成資産の一つ。

6
【H29】
国
懸造り（舞台造）の本堂と 10m を超える観音立像で知られる奈良県の　　　　は、約 7000 株の**牡丹の花**が有名で、四季の草花の美しさから“**花の御寺**”とも呼ばれる。

長谷寺
奈良県桜井市に所在する。

7
【H30】
総
奈良市にある　　　　は、**鑑真**が戒律を学ぶ人たちのための修行の道場として創建し、現在では、奈良時代建立の**金堂**、講堂が**天平の息吹を伝える**貴重な伽藍となっている。

唐招提寺
世界遺産「古都奈良の文化財」の構成資産の一つ。

8
【R2】
国

藤原氏の氏神を祀る □□□ の境内には**朱塗りの社殿**や参道の灯籠、国宝・重要文化財を含む約 3,000 もの品々を収めた国宝殿、万葉集にちなんだ草花の見られる**萬葉植物園**などがある。

春日大社
世界遺産「古都奈良の文化財」の構成資産の一つ。

9
【予想】

奈良県 □□□ 村にある**キトラ古墳**は、同村内の**高松塚古墳**に次ぐ日本では 2 例目の壁画古墳で、その石室内に**青龍・朱雀・白虎・玄武からなる四神**や、十二支、天文図などの壁画が描かれた貴重な文化財である。

明日香

10
【H24】
総

奈良県の観光地等に関する次の記述のうち、誤っているものはどれか。

a．猿沢池は、興福寺の五重塔が水面に映える姿の美しいことで知られる。

b．十津川村にある 竜 神大吊橋は、日本有数の鉄線の吊り橋で、周辺には国民保養温泉地として指定された十津川温泉がある。

c．三笠山ともいわれる高さ 342m の若草山は、山全体が芝で覆われており、早春を告げる山焼きが行われることで知られる。

d．吉野山には、シロヤマザクラを中心に約 200 種 3 万本の桜が密集し、麓から山上に咲き続ける桜は、一目に千本見える豪華さという意味で一目千本ともいわれる。

b
十津川温泉の近くにあるのは谷瀬の吊り橋。
竜神大吊橋は、茨城県常陸太田市にある。

1
【予想】

国宝、世界遺産の**姫路城**は、白漆喰総塗籠造り（しろしっくいそうぬりごめづくり）の**鮮やかな白の城壁**や、5層7階の大天守と東、西、乾の小天守が**渡櫓**（わたりやぐら）で連結された連立式天守が特徴で、**シラサギが羽を広げたような優美な姿**から ⬚⬚⬚ とも呼ばれる。

白鷺 城（しらさぎじょう）

2
【予想】

志賀直哉の小編でも知られる ⬚⬚⬚ 温泉は、温泉街を流れる大谿川（おおたにがわ）の**両岸に柳並木**と木造の旅館が連なり、浴衣姿での**外湯巡り**を楽しめる。

城崎（きのさき）

志賀直哉の『城崎にて』の舞台。

3
【H26】
国

兵庫県にある ⬚⬚⬚ 城跡は、山頂に築かれた**山城の石垣**が有名で、**雲海に浮かぶ**さまから「**天空の城**」「**日本のマチュピチュ**」とも呼ばれている。

竹田

4
【H26】
総

雲海に包まれた天空の城として近年観光客が増加している**竹田城跡**は、兵庫県 ⬚⬚⬚ 市にあり、山城遺跡として全国でもまれな完存する遺構であり、虎が臥せているように見えることから**虎臥城**（とらふすじょう）とも呼ばれる。

朝来（あさご）

5
【予想】

神戸市の市街地にあり、夜景の美しさで知られる**六甲山**（ろっこうさん）は、瀬戸内海国立公園の区域に指定され、山麓には『日本書紀』にもその歴史が記された ⬚⬚⬚ 温泉がある。

有馬（ありま）

6
【R3】
国

瀬戸内海国立公園の東部に位置する ⬚⬚⬚ 島は、**大鳴門橋**（おおなるときょうばし）と明石海峡大橋（あかし）で四国と本州につながる島で、"花さじき"と呼ばれる県立公園からは明石海峡・大阪湾を背景に四季折々の花が楽しめる。

淡路（あわじ）

7
【R3】
総

揖保川（いぼがわ）の近くにある城下町で、武家屋敷、白壁の土蔵が今もなお残り、**播磨の小京都**（はりま）といわれる ⬚⬚⬚ は、うすくち醤油発祥の地としても知られ、国の重要伝統的建造物群保存地区に選定されている。

龍野（たつの）

MAP ▶ P117

1
【H27】
総

弘法大師空海が開山した高野山は、高野山真言宗総本山 [   ] をはじめ、100 を超える塔頭寺院があり、そのうちの約半数は宿坊として参詣者に宿を提供している。

金剛峯寺

2
【R3】
国

ユネスコの世界遺産の一部にもなっている [   ] は、飛瀧神社の御神体として崇められ、別名「三筋の滝」とも呼ばれる。

那智の滝
世界文化遺産「紀伊山地の霊場と参詣道」の構成資産の一つ。

3
【H29】
総

和歌山県那智勝浦町にある西国三十三所第一番札所の [   ] は、如意輪観世音を祀る本堂や那智の滝との調和が美しい朱色の三重の塔で知られている。

青岸渡寺

4
【予想】

和歌山県最古の寺である [   ] は、蛇と化した清姫が釣鐘に隠れた安珍を焼き殺すという「安珍と清姫の物語」で知られ、能楽や歌舞伎の演目になっている。

道成寺

5
【予想】

西国三十三所第2番札所で早咲きの桜の名所として名高い [   ] は、境内にある三つの湧水がその名の由来とされ、境内からは景勝・和歌の浦をはじめ淡路島・四国も遠望できる。

紀三井寺
和歌山市に所在する。

6
【予想】

紀伊半島南端で、本州最南端に位置する [   ] は、断崖の高さ 50 メートルの太平洋に突き出た岬で、岬の先端近くには望楼の芝と呼ばれる芝生の草原が広がる。

潮岬

7
【予想】

三段壁、円月島などの景勝地で知られる [   ] 温泉は、万葉の昔から知られる古湯で、近くには、南方熊楠記念館やパンダの飼育で知られるアドベンチャーワールドがある。

白浜
南方熊楠は和歌山県出身の博物・生物・民俗学者。

近畿地方

105

次の下線部a～dのうち、誤っているものはどれか。

【H28】
総

和歌山県の観光地等には、千畳敷の南海岸を約2kmにわたり続く高さ約50mの断崖a. 三段壁、洞窟風呂の「忘帰洞」で知られるb. 白浜温泉、滝そのものが飛瀧神社の御神体となっているc. 那智の滝、串本町の海岸から大島に向かって約850mの列をなして大小40余りの岩柱がそそり立つd. 橋杭岩などがある。

b
洞窟風呂「忘帰洞」があるのは勝浦（南紀勝浦）温泉。

8 近畿地方

1

【H22】
国

和歌山・三重・奈良3県にまたがる熊野川支流の北山川の峡谷である　　　　は、**和船による船下り**が有名である。

瀞峡

2

【H24】
総

次の下線部a～dのうち、誤っているものはどれか、近畿地方南部の太平洋に突出する日本最大の紀伊半島は、古くからの信仰の地であり、世界遺産に登録されている「紀伊山地の霊場と参詣道」には、熊野三山に至るa. 熊野参詣道、落差133mの名瀑b. 那智大滝（那智の滝）、高野山真言宗の総本山c. 金剛峯寺、熊野詣の湯垢離場として知られる「つぼ湯」のあるd. 南紀勝浦温泉などがある。

d
「つぼ湯」があるのは熊野本宮大社の近くに湧く湯の峰温泉。

MAP 24 三重県

- 🎵 尾鷲節
- 🍴 手こね寿司／赤福餅／松阪牛／伊勢うどん
- 🧵 伊賀組紐

岐阜県

滋賀県

長島

愛知県

松阪市 (まつさか)
- □ 本居宣長旧宅
  （本居宣長記念館）

▲御在所岳
♨湯の山

京都府

□関宿

津市 ◉

名張市

鳥羽市
- □ 鳥羽水族館
- □ ミキモト真珠島

二見浦（夫婦岩）

伊賀市 (いが)
俳人松尾芭蕉の生地。
伊賀忍者の郷。
- 🏯 上野（伊賀上野）城
- □ 芭蕉翁生家

□□ 香落渓
赤目四十八滝

志摩半島

▲朝熊山

的矢湾

大王崎

英虞湾

奈良県

伊勢市 (いせ)
- ⛩ 伊勢神宮
- □ おはらい町（おかげ横丁）
- □ 二見浦（夫婦岩）

□
瀞峡

和歌山県

近畿地方

107

MAP
25

滋賀県

🏮 左義長祭（3月）
🍽 鮒ずし／近江牛
🎨 信楽焼

大津市

琵琶湖の西岸に位置し、名所・旧跡が多い。

卍延暦寺 🏯
卍三井寺（園城寺）
卍石山寺
卍浮御堂
卍西教寺
卍日吉大社
◻びわ湖テラス
♨雄琴

余呉湖

岐阜県

竹生島

伊吹山 ▲

琵琶湖

米原市

彦根城

福井県

⛩多賀大社

長浜市

羽柴（豊臣）秀吉が築いた長浜城の城下町。

◻黒壁スクエア
◻竹生島
（卍宝厳寺 ⛩都久夫須麻神社）
◻余呉湖

京都府

琵琶湖大橋

♨雄琴

延暦寺
卍
比叡山 ▲

近江八幡市
（おうみはちまん）

琵琶湖東岸。八幡堀など商家町の町並みで知られる。

🏯安土城跡
⛩日牟禮八幡宮
◻水郷

甲賀市
（こうか）

タヌキの置物で知られる信楽焼と甲賀忍者の里。

◻甲賀の里忍術村
◻甲賀流忍術屋敷

三重県

MAP
26

京都府

🎏 葵祭（5月）／祇園祭（7月）／京都五山送り火（8月）／時
代祭（10月）／鞍馬の火祭（10月）／宮津節
🍡 八ッ橋／千枚漬／宇治茶
🎎 西陣織／御所人形／清水焼

京都市
平安京が置かれた古都。
歴史的な社寺仏閣が多い。
▶ P110〜111

琴引浜

伊根町
（舟屋）

丹後半島

宮津湾

天橋立

福井県

滋賀県

近畿地方

保津川

比叡山

保津峡

湯の花

亀岡市　嵐山

兵庫県

宇治市

⛩ 平等院 🏛
□ 平等院ミュージアム
　鳳翔館
⛩ 宇治上神社 🏛

大阪府

奈良県

京都市内＆郊外の観光スポット

1 賀茂別雷（上賀茂）神社
賀茂御祖（下鴨）神社

例祭葵祭で知られる。王朝風の優雅な行列が京都御所を出発して市中を練り、下鴨神社を経て上賀茂神社へと向かう。

2 龍安寺

白砂に15の石を配置した枯山水の石庭・方丈庭園が見どころ。

3 仁和寺

皇室が住職を務めた歴史から御室御所とも呼ばれる。遅咲きの御室桜で知られる桜の名所。

4 天龍寺

京都五山第一位。後醍醐天皇の菩提を弔うため、足利尊氏が夢窓国師を住職として創建。

5 西芳寺

美しい苔で覆われた庭園が見事なことから苔寺とも呼ばれる。

世 高山寺

世 鹿苑寺（金閣寺）

2 世 龍安寺

世 仁和寺

3

保津川下り

トロッコ列車

嵯峨嵐山駅

嵐山駅　渡月橋

世 天龍寺
4

5
世 西芳寺（苔寺）

桂川

桂駅

世 二条

世 本願（西本願

世 教王護国（東寺）

6 錦市場

「京都の台所」と呼ばれ、京都の食材・味覚が並ぶ。

7 伏見稲荷大社

全国にある稲荷神社の総本宮。朱塗りの鳥居が立ち並ぶ千本鳥居は国内外の観光客に人気。

8 醍醐寺

境内の三宝院庭園は豊臣秀吉が行った盛大な宴醍醐の花見で知られる。

9 平等院（宇治市）

藤原頼通が父である道長の別荘を寺院とし「平等院」と改称。鳳凰堂は10円硬貨のデザインに採用されている。

平安遷都から1,000年以上にわたり日本の首都として栄えた古都・京都。歴史的な建造物が立ち並び、国内外から多数の観光客が訪れる国際的な観光都市。

船神社

三千院

鞍馬寺

世 賀茂別雷神社
（上賀茂神社）1

世 賀茂御祖神社
（下鴨神社）

世 延暦寺

滋賀県

京都御所

平安神宮 11

世 慈照寺
（銀閣寺）10

鴨川

八坂神社

南禅寺

錦市場

世 清水寺 12

京都駅

三十三間堂

伏見稲荷大社 7

世 醍醐寺 8

世 宇治上神社

世 平等院 9

近畿地方

10 慈照寺（銀閣寺）

足利義政によって造営された山荘・東山殿が起源。
白砂で造られた銀沙灘と向月台が美しい枯山水の庭園が見事。

11 平安神宮

平安遷都1100年を記念して明治28年に創建。朱塗りの壮麗な社殿と10月の時代祭で知られる。

12 清水寺

音羽山の中腹に、三重塔、奥の院、本堂など30以上の伽藍や碑が立ち並ぶ。なかでも本堂の前面に張り出すように広がる「清水の舞台」が有名。門前には石畳の三年坂（産寧坂）が延びる。

111

27 ▶ 大阪府

🎎 今宮十日戎（1月）／四天王寺どやどや（1月）／天神祭（7月）
／岸和田だんじり祭（9月～10月）
🔪 堺打刃物

吹田市

□ 万博記念公園
（太陽の塔）

大阪市

面積の約1割を河川が占める水都。水上バス・アクアライナーでの遊覧も人気。

🏯 大阪城
□ 適塾
□ 造幣局（桜の通り抜け）
□ 道頓堀
□ 通天閣
⛩ 住吉大社
⛩ 今宮戎神社
⛩ 大阪天満宮
卍 四天王寺
□ あべのハルカス
□ 梅田スカイビル
（空中庭園展望台）
□ ユニバーサル・スタジオ・
ジャパン
□ 海遊館
（天保山ハーバービレッジ）

京都府

□箕面滝

✈ 伊丹空港

兵庫県

生駒山▲

古市古墳群🏯
□

□百舌鳥古墳群🏯

奈良県

✈
関西国際空港

和歌山県

MAP
28

奈良県

若草山焼き（1月）／お水取り（修二会／3月）

三輪そうめん

赤膚焼

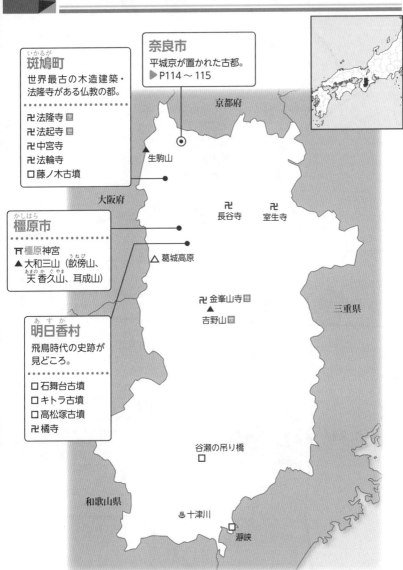

奈良市
平城京が置かれた古都。
▶ P114 〜 115

斑鳩町（いかるが）
世界最古の木造建築・
法隆寺がある仏教の都。
- 卍 法隆寺 🌐
- 卍 法起寺 🌐
- 卍 中宮寺
- 卍 法輪寺
- ⊡ 藤ノ木古墳

橿原市（かしはら）
- ⛩ 橿原神宮
- ▲ 大和三山（畝傍山（うねび）、
  天香久山（あまのかぐやま）、耳成山）

明日香村（あすか）
飛鳥時代の史跡が
見どころ。
- ⊡ 石舞台古墳
- ⊡ キトラ古墳
- ⊡ 高松塚古墳
- 卍 橘寺

京都府

大阪府

▲ 生駒山

卍 長谷寺　　卍 室生寺

△ 葛城高原

卍 金峯山寺 🌐
▲
吉野山 🌐

三重県

谷瀬の吊り橋
⊡

和歌山県

♨ 十津川
⊡
瀞峡

奈良市内の観光スポット

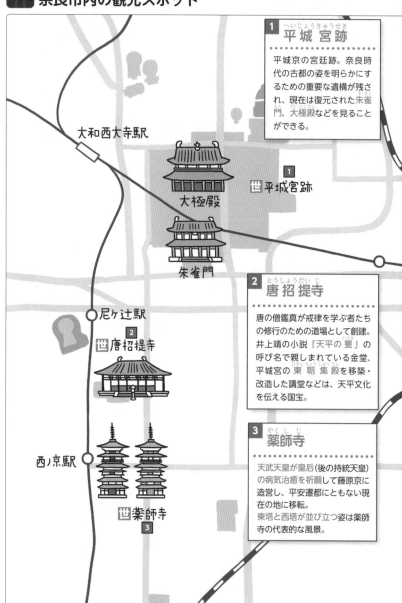

1 平城宮跡（へいじょうきゅうせき）

平城京の宮廷跡。奈良時代の古都の姿を明らかにするための重要な遺構が残され、現在は復元された朱雀門、大極殿などを見ることができる。

大和西大寺駅

大極殿

1 平城宮跡

朱雀門

2 唐招提寺（とうしょうだいじ）

唐の僧鑑真が戒律を学ぶ者たちの修行のための道場として創建。井上靖の小説『天平の甍』の呼び名で親しまれている金堂、平城宮の東朝集殿を移築・改造した講堂などは、天平文化を伝える国宝。

尼ヶ辻駅

2 唐招提寺

3 薬師寺（やくしじ）

天武天皇が皇后(後の持統天皇)の病気治癒を祈願して藤原京に造営し、平安遷都にともない現在の地に移転。
東塔と西塔が並び立つ姿は薬師寺の代表的な風景。

西ノ京駅

薬師寺
3

710年から70年あまりの間、平城京が置かれた古代日本の都。歴史的価値の高い建造物が多数残され、春日山原始林とともに東大寺、薬師寺などの社寺や宮跡が「古都奈良の文化財」として世界遺産に登録されている。

4 正倉院（しょうそういん）

東大寺の宝庫として造られ、現在は宮内庁が管理。内部は見学できないが、毎年秋に奈良国立博物館で宝物の一部が展示公開される。

5 東大寺（とうだいじ）

「奈良の大仏」として親しまれる本尊盧舎那仏が鎮座する大仏殿（金堂）、3月の修二会行事で知られる二月堂など国宝が多数。

6 若草山

頂上から奈良市街を一望。全体が芝で覆われ、3つの笠を重ねたような姿から三笠山とも。
冬の古都に早春を告げる行事山焼き（1月）が行われる。

世 正倉院 4
世 東大寺 5
二月堂
若草山 6（三笠山）
世 興福寺 7
近鉄奈良駅
奈良国立博物館
奈良公園
世 春日山原始林 9
奈良駅
世 元興寺 8
世 春日大社 10
京終駅

近畿地方

7 興福寺（こうふくじ）

藤原鎌足、不比等親子ゆかりの寺で、藤原氏の氏寺。奈良公園内の猿沢池に映る五重塔の美しさで知られる。

9 春日山原始林（かすがやまげんしりん）

春日大社の神域として保護されてきた森林。

8 元興寺（がんごうじ）

蘇我馬子が飛鳥に建立した法興寺を移建したもの。建造物の多くは罹災により消失し、極楽堂と禅室が残されている。

10 春日大社（かすがたいしゃ）

鮮やかな朱塗りの社殿・回廊と、その軒に並ぶ釣燈籠が美しい。境内の萬葉植物園では万葉集にちなんだ代表的な草花が万葉歌の陶板とともに標本展示されている。

MAP 29 兵庫県

デカンショ節／淡路人形浄瑠璃
但馬牛／明石焼／出石皿そば
出石焼／丹波焼（立杭焼）

城崎
玄武洞
湯村
但馬空港
出石
（但馬の小京都）
鳥取県
京都府
朝来市
竹田城跡

芦屋市
□谷崎潤一郎記念館

宝塚市
□手塚治虫記念館
□宝塚大劇場

岡山県

龍野
（播磨の小京都）
姫路城（白鷺城）
姫路市

大阪府

神戸市
異国情緒あふれる町
並みが人気。
▲六甲山
□南京町
□神戸北野異人館街
□ポートアイランド
有馬

明石海峡大橋
神戸空港

淡路島

大鳴門橋
洲本

徳島県
和歌山県

MAP 30 和歌山県

🎏 那智の火祭（7月／正式名：扇祭）／串本節
🍙 めはりずし
🎨 紀州漆器

和歌山市
- 🏯 和歌山城
- ⬜ 和歌の浦
- 卍 紀三井寺

大阪府

奈良県

那智勝浦町（なちかつうら）

熊野古道や那智山周辺
の観光拠点。

- ⛩ 熊野那智大社 🏯
- 卍 青岸渡寺 🏯
- ⬜ 那智の滝 🏯
- ♨ 南紀勝浦

近畿地方

高野山 🏯 ▲
金剛峯寺 🏯 卍

龍神 ♨

卍 道成寺

紀
伊
半
島

湯の峰 ♨
（つぼ湯）

瀞峡 ⬜

三重県

白浜町
- ⬜ 三段壁
- ⬜ 円月島
- ⬜ 千畳敷
- ⬜ アドベンチャー
  ワールド
- ⬜ 南方熊楠記念館
- ♨ 白浜

南紀白浜空港

橋杭岩 ⬜

串本町

潮岬

117

中国地方

1 鳥取県

MAP ▶ P127

1
【H18】
国

鳥取県の**浜村温泉**は、民謡 [____] で有名な温泉郷で、豊富な湯量と美しい浜辺が自慢の観光地である。

貝殻節
(かいがらぶし)

2
【H21】
総

島根県と県境を接し、鳥取県西端の**米子市**(よなご)にある [____] 温泉は、**美保湾**に面した**弓ヶ浜半島**の海岸線にあり、**国内トライアスロン発祥の地**としても知られている。

皆生
(かいけ)

3
【H23】
総

鳥取県のほぼ中央に位置し、**はわい、東郷**(とうごう)、**三朝**(みささ)、**関金温泉郷**(せきがね)に囲まれた [____] 市は、古くから城下町としての風情が漂い、**玉川沿いにある白壁土蔵群**は、江戸、明治期に建てられたものが多く、今でも当時の面影を残している。

倉吉
(くらよし)

4
【H25】
総

鳥取県の北東部にあり、日本海の荒波によって形作られた海食地形の [____] 海岸では、**菜種五島**(なたねごとう)、**千貫松島**(せんがんまつしま)、**鴨ヶ磯**(かもがいそ)、竜神洞などの海岸美を見ることができる。

浦富
(うらどめ)

5
【H27】
国

中国地方の最高峰で、別名 "**伯耆富士**"(ほうき)とも呼ばれる [____] は、その名を冠したキャラボクの群生や**天台宗の古刹**があることでも知られる。

大山
(だいせん)
志賀直哉の『暗夜行路』(あんや こうじ)に登場。山腹に天台宗の古刹・大山寺(だいせんじ)がある。

6
【H30】
国

[____] は、標高約 900m の山の中腹に建てられた天台宗の古刹で、切り立った絶壁の窪みに建てられた「**投入堂**」(なげいれどう)が国宝に指定されている。

三徳山三佛寺
(みとくさんさんぶつじ)

7
☐☐
【予想】

日本海に面した**白兎海岸**〔はくと〕は、☐☐☐市に所在し、日本最古の歴史書『古事記』の一節にある神話『**因幡の白兎**〔いなば・しろ・うさぎ〕』の舞台といわれている。

鳥取

8
☐☐
【R2】
国

弓浜（弓ヶ浜）半島の北端に位置し、漫画家・**水木しげる氏の出身地**として知られる☐☐☐市は、豊かな漁港があることから"さかなと鬼太郎のまち"とも呼ばれ、**妖怪のブロンズ像**で人気の**水木しげるロード**がある。

境港〔さかいみなと〕
水木しげるは漫画「ゲゲゲの鬼太郎」の作者。

---

2 島根県

MAP ▶ P128

1
☐☐
【予想】

島根半島の最西端、青い海に奇岩や絶壁が続く景勝地☐☐☐は、大山隠岐国立公園に属し、**塔の高さ日本一**を誇る灯台や、近くにはウミネコの繁殖地・**経島**〔ふみしま〕がある。

日御碕〔ひのみさき〕
塔の高さ日本一の灯台は出雲日御碕灯台。

2
☐☐
【H15】
総

七珍料理〔しっちん〕と**夕景の美しさ**で有名な**宍道湖**〔しんじこ〕の東岸に位置する☐☐☐市には、**武家屋敷の遺構**や、『**怪談**』の作者**小泉八雲**〔いずみ・やくも〕**の旧居**がある**塩見縄手**〔しおみなわて〕と呼ばれる堀に沿った美しい通りがある。

松江〔まつえ〕
"七珍"とは、スズキやシジミなど、宍道湖でとれる代表的な魚介類のこと。

3
☐☐
【H19】
国

武家屋敷や白壁の旧家が並び、**山陰の小京都**と呼ばれる小さな城下町である☐☐☐は、作家**森鴎外の生地**〔もりおうがい〕としても知られ、**掘り割りの鯉**が有名である。

津和野〔つわの〕

4
☐☐
【H27】
総

天守が国宝に指定されている☐☐☐は**千鳥城**〔ちどりじょう〕とも呼ばれ、天守閣からは、夕陽の美しさで知られる湖を望むことができる。

松江城〔まつえじょう〕
天守閣から宍道湖を望む。

5
☐☐
【H29】
国

西ノ島、中ノ島、知夫里島〔ちぶりじま〕、島後〔どうご〕の4つの島と約180の**小島**で形成される☐☐☐諸島は、**国賀海岸**〔くにが〕や**ローソク島**などの海岸美や、**後醍醐天皇が配流**〔はいる〕**された場所**と伝えられる行在所〔あんざいしょ〕（**黒木御所**）跡などの史跡で知られている。

隠岐〔おき〕

6
□□
【H29】
総

日本最古の歴史書といわれる古事記にその創建が記され、大国様で知られる**大国主大神**（おおくにぬしおおかみ）が主祭神である　　　　は、**縁結びの神**、福の神として名高く、本殿は国宝に指定されている。

出雲大社（いずもたいしゃ）

7
□□
【H30】
総

横山大観（よこやまたいかん）を中心とした近代から現代の**日本画**や北大路魯山人（きたおおじろさんじん）の陶芸作品などを収蔵している　　　　は、島根県**安来市**（やすぎ）にあり、枯山水庭、白砂青松庭、苔庭、池庭など**約5万坪の日本庭園**が四季折々の美しい佇まいを見せてくれる。

足立美術館（あだち）
足立美術館の日本庭園は外国人旅行者にも人気（米国の日本庭園専門誌で20年連続日本一に選出）。

8
□□
【予想】

出雲市の南、神戸川（かんどがわ）の渓流で、その景観が大分県の耶馬渓（やばけい）に似ていることから「**山陰の耶馬渓**」とも称される　　　　は、神亀岩、烏帽子岩、ろうそく岩などの名で呼ばれる見事な奇岩が連なる渓谷美が楽しめる。

立久恵峡（たちくえきょう）

3 岡山県

MAP ▶ P129

1
□□
【H18】
総

倉敷市（くらしき）の**倉敷美観地区**にあり、エルグレコの「受胎告知」、モネの「睡蓮」などを収蔵する　　　　は、昭和5年に開館した**日本初の西洋美術中心の私立美術館**である。

大原美術館

2
□□
【H28】
国

　　　　は、岡山藩主池田光政によって**庶民教育のため**に創立された学校・学問所で、国宝の講堂をはじめ、多くの建造物が国の重要文化財に指定されている特別史跡である。

旧閑谷学校（しずたに）
備前市に所在する。

3
□□
【予想】

宇喜多秀家（うきたひでいえ）が、秀吉の指導を受けて築城した　　　　は、天守閣の壁に黒漆塗りの下見板を取り付けるこの時代の特徴から**外観が黒く**、後の時代には「**烏城**（うじょう）」とも呼ばれている。

岡山城

4 旭川を隔て、**岡山城の北側にある**□□□は、岡山藩主
【予想】 が憩と趣を楽しむ庭として造られた広大な庭園で、藩主
の居間として造られた延養亭からは園内の景勝が一望で
きる。

後楽園
日本三名園の一つ。

5 倉敷市の**下津井**にある□□□は、標高 133 mの山頂
【予想】 「鍾秀峰」からの眺めで知られ、海上に点在する大小
50 余りの**多島美と瀬戸大橋の眺望**を楽しめる。

鷲羽山

6 **高梁市**街地の北端にそびえる**臥牛山**の山頂に位置する
【予想】 □□□は、**天守の現存する山城としては随一の高さ**を
誇り、雲海に浮かぶ幻想的な姿が人気を呼んでいる。

備中松山城

4 広島県

MAP ▶ P130

1 **瀬戸内しまなみ海道**で本州、四国と結ばれている
【H16】 □□□**島**には、**平山郁夫美術館**や豪華な堂塔が並び**西**
総 **日光**と呼ばれる**耕三寺**がある。

生口
生口島は尾道市に
属する。

2 瀬戸内しまなみ海道の本州側の基点である□□□**市**は、
【H20】 志賀直哉や林芙美子が住んだことで知られ、名刹**千光寺**
総 から眺める景色は絶景である。

尾道

3 **広島藩**初代藩主の浅野長晟が**別邸の庭園**として築成し
【R2】 た□□□は、中国の世界的な景勝地「**西湖**」を模して
総 **つくられた**とも伝わる回遊式庭園で、2020 年築庭 400
年を迎えた。

縮景園

4 **海に浮かぶように見える朱色の社殿と大鳥居**が美しい
【予想】 □□□**神社**は、**平清盛**によって寝殿造り様式を取り入
れた現在の姿に造営され、背後にそびえる**弥山原始林**と
ともに、1996 年に世界遺産に登録された。

厳島

5 【予想】 尾道市の [___] 公園は、園内に尾道市立美術館や**文学のこみち**などがあり、山頂の展望台からは、尾道市街地や瀬戸内海の島々が眺められ、天気の良い日には四国連山をも遠望できる。

千光寺

6 【R4】総 古くから**潮待ちの港**として栄え、万葉集にも詠まれた**福山市**の [___] は、**雁木（がんぎ）に立つ常夜燈**が代表的な景観として知られ、町並みは国の伝統的建造物群保存地区に選定されている。

鞆の浦（とも うら）

常夜燈

7 【予想】 中国山地の中央に位置する [___] は、石灰岩台地が浸食されて形成された**カルスト台地**が広がり、渓水の浸食作用によってできた天然の橋・**雄橋（おんばし）**や、神龍湖（しんりゅうこ）などの見どころがある。

帝釈峡（たいしゃくきょう）

8 【H25】総 広島県の観光地等に関する次の記述のうち、誤っているものはどれか。
a．瀬戸内しまなみ海道上にある因島（いんのしま）は、村上水軍の本拠地のひとつで、復元された因島水軍城には武具や古文書が展示されている。
b．厳島神社のある宮島には、あなご飯やもみじ饅頭などの名物がある。
c．安芸の小京都と呼ばれる三次市の町並み保存地区では、江戸時代から明治、大正、昭和とそれぞれの時代の建築物の歴史的変遷を見ることができる。
d．広島藩浅野家の別邸であった縮景園は、中国杭州の西湖を模したものと伝えられている。

c
cの記述が示す「安芸の小京都」は竹原市（町並み保存地区）。

1
□□
【H16】
総

山口県の**日本海側**に位置する_____市には、**毛利家の菩提寺**である**東光寺**や明治維新の原動力になった高杉晋作、伊藤博文などを輩出した**松下村塾**などがある。

萩

2
□□
【H22】
国

山口県にある**松下村塾**の主宰者_____は、幕末から明治にかけて活躍した人材の育成に大きな影響を与えた思想家・教育者である。

吉田 松陰

3
□□
【H30】
国

下関市の北部にあり、**本州と対岸の島とをつなぐ**_____は、コバルトブルーの**海の上**に延びた**1本の道**にも見える絶景がCMや映画のロケにも使われた。

角島大橋
下関市（本州側）と同市に属する角島との間に架かる橋。

4
□□
【R2】
総

山口県**長門市**にある_____神社は、**123基の鳥居**が100メートル以上にわたって並び、神社敷地内にある高さ約6mの大鳥居の上部には賽銭箱が設置されている。

元乃隅

5
□□
【H21】
総

次の下線部a～dのうち、誤っているものはどれか。
山口県美祢市には、緑の草原に白い石灰岩が点在する日本最大のカルスト台地の秋吉台があり、その下にはa. 秋芳洞があるが、付近にはb. 景清洞、c. 玄武洞、d. 大正洞などの鍾乳洞もある。

c
玄武洞は兵庫県豊岡市（城崎温泉の近く）にある洞窟。

中国地方

123

6 □□ 【H30】 総

次の記述から、正しいものだけをすべて選んでいるものはどれか。

（ア）山口県長門市にある元乃隅神社は、目の前に広がる日本海と 123 基の朱色の鳥居が続く神社である。

（イ）北長門海岸国定公園の中心にある青海島（おおみじま）は、別名「海上アルプス」と呼ばれ、洞門や断崖絶壁、奇岩・怪岩など自然の造形を楽しむことができる。

（ウ）下関市にある角島大橋は、離島に架かる 1,780 m の橋で、コバルトブルーの海との調和が美しい。

a.（ア）（イ）　　b.（ア）（ウ）

c.（イ）（ウ）　　d.（ア）（イ）（ウ）

d.（ア）（イ）（ウ）
（ア）（イ）（ウ）とも正しい記述。

元乃隅神社

6 中国地方

1 □□ 【H24】 総

次の下線部a〜dのうち、誤っているものはどれか。
島根県隠岐諸島には、日本海の風浪で削られた絶壁などが続く a. 白兎海岸、松江市には、耳なし芳一などの怪談で親しまれた文豪 b. 小泉八雲（ラフカディオ ハーン）の旧居、大田市には、銀鉱山遺跡と鉱山町、銀積出港とそれを結ぶ街道から成る c. 石見銀山（いわみ ぎんざん）遺跡、津和野町には、d. 森鴎外の旧宅などの見どころがある。

a
隠岐諸島にあるのは国賀海岸。
白兎海岸は鳥取県（鳥取市）にある。

2 □□ 【H22】 総

次の下線部a〜dのうち、誤っているものはどれか。
a. 山陰本線を走る SL やまぐち号は、新山口から b. 山陰の小京都といわれる津和野までを約 2 時間で走り、津和野には、c. 森鴎外の旧宅に代表される古い家屋や武家屋敷が残され、この地で 7 月に開催される d. 鷺舞（さぎまい）神事は国の重要無形民俗文化財である。

a
SL やまぐち号が走る新山口（山口県）－津和野（島根県）間は、山陰本線ではなく山口線である。

124

3
□□
【H24】
総

中国地方の観光地等に関する次の記述のうち、誤っているものはどれか。

a．鳥取県境港市は、「ゲゲゲの鬼太郎」で知られる漫画家の出身地で、沿道に多くの妖怪のブロンズ像が並ぶ水木しげるロードと呼ばれる道がある。

b．岡山県倉敷市にある倉敷美観地区には、白壁の屋敷、川沿いの柳並木など江戸の風情を感じられ、地区内には日本で初めて誕生した私立西洋近代美術館の大原美術館がある。

c．広島県の 錦川にかかる五連のアーチ式木橋の錦帯橋 は、日本三奇橋のひとつである。

d．山口県下関市にある赤間神宮には、壇ノ浦合戦で敗れ平家の滅亡に伴い入水された安徳天皇が祀られている。

c
錦帯橋があるのは山口県岩国市。

錦帯橋

4
□□
【H26】
総

中国地方の観光地等に関する次の記述から、正しいものだけをすべて選んでいるものはどれか。

（ア）島根県津和野町にある太皷谷稲成神社の参道には、約1,000本の鳥居が連なっている。

（イ）岡山市にある岡山城は、別名を烏城と呼ばれ、天守閣からは日本三名園のひとつ岡山後楽園を見ることができる。

（ウ）岩国市にある錦帯橋は、山口県最大の河川錦川に架かり、長崎市の眼鏡橋と同じアーチ式石橋である。

a．（ア）（イ）　　b．（ア）（ウ）
c．（イ）（ウ）　　d．（ア）（イ）（ウ）

a．（ア）（イ）
錦帯橋は5連アーチ式の「木橋」である（長崎市の眼鏡橋はアーチ式石橋）。

5

□□

【H28】

総

次の記述から、正しいものだけをすべて選んでいるものはどれか。

（ア）岡山県高梁市にある竹田城は、現存する天守の中で最も高いところにある山城である。

（イ）島根県隠岐島にある国賀海岸は、日本海の激しい海食作用によって、東西約7kmにわたり断崖、絶壁、洞窟が続く海岸である。

（ウ）嚴島（厳島）神社の鮮やかな朱色の平安絵巻を思わせる寝殿造りの海上社殿は、平清盛によって現在の姿に造営された。

a．（ア）（イ）　　b．（ア）（ウ）

c．（イ）（ウ）　　d．（ア）（イ）（ウ）

c.（イ）（ウ）
（ア）の記述が示すのは備中松山城。竹田城は兵庫県朝来市にある城跡。

6

□□

【H29】

総

次の記述から、正しいものだけをすべて選んでいるものはどれか。

（ア）後醍醐天皇が配流された島として知られる隠岐には、日本海の激しい海食作用を受け、東西約7kmにわたり断崖、絶壁、洞窟が続く国賀海岸がある。

（イ）尾道市の生口島にある耕三寺の境内には、大小のモニュメントが立つ大理石庭園「未来心の丘」がある。

（ウ）岩国市にある錦帯橋は、木造五連の反り橋が特徴で、日本三名橋のひとつといわれている。

a．（ア）（イ）　　b．（ア）（ウ）

c．（イ）（ウ）　　d．（ア）（イ）（ウ）

d.（ア）（イ）（ウ）
（ア）（イ）（ウ）とも正しい記述。

MAP
31

鳥取県

🎏 流しびな（旧暦3月）／貝殻節
🍐 二十世紀なし
📜 因州和紙

境港市
さかいみなと

豊富な海産物が水揚げされる港町。漫画家水木しげるの出身地。

□ 境漁港
□ 水木しげる記念館
□ 水木しげるロード

倉吉市
くらよし

□ 倉吉白壁土蔵群
♨ 関金

浦富海岸

白兎海岸

鳥取空港

美保湾

弓ヶ浜海岸

♨ 皆生

米子空港

△ 大山
（伯耆富士）

桝水高原

はわい ♨ 東郷
● ♨ 三朝

三徳山
（三佛寺）

島根県

● 米子市

岡山県

中国地方

兵庫県

鳥取市

日本海に面して鳥取砂丘が広がる。

□ 白兎海岸
□ 砂の美術館
♨ 吉岡
♨ 浜村

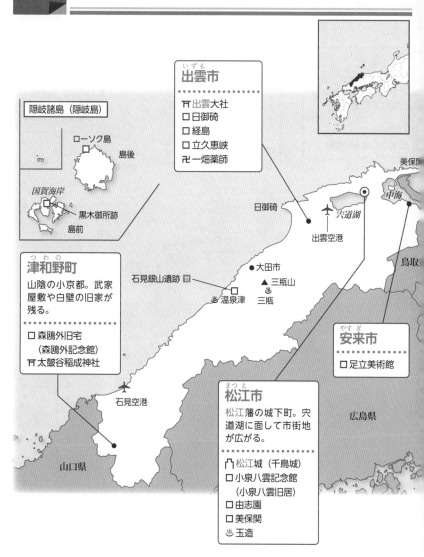

MAP 32 島根県

鷺舞神事（7月／津和野の鷺舞）／安来節／関の五本松
出雲そば
石州和紙／松江姉様

隠岐諸島（隠岐島）

□ ローソク島
島後

国賀海岸
□ 黒木御所跡
島前

出雲市 いずも

- ⛩ 出雲大社
- □ 日御碕
- □ 経島
- □ 立久恵峡
- 卍 一畑薬師

日御碕

出雲空港

✈ 宍道湖

美保関

中海

鳥取

津和野町 つわの

山陰の小京都。武家屋敷や白壁の旧家が残る。

- □ 森鴎外旧宅
  （森鴎外記念館）
- ⛩ 太皷谷稲成神社

石見銀山遺跡 🏭

♨ 温泉津

・大田市

▲ 三瓶山

三瓶

安来市 やすぎ

- □ 足立美術館

✈ 石見空港

山口県

松江市 まつえ

松江藩の城下町。宍道湖に面して市街地が広がる。

- 🏯 松江城（千鳥城）
- □ 小泉八雲記念館
  （小泉八雲旧居）
- □ 由志園
- □ 美保関
- ♨ 玉造

広島県

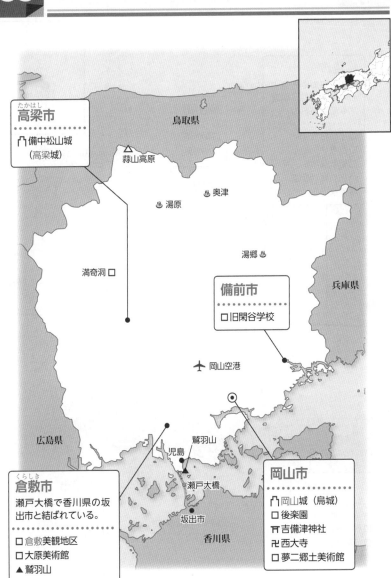

MAP 33 岡山県

🏮 西大寺会陽（2月）／下津井節
🍲 ままかり／吉備団子
🏺 備前焼

鳥取県

高梁市（たかはし）
⛩ 備中松山城
（高梁城）

△ 蒜山高原

♨ 奥津

♨ 湯原

♨ 湯郷

兵庫県

□ 満奇洞

備前市
□ 旧閑谷学校

✈ 岡山空港

広島県

鷲羽山

児島

瀬戸大橋

倉敷市（くらしき）
瀬戸大橋で香川県の坂
出市と結ばれている。
□ 倉敷美観地区
□ 大原美術館
▲ 鷲羽山

坂出市

香川県

岡山市
⛩ 岡山城（烏城）
□ 後楽園
⛩ 吉備津神社
卍 西大寺
□ 夢二郷土美術館

中国地方

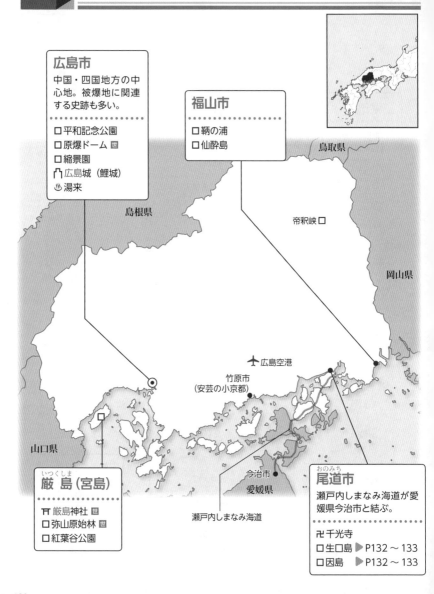

MAP 34 広島県

🎆 ひろしまフラワーフェスティバル（5月）／三原やっさ祭り（8月）

🍡 もみじ饅頭／牡蠣

🧵 備後絣

広島市

中国・四国地方の中心地。被爆地に関連する史跡も多い。

- □ 平和記念公園
- □ 原爆ドーム 🏛
- □ 縮景園
- 🏯 広島城（鯉城）
- ♨ 湯来

福山市

- □ 鞆の浦
- □ 仙酔島

鳥取県

帝釈峡 □

島根県

岡山県

✈ 広島空港

竹原市
（安芸の小京都）

山口県

厳島（宮島）
いつくしま

- ⛩ 厳島神社 🏛
- □ 弥山原始林 🏛
- □ 紅葉谷公園

今治市

愛媛県

瀬戸内しまなみ海道

尾道市
おのみち

瀬戸内しまなみ海道が愛媛県今治市と結ぶ。

- 卍 千光寺
- □ 生口島 ▶ P132～133
- □ 因島 ▶ P132～133

MAP
35
山口県

景 先帝祭（5月）
料 ふく（ふぐ）料理
工 萩焼／大内塗

長門市 (ながと)

『私と小鳥と鈴と』で知られる詩人金子みすゞの生地。

□ 青海島（海上アルプス）
□ 金子みすゞ記念館
卍 元乃隅神社
♨ 長門湯本

萩市 (はぎ)

関ヶ原の戦いで敗れた毛利輝元が築城した萩城の城下町。

□ 指月公園（萩城跡）
□ 松下村塾
卍 東光寺

島根県

広島県

角島大橋

青海島

角島

景清洞
大正洞

秋吉台

美祢市

防府天満宮

錦帯橋
岩国市
岩国空港

中国地方

山口宇部空港

関門橋

福岡県

下関市 (しものせき)

関門海峡に面し、本州最西端の都市。

□ 壇ノ浦古戦場
卍 赤間神宮
□ 角島（角島大橋）
♨ 川棚

山口市

卍 瑠璃光寺（五重塔）
□ ザビエル記念聖堂
□ 中原中也記念館
♨ 湯田

131

本州四国連絡橋－本州と四国を結ぶ3ルート

1 鷲羽山（岡山県）
わしゅうざん

山頂から瀬戸大橋を一望。

2 因島（広島県）
いんのしま

村上水軍（因島村上氏）が本拠地を置いたとされる島。島内に因島水軍城（城型資料館）がある。

3 瀬戸内しまなみ海道
かいどう

尾道市（広島県）と今治市（愛媛県）を結ぶ。各橋のほとんどに、バイク専用および自転車・歩行者車専用の道路が整備され、サイクリングでも人気。

4 大山祇神社（愛媛県）
おおやまづみ

国宝・重要文化財に指定された武具が収蔵・展示されている。

兵庫県

岡山県

岡山 ◎

倉敷 ●

児島

▲

1 鷲羽山

広島県

尾道 ●

新尾道大橋

向島

2 因島

生口橋

生口島

尾道・今治ルート（西瀬戸自動車道）

平山郁夫美術館

耕三寺 5

未来心の丘

多々羅大橋

大三島橋

瀬戸内しまなみ海道 3

未来心の丘
みらいしん

大三島

4 大山祇神社

5 耕三寺（耕三寺博物館）
こうさんじ

西の日光の異名で知られる耕三寺。寺全体が博物館として公開され、豪華な堂塔や、大理石庭園未来心の丘、和洋折衷住宅・潮聲閣などが見どころ。

伯方塩業大三島工場

1988年の児島・坂出ルート（瀬戸大橋）の開通を皮切りに、神戸・鳴門ルート、尾道・今治ルート（瀬戸内しまなみ海道）の全3ルートが完成。かつて航路での往来が一般的だった本州－四国間が3つのルートにより道路・鉄道で結ばれ、防災、物流、運輸、文化交流などの面で大きな役割を果たしている。

6 大鳴門橋（おおなるときょう）

海上遊歩道渦の道に設けられた4箇所のガラス床から45m下の鳴門海峡や渦潮が見られる。

7 瀬戸大橋

自動車道と鉄道の併用ルート。児島（岡山県倉敷市）と坂出市（香川県）の間に6つの橋が架かる。

8 来島海峡大橋（くるしま）

総延長4.1kmの3つの吊り橋の総称。世界初の3連吊り橋で、今治と大島の間、来島海峡にかかる。

神戸

明石海峡大橋

神戸・鳴門ルート
（神戸淡路鳴門自動車道）

6 大鳴門橋

淡路島

7 瀬戸大橋

徳島県

鳴門

高松

坂出

香川県

伯方島

児島・坂出ルート
（瀬戸中央自動車道）

9 亀老山展望台（きろうさん）
（愛媛県）

来島海峡大橋を一望。

伯方・大島大橋

大島

8

来島海峡
第一大橋

来島海峡
第二大橋

来島海峡
第三大橋

今治

愛媛県

9 亀老山展望台

松山

第7章

四国地方

1 徳島県

MAP ▶ P140

1
【H18】
総

四国山地の石鎚山付近に源を発し、紀伊水道に注ぐ□□□川は、別名「四国三郎」とも呼ばれ、上流に**大歩危・小歩危**の景勝地がある。

吉野

2
【H27】
総

徳島県鳴門市にある□□□美術館は、古代壁画から現代絵画までの 1,000 点を超える**西洋名画**を特殊技術により原寸大の陶板で忠実に再現した**陶板名画美術館**で、日本にいながら世界の名画などを体験できるところとして知られている。

大塚国際
レオナルド・ダ・ヴィンチの『モナ・リザ』や、パブロ・ピカソの『ゲルニカ』などが原寸大で再現されている。

3
【H29】
国

平家伝説の残る秘境"**祖谷**"にある□□□は、足元から見える水面がスリル満点の**原始的なつり橋**である。

かずら橋

4
【予想】

「**渦の道**」は**鳴門海峡**に架かる□□□橋の車道の下に造られた**海上遊歩道**で、渦上 45 メートルの高さからガラス床をのぞき込むと、渦潮や激しい潮流を体感できる。

大鳴門
徳島県鳴門市と兵庫県の南あわじ市とを結ぶ。

5
【予想】

美馬市の□□□は、吉野川の積出し港として栄えた城下町で、かつての**豪商の家々が並ぶ町並み**が「**うだつの町並み**」として重要伝統的建造物群保存地区に選定されている。

脇町
「うだつ」は隣家との境に、2 階の屋根の両端に配した袖壁のこと。家の格を表すものでもあり、「うだつが上がる（上がらない）」の語源。

うだつの町並み

2 香川県

MAP ▶ P141

1
【予想】
弘法大師空海の生誕の地として知られる □□□□ は、京都の東寺、和歌山の高野山とならぶ弘法大師三大霊跡のひとつである。

善通寺

2
【R3】
国
長い石段の参道と海の神様を祀ったことで知られる □□□□ は、大門や書院、旭社などの建造物が点在するほか、参道沿いには土産物やさぬきうどんの店が並んでいる。

金刀比羅宮

3
【H19】
総
日本で本格的にオリーブ栽培が開始された □□□□ は、瀬戸内海に浮かぶ島で、古くから醤油が製造され、壺井栄の小説『二十四の瞳』の舞台として知られている。

小豆島

4
【H20】
国
□□□□ は、高松藩主生駒高俊公が築庭し、約100年の歳月をかけて完成した庭園で、特別名勝に指定されている。

栗林公園

5
【H20】
国
紅葉が美しいことでも知られる □□□□ は、小豆島にある風光明媚な渓谷で、瀬戸内海国立公園に属する景勝地である。

寒霞渓

6
【H28】
国
香川県に属する □□□□ はアートの島として知られ、建築家の安藤忠雄が設計した地中美術館などがある。

直島

7
【予想】
観音寺市の名勝 □□□□ 公園は、白砂青松の有明浜の砂浜に描かれた銭形「寛永通宝」の砂絵が有名で、園内の山頂展望台からの眺望が見どころである。

琴弾

8 □□ 【R1】 総	現存する**日本最古の芝居小屋**といわれる□□□では、**旧金毘羅大芝居**として歌舞伎公演が行われ、四国路に春を告げる風物詩となっている。	**金丸座**(かなまるざ) 金刀比羅宮の門前町にある芝居小屋。
9 □□ 【H24】 総	次の下線部a〜dのうち、誤っているものはどれか。 香川県には、弘法大師生誕の地として知られる<u>a. 善通寺</u>、瀬戸内海を代表する景勝地で、紅葉の名所として有名な<u>b. 寒霞渓</u>、源平の古戦場<u>c. 屋島</u>(やしま)などの見どころがあり、名物料理として<u>d. 皿鉢料理</u>(さわち)がある。	**d** 皿鉢料理は高知県の郷土料理。 香川県の名物は「讃岐うどん」など。
10 □□ 【R4】 総	次の下線部a〜dのうち、誤っているものはどれか。 香川県の観光地等には、小豆島にある日本三大渓谷美のひとつといわれる<u>a. 寒霞渓</u>、地中美術館がある<u>b. 屋島</u>、紫雲山を背景に池と築山を配した回遊式庭園の<u>c. 栗林公園</u>(りつりん)、三豊市にある海水浴場で、瀬戸内海の燧灘(ひうちなだ)に沈む夕日が美しく、絶景スポットとして知られる<u>d. 父母ヶ浜</u>(ぶがはま)などがある。	**b** 建築家・安藤忠雄氏が設計した「地中美術館」があるのは直島。 屋島(高松市)は源平の古戦場(ちこう)として知られる地。

3 愛媛県

MAP ▶ P142

1 □□ 【H22】 国	**西日本最高峰の石鎚山**(いしづち)南麓の渓谷である□□□は、石鎚国定公園における紅葉の名所である。	**面河渓**(おもごけい)
2 □□ 【H27】 総	**愛媛県宇和島市**(うわじま)は宇和島伊達家の城下町で、**宇和島城**や大名庭園□□□などの見どころがあり、1トンを超える牛がぶつかりあう伝統の**闘牛**も観光客に人気がある。	**天赦園**(てんしゃえん)
3 □□ 【予想】	**瀬戸内しまなみ海道**で最大の規模を誇る□□□は、今治(いま)と大島の間に架かる**世界初の三連吊り橋**で、橋の両側には小型バイク道と自転車歩行者道が設けられ、橋上から瀬戸内海を眺めることができる。	**来島海峡大橋**(くるしまかいきょうおおはし) P132〜133参照。

MAP ▶ P143

4 次の下線部a～dのうち、誤っているものはどれか。

【予想】 愛媛県松山市は、松山城の城下町として栄え、伊予国風土記にも登場するa. 道後温泉や、四国霊場第51番札所のb. 石山寺、司馬遼太郎の歴史小説にちなんだ博物館c. 坂の上の雲ミュージアム、俳人正岡子規の偉業を称えて建てられたd. 子規記念博物館など、多くの見どころがある。

b

松山市内の四国霊場第51番札所は石手寺。

石山寺は滋賀県大津市にあり、紫式部が源氏物語を起筆したとされる寺。

🔲4 高知県

1 四国の最南端、高知県の［　　　］岬は、岬の突端に立つ白い灯台を中心に自然遊歩道や展望台があり、四国三十八番札所の**金剛福寺**がある。

【H20】総

あしずり
足摺

土佐清水市。岬の先端には、この地出身の偉人・ジョン万次郎（中浜万次郎）の銅像がある。

2 **月の名所**として知られる［　　　］の公園内には、はるか太平洋の彼方を見つめる**坂本龍馬像**がある。

【R1】総

かつらはま
桂浜

"月の名所は…"と『よさこい節』にも唄われている（高知市）。

3 不入山から発する［　　　］は**"日本最後の清流"**とも呼ばれ、下流域にはトンボ自然公園、佐田の**沈下橋**などの見どころがあるほか、伝統的な"川漁"も行われている。

【R2】国

しまんとがわ
四万十川

沈下橋

4 **香美市**にある［　　　］は、日本有数の観光鍾乳洞で、2000年もの昔に使用されていた**弥生式土器**が石灰華に包まれたまま残る「**神の壺**」や、弥生時代の住居跡などを見ることができる。

【予想】

りゅうがどう
龍河洞

四国地方

1

【H23】
総

次の下線部a〜dのうち、誤っているものはどれか。

a. 徳島県と高知県にまたがる足摺宇和海国立公園には、激しい風や波に浸食された奇岩b. 竜串、c. 見残しや四国最南端の岬にはd. ジョン万次郎の銅像などの見どころがある。

a
足摺宇和海国立公園は愛媛県と高知県にまたがる。
b、c、dはいずれも高知県土佐清水市に所在し、dの銅像がある四国最南端の岬は足摺岬。

2

【H20】
総

四国地方の観光地等に関する次の記述のうち、誤っているものはどれか。

a. 二十四の瞳の舞台となった小豆島には、紅葉の名所として知られる寒霞渓や野生の猿のいる高崎山などの見どころがある。

b. 今治市大三島町の大山祇神社の宝物館には、平清盛や源義経らが奉納した甲冑や刀剣が展示されている。

c. 徳島市の阿波十郎兵衛屋敷には、傾城阿波鳴門でおなじみの人形浄瑠璃の資料や木偶人形などが展示されている。

d. やなせたかしの生まれた香美市香北町には、アンパンマンミュージアムがあり、同市の土佐山田町には鍾乳洞の龍河洞がある。

a
"二十四の瞳の舞台"と"寒霞渓"は小豆島（香川県）に関する記述として正しいが、高崎山は大分県大分市に属する観光地。
bは愛媛県、cは徳島県、dは高知県に関する記述であり、いずれも正しい。

3

□□ 【H22】
総

四国地方の観光地等に関する次の記述のうち、誤っているものはどれか。

a．香川県琴平町にある金丸座は、現存する日本最古の芝居小屋で、旧金毘羅大芝居として国の重要文化財に指定されている。

b．愛媛県の代表的な磁器として知られている壺屋焼（つぼややき）は、清楚な白磁の地肌に藍の絵模様が特徴である。

c．高知県の郷土料理である皿鉢料理は、大皿や大鉢に刺身やかつおのたたき、すし、煮物など山海の幸を盛り込んだ料理である。

d．徳島市のシンボル的な存在の眉山（びざん）の頂上からは、徳島市街はもとより、淡路島、紀伊半島までもが一望できることがある。

b
bは愛媛県の代表的な磁器・砥部焼（とべやき）について述べている。
壺屋焼は沖縄県の焼き物。

4

□□ 【H26】
総

四国地方の観光地等に関する次の記述のうち、誤っているものはどれか。

a．徳島県鳴門市には、渦潮で有名な鳴門海峡があり、大鳴門橋の遊歩道「渦の道」や観潮船で雄大な渦潮を見ることができる。

b．香川県小豆島は、オリーブの国内栽培の発祥地で、島内のオリーブ公園からは瀬戸の海を見ることができる。

c．愛媛県松山市は、俳人正岡子規の故郷で、子規記念博物館には子規に関する資料が展示され、俳句ポストも市内に多数設置されている。

d．高知県を流れる日本最後の清流と言われる吉野川には、増水したときに川に沈む欄干のない沈下橋があり、見どころのひとつとなっている。

d
高知県を流れる「日本最後の清流」は四万十川。
吉野川は徳島県を流れる川で、大歩危・小歩危の景勝地で知られる。

四国地方

139

MAP
36

徳島県

- 阿波踊り（8月）／祖谷の粉ひき唄
- 祖谷そば
- 大谷焼／阿波しじら織

大鳴門橋

香川県

鳴門海峡

淡路

大塚国際美術館

卍 霊山寺

阿波の土柱

吉野川

阿波十郎兵衛屋敷

徳島空港

脇町
（うだつの町並み）

眉山 ▲ ◉

徳島市

愛媛県

小歩危   祖谷渓

大歩危   かずら橋

▲ 剣山

高知県

MAP

37

香川県

🎏 金刀比羅宮例大祭／金毘羅船々
🍜 讃岐うどん
🪭 丸亀うちわ

高松市

□ 栗林公園
□ 屋島

寒霞渓

豊島 ▶P144

岡山県

小豆島

直島 ▶P144

地中美術館

女木島 ▶P144

壺井栄文学館

瀬戸大橋

屋島

坂出市

四国水族館

津田の松原

丸亀城

▲飯野山
（讃岐富士）

✈高松空港

卍善通寺

□父母ヶ浜

満濃池

□琴弾公園

観音寺市

徳島県

愛媛県

琴平町

￤ 金刀比羅宮
□ 金丸座

MAP 38 愛媛県

宇和島の闘牛
砥部焼／伊予絣／今治タオル

松山市

瀬戸内海に面し、四国最大の都市。

- 松山城（勝山城）
- 石手寺
- 子規記念博物館
- 坂の上の雲ミュージアム
- 道後

伯方島
▶ P132 ～ 133

大三島
▶ P132 ～ 133

大山祇神社

広島県

瀬戸内
しまなみ海道

香川県

金砂湖

徳島県

山口県

松山空港

石鎚山 ▲
面河渓 □

今治市

今治タオルの産地。瀬戸内しまなみ海道によって尾道市（広島県）と結ばれている。

- タオル美術館
- 伯方塩業大三島工場（大三島）
- 大山祇神社（大三島）
- 村上海賊ミュージアム（大島）
- 亀老山展望台（大島）
- 鈍川

● 内子町

大洲市
（伊予の小京都）

高知県

佐田岬

宇和島市

闘牛が開催されることで知られる。

- 宇和島城（鶴島城）
- 天赦園
- 滑床渓谷

MAP

39

高知県

🏮 よさこい祭り（8月）／よさこい節
🍲 皿鉢料理
👘 坊さんかんざし

徳島県

愛媛県

香美市 ●

🔲 やなせたかし記念館
（アンパンマンミュージアム）

高知空港 ✈ 🔲 龍河洞

桂浜

四万十川

室戸岬

佐田の沈下橋 🔲

宿毛湾

金剛福寺

竜串・
見残し

足摺岬

高知市

幕末の志士・坂本龍
馬の出身地。

⛩ 高知城
🔲 桂浜
🔲 はりまや橋

四国地方

瀬戸内海に浮かぶ現代アートの島々

3年に一度開催される現代アートの祭典瀬戸内国際芸術祭の舞台になっている瀬戸内海の島々には芸術と絶景を楽しみに国内外から多くの旅行者が訪れる。主要な島は以下のとおり。

1 直島（香川県）

建築家安藤忠雄の設計による地中美術館や、芸術家草間彌生の屋外展示作品『赤かぼちゃ』『南瓜』などで知られる。

地中美術館

2 豊島（香川県）

なだらかな島の斜面に広がる棚田の景色や芸術家・内藤礼と建築家・西沢立衛による豊島美術館が人気。

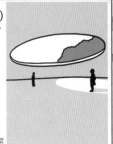

豊島美術館

3 女木島（香川県）

鷲ヶ峰山頂にある洞窟を鬼のすみかとする昔話から、別名「鬼ヶ島」とも呼ばれる。

4 男木島（香川県）

平地がほとんどなく、斜面に立ち並ぶ民家の間を迷路のように細い坂道が連なる。

5 犬島（岡山県）

明治時代に稼働され、わずか10年で操業を終えた銅製錬所の遺構が犬島精錬所美術館として保存・再生されている。

犬島精錬所美術館

第8章

九州地方

1 福岡県

MAP ▶ P156

1
【予想】
　□□□　市は、江戸時代は**立花氏の城下町**として発達し、**ドンコ船による川下り**や詩人**北原白秋**の故郷としても有名である。

柳川 (やながわ)

2
【H18】
総
筑後川 (ちくごがわ) が流れ込む□□□は、福岡県、佐賀県、長崎県、熊本県にまたがる**九州最大の湾**で、海苔 (のり) の養殖や干潟にはねる**ムツゴロウ**がよく知られ、河口付近には、川下りで知られている柳川がある。

有明海

3
【H22】
総
福岡市の□□□は、現在は**海の中道**から陸続きとなっており「**漢委奴国王** (かんのわのなのこくおう)」と彫られた**金印**が発見されたとされる島で、その金印は福岡市博物館に展示されている。

志賀島 (しかのしま)

4
【予想】
「**玉せせり**」と呼ばれる**玉取祭** (たまとりさい) は、□□□で行われる**福岡市の新年を告げる**恒例の行事で、触れると悪事災難を逃れ幸運を授かるといわれる木製の玉をめぐり、締め込み姿の競り子たちが激しい争奪戦を繰り広げる。

筥崎宮 (はこざきぐう)

5
【予想】
九州の最北端、**関門海峡** (かんもん) **に面して社殿が鎮座する**□□□神社は、毎年旧暦元旦の未明に三人の神職が神社の前の関門海峡に入り、海岸でワカメを刈り採って、神前に供える神事で知られている。

和布刈 (めかり)
北九州市に所在する。

九州地方

6

□□
【R4】
国

国指定重要文化財の鉄道駅舎や三井物産のかつての社交クラブ、旧税関などが立ち並ぶ _____ は、明治時代から貿易で栄えた港町で、**観光トロッコ列車「潮風号」**も楽しめる観光地である。

門司港レトロ

JR 門司港駅（北九州市）は駅舎としては日本初の重要文化財。
旧貨物線を利用してレトロ地区と和布刈地区とを潮風号が結ぶ。

🔒 2 佐賀県

MAP ▶ P157

1

□□
【H14】
総

酒井田柿右衛門が赤絵の技法を完成し、藍や赤の絵付けが乳白色の肌に鮮やかな _____ は、17 世紀後半には、伊万里港からヨーロッパまで輸出されたため**伊万里焼**と呼ばれていたが、ドイツのマイセン磁器などにも大きな影響を与えたことで知られている。

有田焼

2

□□
【H15】
総

佐賀県東部にある _____ は、日本最大の規模を誇る**弥生時代**の**環濠 集 落遺跡**で、集落は濠と柵で囲まれ、物見櫓を持っていたとされ、高床式倉庫跡や多くの**甕棺墓**が発掘されている。

吉野ヶ里遺跡

3

□□
【H22】
総

17 世紀の初め、新田開発の一環として防風林、防砂林として植樹が行われた**虹の松原**は、 _____ 湾沿いに長さ約 4 km にわたるクロマツを中心とした松林で日本三大松原の一つに数えられる。

唐津

4

□□
【予想】

佐賀県鹿島市にある _____ は、本殿、御神楽殿、楼門などの総漆塗極彩色の華麗な姿から「鎮西日光」とも呼ばれ、商売繁昌、家運繁栄、大漁満足、交通安全などを祈願する参拝者でにぎわっている。

祐徳稲荷神社

1 □□ 【H21】 総	長崎県の［　　　］は、韓国から約50km、九州から約140kmの**玄界灘**に浮かぶ島で、その中心地である**厳原町**は**宗氏の城下町**である。	対馬_{つしま}

対馬

| **2**
□□
【H22】
総 | 長崎県**雲仙市**にある［　　　］峠は、春にはミヤマキリシマが咲き乱れ、秋には紅葉など四季折々の美しい姿を見せ、**妙見岳**まで**雲仙ロープウェイ**が延びている。 | 仁田_{にた} |

仁田

| **3**
□□
【H24】
国 | 長崎県［　　　］市には17世紀のオランダを再現したテーマパーク「**ハウステンボス**」があり、観光客にも人気の「ハンバーガー」があることでも知られている。 | 佐世保_{させぼ}
観光客に人気があるのは「佐世保バーガー」。 |

| **4**
□□
【予想】 | 長崎県に属し、玄界灘に浮かぶ［　　　］島は、弥生時代の環濠集落・**原の辻遺跡**があることでも知られ、古くからアジア大陸と日本を結ぶ文化の中継地である。 | 壱岐_{いき} |

| **5**
□□
【H24】
総 | **毎年10月7日から3日間開催される**［　　　］は、諏訪神社の秋季大祭で、傘鉾のパレードや龍踊、オランダ船、獅子踊りなど極めて多彩な曳き物や担ぎ物があり、それらは**長崎独特の文化的伝統を伝える**ものである。 | 長崎くんち |

| **6**
□□
【H28】
国 | 長崎県に属する［　　　］島は、日本と西洋の文化が重なる独特の景観「**寺院と教会の見える風景**」で知られ、**松浦史料博物館**、聖フランシスコ・ザビエルの名を冠したカトリック教会などがある。 | 平戸_{ひらど}
ザビエルの名を冠した「平戸ザビエル記念教会」と光明寺、瑞雲寺が交差する「寺院と教会の見える風景」は平戸を代表する景観。 |

九州地方

147

7
□□
【R1】
国

[　　　]列島は、美しいリアス海岸の風景で知られる福江島（えじま）や中通島（なかどおりじま）などの島々から成り、禁教時代に信仰を密かに継続した"潜伏キリシタン"の伝統を物語る集落や教会が世界文化遺産にも登録されている。

五島（ごとう）
P250参照。久賀島（ひさか）、奈留島などにある集落・教会が「長崎と天草地方の潜伏キリシタン関連遺産」の構成資産になっている。

8
□□
【予想】

全国一の島密度を誇る[　　　]は、**西海国立公園の代表的景観**（さいかい）で、佐世保港外から北へ 25 キロ、平戸瀬戸まで連なる複雑に入り組んだ**リアス海岸と 208 の島々が織りなす自然景観**を遊覧船や複数の展望所から楽しめる。

九十九島（くじゅうくしま）

9
□□
【H23】
総

次の下線部a～dのうち、誤っているものはどれか。
長崎市には、長崎港を見下ろす絶景地にあるa. グラバー園、ステンドグラスが鮮やかで国宝にも指定されているb. 大浦天主堂、日本最古の唐風石橋であるc. 眼鏡橋やアーチ式のd. 通潤橋（つうじゅんきょう）などがある。

d
通潤橋は熊本県にある石造りの水路橋。

10
□□
【H28】
総

次の下線部a～dのうち、誤っているものはどれか。
中国の旧正月を祝う行事「春節祭」を起源とする冬の祭典a. 長崎ランタンフェスティバルが催される長崎市には、市街の夜景が一望できる標高約 330ｍのb. 稲佐山（やま）、国内で現存する最古のゴシック調の教会c. ザビエル記念聖堂、炭鉱の島で岸壁が島全体を囲い鉄筋コンクリートが立ち並ぶ外観から軍艦島と呼ばれるd. 端島（はしま）などがある。

c
現存する最古のゴシック調の教会で長崎市内にあるのは大浦天主堂。
世界文化遺産「長崎と天草地方の潜伏キリシタン関連遺産」の構成資産に含まれる。
ザビエル記念聖堂は山口県（山口市）にある。

1
□□
【H18】
国

熊本市内にある□□□は、桃山式の回遊庭園であり、成趣園とも呼ばれる。東海道五十三次を模したといわれる庭園には、湖に見立てた池が配され、ゆるやかな起伏の築山とともに庭園美を楽しめる。

水前寺公園

2
□□
【H20】
総

加藤清正が築いた□□□城は、上に行くほど反り返る武者返しと呼ばれる石垣が特徴で、この地の名産品としてはからし蓮根が有名である。

熊本

3
□□
【H24】
国

熊本市内と高千穂峡を結ぶ観光ルート上にあるアーチ型の□□□は、日本最大規模の石造りの水路橋で、中央部から放水される様が有名である。

通潤橋

4
□□
【H25】
国

人吉盆地を流れ八代市で八代海（不知火海）に注ぐ□□□川は、清流コースや急流コースの川下りが楽しめる「日本三大急流」のひとつである。

球磨

5
□□
【予想】

烏帽子岳の北麓に広がる大草原で、噴煙を上げる中岳を望む□□□は、直径約1kmの火口の中に約400mの新たな火口が生じた二重の火口地形で、中央の池、放牧された馬などの牧歌的風景は阿蘇を代表する景観である。

草千里ヶ浜

6
□□
【予想】

熊本県の阿蘇の山間部に湧く□□□温泉は、温泉街を流れる田ノ原川沿いに旅館が並ぶ風情のある景観と、入湯手形を使った露天風呂めぐりが人気である。

黒川

1
□□
【H19】
総

大分方面からは、やまなみハイウェイを経由して到達できる ____ は高さ日本一の人道大吊橋で、橋から震動の滝を見ることができる。

九重"夢"大吊橋

2
□□
【H26】
国

南側を別府湾、東側を伊予灘、瀬戸内海、北側を周防灘に囲まれた ____ 半島は、奈良時代から平安時代にかけて独自の仏教文化が栄え、富貴寺や熊野磨崖仏などの見どころがある。

国東

熊野磨崖仏

3
□□
【H28】
国

大分県北西部に位置する ____ は、岩石美・森林美・渓流美が調和する山国川の上・中流域の渓谷で、青ノ洞門や羅漢寺などの見どころがある。

耶馬渓
青ノ洞門は、菊池寛の小説『恩讐の彼方に』の舞台。

4
□□
【H30】
国

豆田町の古い商家の街並みと、2〜3月の「おひなまつり」で知られる ____ は、かつて江戸幕府の「天領」として九州の政治・文化・経済の要衝を担った地である。

日田
2〜3月に開催されるのは「天領日田おひなまつり」。

5
□□
【予想】

大分県に所在する ____ は、全国に4万以上ある八幡宮の総本宮で、三基の神輿が先陣争いをする様子から「けんか祭り」とも呼ばれる「夏越祭り」で知られる。

宇佐神宮

6
□□
【H24】
総

次の下線部a〜dのうち、誤っているものはどれか。
大分県には、地獄めぐりで有名な別府八湯のひとつa. 鉄輪温泉、日本を代表する石仏群で国宝に指定されているb. 臼杵石仏、江戸幕府直轄の天領地として栄え商家や蔵屋敷の残るc. 飫肥、菊池寛の小説『恩讐の彼方に』で知られるd. 青ノ洞門などの見どころがある。

c
大分県に属し、江戸幕府の天領地として栄えたのは日田。
飫肥は宮崎県(日南市)にある飫肥城の城下町。

1
【H29】
国

◻︎◻︎

□□□□□ は、**五ヶ瀬川**の上流域沿いに断崖がそそり立つ渓谷で、付近には日本の滝百選のひとつである「**真名井の滝**」や神話にゆかりのある「鬼八の力石」などがある。

高千穂峡

2
【予想】

◻︎◻︎

宮崎県のほぼ中央にあり、**300基を超える古墳**からなる □□□□□ は、広大な敷地内に春には菜の花、秋にはコスモスが咲き、自然と古墳とが調和した歴史的景観が特別史跡として指定・整備されている。

西都原古墳群

3
【予想】

宮崎県日南市にある □□□□□ は、江戸時代に**伊東氏の城下町**として栄えた地で、昭和53年に復元された大手門を中心に延びる通りには、武家屋敷を象徴する門構えや石垣が残り、商人町通りには風情ある商家が軒を連ねる。

飫肥

4
【予想】

◻︎◻︎

韓国岳や**甑岳**などの山々に囲まれた □□□□□ 高原は、不動池、白紫池などの**火山湖**が点在し、春にはノカイドウ、初夏にはミヤマキリシマ、秋には紅葉など四季折々の自然を楽しめる。

えびの

5
【R2】
総

◻︎◻︎

JR九州の観光列車（D&S列車）で、**日南海岸**に位置する**青島神社の神話**にちなんで名付けられ、宮崎～南郷間を運行しているのは次のうちどれか。

a．ふたつ星4047　　b．海幸山幸

c．かわせみ やませみ　　d．指宿のたまて箱

b
青島神社に伝わる神話は「海幸彦・山幸彦」。いずれもJR九州が運行するD&S（デザイン&ストーリー）列車で、aは武雄温泉－長崎間、cは熊本－宮地間、dは指宿－鹿児島中央間を運行。

7 鹿児島県

1
【H19】
国

鹿児島県の**薩摩半島最南端**にある ◻︎◻︎◻︎ は、**開聞岳**を望み、近くには**砂むし風呂**で有名な**指宿温泉**がある。

長崎鼻

2
【H22】
国

鹿児島県の ◻︎◻︎◻︎ 島は、平らな隆起サンゴ礁の島一周が、ほぼハーフマラソンの距離のため、日本陸上競技連盟公認のフルマラソンが開催されている。

与論

3
□□
【H18】
総

奄美群島最南端の**与論島**にある**大金久海岸**の沖合いには、干潮時だけに姿を現す真っ白な ◻︎◻︎◻︎ がある。

百合ヶ浜

4
□□
【H23】
国

霧島錦江湾国立公園内に所在し、**薩摩半島南端**に位置する ◻︎◻︎◻︎ は、別名「**薩摩富士**」とも呼ばれ、近くには**池田湖**、**長崎鼻**などの観光地がある。

開聞岳

5
□□
【H24】
国

南九州市にあり、**特攻平和会館**があることでも知られる ◻︎◻︎◻︎ は「**薩摩の小京都**」と呼ばれている。

知覧
第二次世界大戦末期に、爆装した飛行機で敵艦に体当たり攻撃をした陸軍特別攻撃隊員（特攻隊員）の出撃地だったことで知られる。

6
□□
【H30】
総

西郷隆盛が約3年間暮らしていた ◻︎◻︎◻︎ には、こんもりと丸い地形が綾に織りなす「まり」に似ていることからその名が付いたといわれる**あやまる岬**や、ウミガメの産卵スポットとしても知られる**大浜海浜公園**などがある。

奄美大島

7
□□
【R3】
国

薩摩半島の西海岸に位置する ◻︎◻︎◻︎ は、約47kmも続く砂丘で、白砂青松の海浜をいかした県立の海浜公園や「**砂の祭典**」でも知られる海岸である。

吹上浜

8
☐☐
【予想】
大隅半島の**南端**に位置し、九州**本土最南端**の ☐☐☐ 岬
は、霧島錦江湾国立公園に含まれ、天気が良ければ展望
台から屋久島や種子島を望むこともできる。

佐多

8 九州地方

1
☐☐
【H27】
総
九州地方の観光地等に関する次の記述から、正しいもの
だけをすべて選んでいるものはどれか。

（ア）城下町として栄えた福岡県柳川市は水郷の町として
知られ、縦横に走る掘割を巡る川下りをはじめ、藩主
立花家の別邸「御花」や詩人北原白秋の生家などがあ
る。

（イ）江戸幕府の天領として栄えた大分県日田市には、商
家や蔵屋敷の残る豆田町の町並みや「明治日本の産業
革命遺産」として世界文化遺産に登録された旧集成館
がある。

（ウ）宮崎県日南市にある飫肥は、風情のある商家が軒
を連ね、町を流れる掘割の清流など江戸時代を彷彿と
させる町並みが残る城下町である。

a．（ア）（イ）　　　b．（ア）（ウ）
c．（イ）（ウ）　　　d．（ア）（イ）（ウ）

b．（ア）（ウ）
（イ）の記述にある
旧集成館は鹿児島
県（鹿児島市）にあ
る（仙巌園に隣接）。

2
☐☐
【R3】
総
2013年10月に運行を開始したJR九州のクルーズトレ
イン ☐☐☐ は、豊かな自然、食、文化、歴史に彩られ
た九州の魅力を堪能することができる豪華寝台列車であ
る。

a．「或る列車」　　　b．「A列車で行こう」
c．「36ぷらす3」　　d．「ななつ星 in 九州」

d
クルーズトレインと
は、クルーズ船のよ
うな贅沢な旅を楽
しめる周遊型の豪
華寝台列車のこと。
a〜dは、いずれも
JR九州が運行する
列車だが、このうち
クルーズトレインに
該当するのはdであ
る。

次の貸切バスの行程に関する以下の問1～問2の各設問について、空欄に該当するものをそれぞれの選択肢から一つ選びなさい。

[行程]

○日目	宮崎市のホテル発 → 青島（鬼の洗濯岩・青島神社） → 堀切峠^{ほりきり}→ ① → ② → 霧島神宮 → 霧島温泉（泊）

問1. **日南海岸**の日向灘^{ひゅうがなだ}に面した自然の神秘的な**洞窟の中**に、**朱塗りの色鮮やかな社殿**のある ① に該当する神宮・神社は次のうちどれか。

b

a. 天岩戸神社^{あまのいわと}　　　b. 鵜戸神宮^{うど}
c. 南洲神社^{なんしゅう}　　　　d. 宮崎神宮

問2. **伊東家**5万7千石の**城下町**で、苔むした石垣、**大手門前**の広い石段や堀跡、武家屋敷等が昔を偲ばせる ② に該当する観光地は次のうちどれか。

b

a. 秋月^{あきづき}（朝倉市）　　b. 飫肥^{おび}（日南市）
c. 豆田町（日田市）　　d. 知覧（南九州市）

4
【R1】
総

日本の滝 100 選に選ばれた**真名井の滝**がある写真の観光地は、次のうちどれか。

[写真]

a．川上峡　　b．菊池渓谷
c．高千穂峡　d．耶馬渓

c
すべて九州内にある峡谷（渓谷）。a は佐賀県に、b は熊本県に、c は宮崎県に、d は大分県にある。

5
【R3】
総

島津家の別邸で、**錦江湾**を池に**桜島**を築山に見立てた雄大な景観で知られる写真の庭園は、次のうちどれか。

[写真]

a．慧洲園（けいしゅうえん）　　b．松濤園（しょうとうえん）
c．成趣園（じょうじゅえん）　　d．仙巌園（せんがんえん）

d
すべて九州内にある庭園。d は鹿児島県鹿児島市にあり、別名「磯庭園」とも呼ばれる。
a は佐賀県武雄市に、b は福岡県柳川市にある。c は熊本県熊本市にあり、別名「水前寺公園」とも呼ばれる。

九州地方

155

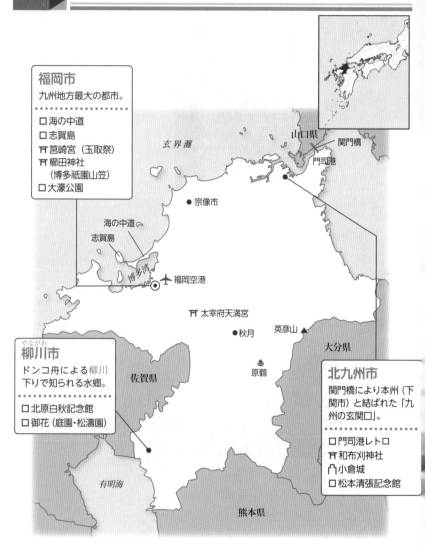

MAP
40

福岡県

祭 玉取祭（1月／玉せせり）／博多どんたく（5月）／黒田節／
炭坑節
食 からしめんたいこ／おきゅうと
工 博多織／久留米絣／博多人形

福岡市
九州地方最大の都市。

□ 海の中道
□ 志賀島
神 筥崎宮（玉取祭）
神 櫛田神社
　（博多祇園山笠）
□ 大濠公園

玄界灘

山口県
関門橋
門司港

●宗像市

海の中道
志賀島

博多湾
福岡空港

神 太宰府天満宮

●秋月
英彦山▲

大分県

原鶴

柳川市
（やながわ）
ドンコ舟による柳川
下りで知られる水郷。

□ 北原白秋記念館
□ 御花（庭園・松濤園）

佐賀県

北九州市
関門橋により本州（下
関市）と結ばれた「九
州の玄関口」。

□ 門司港レトロ
神 和布刈神社
城 小倉城
□ 松本清張記念館

有明海

熊本県

MAP
41

佐賀県

🎪 唐津くんち（11月）
🍴 ムツゴロウの蒲焼
🏺 唐津焼／有田焼（伊万里焼）

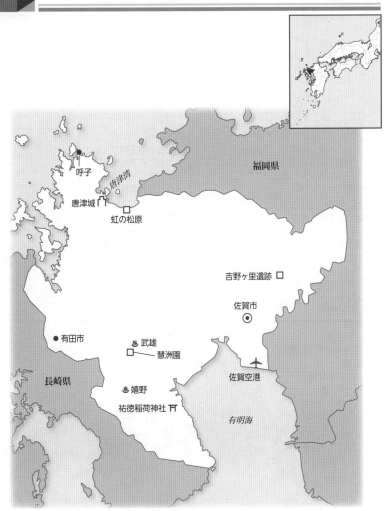

呼子

唐津湾

唐津城

虹の松原

福岡県

吉野ヶ里遺跡 ▢

佐賀市 ◉

有田市

♨ 武雄

▢ 慧洲園

長崎県

♨ 嬉野

祐徳稲荷神社 ⛩

佐賀空港 ✈

有明海

九州地方

MAP
42

長崎県

🎭 長崎くんち（10月）／長崎ランタンフェスティバル（旧暦1月）
🍜 卓袱料理／皿うどん／ちゃんぽん
🎨 ビードロ／べっ甲細工／古賀人形

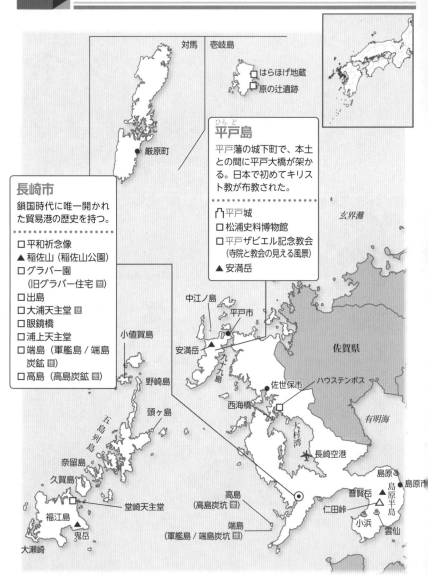

対馬　壱岐島

はらほげ地蔵
原の辻遺跡

厳原町

平戸島 <ruby>平戸<rt>ひらど</rt></ruby>

平戸藩の城下町で、本土との間に平戸大橋が架かる。日本で初めてキリスト教が布教された。

⛩ 平戸城
☐ 松浦史料博物館
☐ 平戸ザビエル記念教会
　（寺院と教会の見える風景）
▲ 安満岳

玄界灘

長崎市

鎖国時代に唯一開かれた貿易港の歴史を持つ。

☐ 平和祈念像
▲ 稲佐山（稲佐山公園）
☐ グラバー園
　（旧グラバー住宅 🏛）
☐ 出島
☐ 大浦天主堂 🏛
☐ 眼鏡橋
☐ 浦上天主堂
☐ 端島（軍艦島／端島
　炭鉱 🏛）
☐ 高島（高島炭鉱 🏛）

中江ノ島
平戸市
安満岳
九十九島

小値賀島

佐世保市　ハウステンボス
西海橋

佐賀県

有明海

小値賀島
野崎島
頭ヶ島
五島列島

大村湾

長崎空港

奈留島
久賀島

島原
島原市
普賢岳　島原半島

堂崎天主堂
高島
（高島炭坑 🏛）

福江島
鬼岳

仁田峠
小浜
雲仙

端島
（軍艦島／端島炭坑 🏛）

大瀬崎

MAP
43

熊本県

熊本市

肥後54万石の城下町。

⛫ 熊本城
□ 夏目漱石内坪井旧居
□ 水前寺公園
　（水前寺成趣園）

福岡県

大分県

有明海

♨杖立

黒川

やまなみ
ハイウェイ

♨山鹿　　♨菊池　♨内牧

草千里ヶ浜 □

▲
阿蘇山
（阿蘇五岳）

熊本空港

島原湾

長崎県

□ 通潤橋

天草五橋

天草諸島

上島

日奈久♨

球磨川

宮崎県

下島

□ 球泉洞

♨人吉

鹿児島県

九州地方

MAP
44

大分県

🎌 天領日田おひなまつり（2〜3月）
🍴 関さば・関あじ／城下かれい
🏺 小鹿田焼

日田市（ひた）

□ 豆田町
♨ 日田
♨ 天ヶ瀬

別府市（べっぷ）

全国的に知られる一大温泉地。湧出する湯量は日本最大。

□ 地獄めぐり
♨ 別府
♨ 鉄輪
△ 城島高原

福岡県

両子寺 卍

国東半島

宇佐神宮 ⛩
青ノ洞門 □
耶馬渓
卍 羅漢寺

富貴寺 卍

熊野磨崖仏 □

大分空港

英彦山 ▲

別府湾

やまなみ
ハイウェイ

由布岳
由布院 ♨ ▲

大分市

佐賀関半島

高崎山自然動物園

□ 九重"夢"大吊橋

筹湯 ♨
九重山
（主峰・久住山）
▲
□ くじゅう花公園
△
久住高原

臼杵石仏 □

風連鍾乳洞 □

岡城址（跡）🏯

熊本県

宮崎県

MAP
45

宮崎県

🎵 ひえつき節／刈干切唄
🍲 冷や汁
🎎 佐土原人形

大分県

□高千穂峡
□真名井の滝

熊本県

□
西都原古墳群

△生駒高原
△えびの高原
▲霧島山

宮崎市
‥‥‥‥‥‥‥‥‥‥‥
□青島（鬼の洗濯岩）
△堀切峠

宮崎空港

飫肥城跡 🏯　□鵜戸神宮
日南市 ●

日南海岸

鹿児島県

都井岬

九州地方

MAP
46

鹿児島県

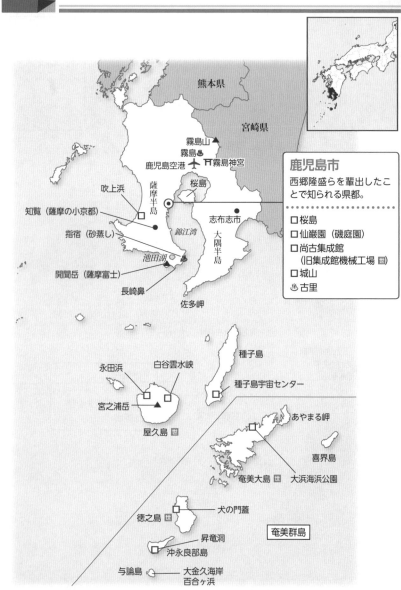

熊本県

宮崎県

霧島山 ▲
霧島 ♨
鹿児島空港 ✈ 🛕 霧島神宮

吹上浜

桜島

知覧（薩摩の小京都）

薩摩半島

志布志市 ●

指宿（砂蒸し）

錦江湾

大隅半島

池田湖

開聞岳（薩摩富士）

長崎鼻

佐多岬

鹿児島市

西郷隆盛らを輩出したことで知られる県都。

□ 桜島
□ 仙巌園（磯庭園）
□ 尚古集成館
　（旧集成館機械工場 🏛）
□ 城山
♨ 古里

種子島

永田浜　白谷雲水峡

種子島宇宙センター

宮之浦岳 ▲

屋久島 🏛

あやまる岬

喜界島

奄美大島 🏛　大浜海浜公園

犬の門蓋

徳之島 🏛

昇竜洞

沖永良部島

与論島　大金久海岸
　　　　百合ヶ浜

奄美群島

MAP ▶ P170〜173

1
☐☐
【H20】
国

沖縄県の**八重山諸島**に属し、県内では本島に次ぎ2番目に大きな ☐☐☐☐ 島は、この島の名前を冠した**ヤマネコ**など世界的に貴重な動物が生息している。

西表

2
☐☐
【H21】
総

沖縄県の**本部半島**にある ☐☐☐☐ 城跡は、世界文化遺産に登録された「**琉球王国のグスク及び関連遺産群**」の一つで、**寒緋桜**の名所として知られる。

今帰仁

3
☐☐
【H22】
総

☐☐☐☐ 島の北西部にある**川平湾**は、エメラルドグリーンの海に小島が浮かぶ景勝地であり、世界でも珍しい**黒真珠の養殖**が行われている。

石垣

4
☐☐
【予想】

沖縄島北西部、**本部半島**にある**国営沖縄記念公園 海洋博公園**内の ☐☐☐☐ 水族館では、自然豊かな沖縄の海が再現・展示され、世界最大級の水槽「黒潮の海」で複数の**ジンベエザメ**を見ることができる。

沖縄美ら海

5
☐☐
【H25】
総

石垣島から高速艇で約10分の周囲約9kmの ☐☐☐☐ 島は**サンゴ石積みの石垣囲い**と**赤瓦屋根の民家**が続き、沖縄の代表的民謡**安里屋ユンタ**の発祥地としても知られている。

竹富
赤瓦屋根の街並みを水牛車で巡ることができる。

6
☐☐
【H26】
国

沖縄戦跡国定公園内に「**ひめゆりの塔**」など多くの慰霊塔が建つ ☐☐☐☐ 市は**沖縄本島最南端**に位置する都市である。

糸満

沖縄県

7
☐☐
【R1】
国

　　　　☐☐☐島の北側の海域には "**八重干瀬**" と呼ばれる**広大なサンゴ礁群**が展開され、景勝地として **東平安名崎**などが知られる。

宮古

8
☐☐
【予想】

伊良部島と ☐☐☐島との間に架かる長さ約 3.5km の **伊良部大橋**は、着工から 9 年の歳月をかけて造られ、**通行無料の橋**としては **日本最長**である。

宮古
車のほか、徒歩でも通行が可能。

9
☐☐
【予想】

八重山諸島に属する ☐☐☐島は、**海底地形**がダイビングスポットとして知られ、島の西端にある西崎には**日本最西端の地**の碑がある。

与那国

10
☐☐
【予想】

沖縄島の南部、**南城市**にある ☐☐☐は、約 30 万年の年月をかけて自然が作り上げた鍾乳洞で、幻想的な青の泉や、黄金の盃、槍天井などの鍾乳石が見どころである。

玉泉洞

11
☐☐
【R1】
総

沖縄の代表的な豚肉料理である ☐☐☐は、いわゆる**豚の角煮**で、豚の皮付き三枚肉を泡盛や醤油で甘辛く煮たものである。

ラフテー

12
☐☐
【R2】
総

沖縄県南城市に属し、琉球開闢の祖「アマミキヨ神」が最初に創ったと伝えられる ☐☐☐は、琉球王朝時代には国王自らも巡礼を欠かさなかったほどの神聖な島で、沖縄本島から高速船やフェリーで行くことができる。

久高島

13

次の下線部a〜dのうち、誤っているものはどれか。

那覇市内にある世界文化遺産には、琉球王家の別邸で中国の皇帝の使者である冊封使の接待などに利用された a. 識名園、15世紀から約500年にわたり琉球王国の居城であった b. 首里城跡、第二尚氏王統の歴代陵墓で守礼の門の西にある c. 玉陵、国王が往路帰路の安泰を祈願した石造の平唐破風門 d. 斎場御嶽がある。

d

dの"国王が往路帰路の安泰を祈願した…"とあるのは園比屋武御嶽石門（那覇市）。

斎場御嶽（南城市）は琉球王国最高の聖地とされる史跡で「琉球王国のグスク及び関連遺産群」の一つ。

14

次の下線部a〜dのうち、誤っているものはどれか。

沖縄県には、守禮之邦の扁額が掲げられた a. 首里城の楼門守礼門、沖縄戦で犠牲となった女学生と教師を慰霊した b. ひめゆりの塔、恩納村にある天然芝の広がる断崖からの眺望が素晴らしい c. 今帰仁城跡、沖縄本島の最北端にある d. 辺戸岬などがある

c

恩納村にある天然芝の広がる断崖は万座毛。

cの今帰仁城跡は、本部半島にある桜の名所。

15

沖縄県の八重山諸島に属さない島は、次のうちどれか。

a. 西表島　　　b. 久米島

c. 竹富島　　　d. 与那国島

b

八重山諸島の島々P172〜173参照。久米島は、沖縄島（本島）、伊江島、古宇利島などとともに沖縄諸島に属する。

16

沖縄県の観光地等とそれが所在する市町村との組合せのうち、誤っているものはどれか。

a. 首里城 ― 那覇市　　　b. 万座毛 ― 恩納村

c. 宮良殿内 ― 石垣市　　d. 平和祈念公園 ― 沖縄市

d

平和祈念公園は糸満市（沖縄島）に所在する。

17

沖縄県の観光地等とそれが所在する市町村との組合せのうち、誤っているものはどれか。

a. 金城町の石畳道 ― 糸満市　b. 玉陵 ― 那覇市

c. 唐人墓 ― 石垣市　　　　　d. 万座毛 ― 恩納村

a

金城町の石畳道は那覇市（沖縄島）に所在する。

18 □□ 【H28】 総

沖縄県の島とその島に所在する観光地等の組合せのうち、誤っているものはどれか。

a. 久米島 — 上江洲家
b. 宮古島 — 川平湾
c. 石垣島 — 宮良殿内
d. 西表島 — マリユドゥの滝

b
川平湾は石垣島に所在する。

---

19 □□ 【H23】 総

沖縄県の観光地等に関する次の記述のうち、誤っているものはどれか。

a. 恩納村にある琉球村は、沖縄の文化、芸能、自然を体感できるテーマパークで、昔ながらの民家も移築されている。
b. 那覇市の南、沖縄市にある旧海軍司令部壕には、司令官室、作戦室などが残されている。
c. 紅型とは、沖縄を代表する伝統的な染色技法のひとつである。
d. 小麦粉で作られ、豚の骨付き肉をのせるソーキそばは、沖縄県の郷土料理である。

b
旧海軍司令部壕は那覇市の南、豊見城市（那覇市との市境）に所在する。

---

20 □□ 【H29】 総

次の記述のうち、誤っているものはどれか。

a. 石垣島は、グラスボートからサンゴ礁や熱帯魚を見ることができる川平湾があることで知られ、八重山諸島の各島への航路の拠点でもある。
b. 竹富島は、周囲約9kmの小島で、赤い瓦屋根の民家が連なる美しい風景は、国の重要伝統的建造物群保存地区にも選定されている。
c. 由布島は、宮古島と浅瀬の海で結ばれ、両島は観光用の水牛車で移動することができる。
d. 波照間島は、日本最南端の有人島で、12月～6月には南十字星が見られることでも知られている。

c
由布島は西表島と浅瀬の海で結ばれている。

沖縄県の観光地等に関する次の記述から、正しいものだけをすべて選んでいるものはどれか。

（ア）古宇利大橋は、今帰仁村の古宇利島と名護市の屋我地島を結ぶ全長約 2km の橋で、古宇利島には海抜82m からの絶景を楽しむことができる古宇利オーシャンタワーがある。

（イ）本部半島にある沖縄美ら海水族館には、世界最大の魚ジンベエザメや世界初の繁殖に成功したナンヨウマンタが観察できる巨大水槽「黒潮の海」がある。

（ウ）辺戸岬は、沖縄本島最北端の岬で、荒涼とした断崖からは、水平線上に鹿児島県の与論島が望めることがある。

a．（ア）（イ）　　b．（ア）（ウ）

c．（イ）（ウ）　　d．（ア）（イ）（ウ）

次の記述から、正しいものだけをすべて選んでいるものはどれか。

（ア）沖縄本島北部の本部半島にある勝連城跡は、世界文化遺産にも登録され、桜の名所で城跡とのライトアップは幻想的な雰囲気である。

（イ）沖縄本島北部国頭村にあり、石灰岩の奇岩や巨石が林立する景観をなす大石林山は、やんばる国立公園に属している。

（ウ）沖縄本島のほぼ中央に位置する万座毛は、隆起サンゴの台地の上に天然の芝が広がり、断崖からは雄大な東シナ海の景色を望むことができる。

a．（ア）（イ）　　b．（ア）（ウ）

c．（イ）（ウ）　　d．（ア）（イ）（ウ）

沖縄県

次の写真に該当するものはどれか。

この写真は、16世紀琉球王国時代に築かれたもので王家の拝所として使用され、**国王が城外に出る時に道中の安全祈願をした**ところといわれている。

[写真]

©OCVB

a. 歓会門
かんかいもん

b. 斎場御嶽

c. 園比屋武御嶽石門
そのひゃんうたきいしもん

d. 玉陵

第二尚氏の一族を葬った墓で、「琉球王国のグスク及び関連遺産群」として世界文化遺産に登録されている写真の史跡は、次のうちどれか。

[写真]

©OCVB

a. 浦添ようどれ

b. 斎場御嶽

c. 園比屋武御嶽

d. 玉陵

---

c

園比屋武御嶽石門（那覇市）は、守礼門とaの歓会門の中間にある石造の礼拝所。

b、c、dはいずれも「琉球王国のグスク及び関連遺産群」の構成資産。

---

d

次のオプショナルツアーの行程に関する以下の問1～問2の各設問について、該当するものをそれぞれの選択肢から一つ選びなさい。

[行程]

石垣港 ～高速船 約40分～ 大原港（西表島） ＝貸切バス＝ 仲間川ボート乗場

…仲間川マングローブクルーズ… 仲間川ボート乗場 ＝貸切バス＝ 美原

～水牛車～ ①　（植物園、昼食） ～水牛車～ 美原 ＝貸切バス＝ 大原港

～高速船 経由便約75分～ ②　（重要伝統的建造物群保存地区、カイジ浜）

～高速船 約15分～ 石垣港

問1. **西表島へつながる海は遠浅で、水牛車で海を渡る**ことで知られる ① に該当する島は、次のうちどれか。

a．多良間島（たらまじま）　　b．波照間島

c．由布島　　　　d．与那国島

c
すべて沖縄県の島。aは宮古諸島に、b、c、dはいずれも八重山諸島に属する。

問2. 周囲約9kmの島で、石垣とフクギに囲まれた**赤瓦の民家や白砂を敷いた道路**などが昔ながらの集落景観をとどめている ② に該当する島は、次のうちどれか。

a．小浜島　b．竹富島　c．渡名喜島　d．鳩間島

b
すべて沖縄県の島。a、b、dはいずれも八重山諸島に、cは沖縄諸島に属する。

沖縄県

MAP 47 沖縄県

🎎 エイサー／那覇ハーリー（5月）／糸満ハーレー／谷茶前節／安里屋ユンタ

🍴 ラフテー／チャンプルー／ちんすこう／さーたーあんだぎー／ソーキそば

🏺 壺屋焼／紅型／芭蕉布／宮古上布

〔A〕

那覇市

那覇空港、那覇港を有する県の玄関口。

□ 首里城公園
⛩ 首里城跡 世
⛩ 首里城
　※ 2019 年の火災により
　　正殿等を焼失（再建中）
□ 守礼門
□ 園比屋武御嶽石門 世
□ 識名園 世
□ 玉陵 世
□ 金城町の石畳道

国頭村 (くにがみそん)

沖縄本島の最北端に位置する。

□ 辺戸岬　　□ 茅打バンタ
□ 大石林山　▲与那覇岳

恩納村 (おんなそん)

みゆきビーチ、万座ビーチ、リザンシーパークビーチなどのビーチリゾートがある。

□ 万座毛
□ 琉球村

南城市 (なんじょう)

□ 斎場御嶽 世
□ 玉泉洞

糸満市 (いとまん)

沖縄島最南端の都市。沖縄戦における最後の激戦地。

□ 平和祈念公園
□ 摩文仁の丘（平和祈念公園内）
□ ひめゆりの塔
□ 喜屋武岬

辺戸岬
大石林山
茅打バンタ
与那覇岳
古宇利島
古宇利大橋
備瀬のフクギ並木道
今帰仁城跡 世
本部半島
屋我地島
伊江島
海洋博公園（沖縄美ら海水族館）
万座毛
勝連城跡 世
座喜味城跡 世
中城城跡 世
うるま市
勝連半島
那覇空港
旧海軍司令部壕
DMM かりゆし水族館
久高島
喜屋武岬

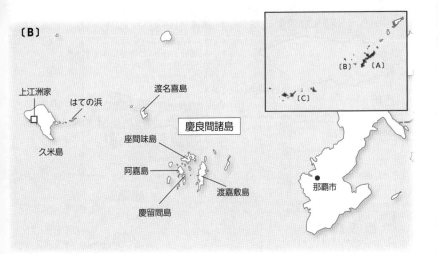

〔B〕

上江洲家
はての浜
久米島

渡名喜島

慶良間諸島

座間味島
阿嘉島
渡嘉敷島
慶留間島

〔B〕　〔A〕
〔C〕

那覇市

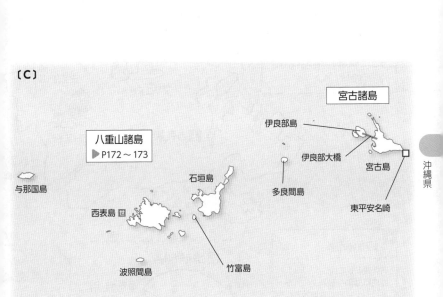

〔C〕

宮古諸島

八重山諸島
▶P172〜173

伊良部島
伊良部大橋
宮古島
東平安名崎

与那国島

石垣島

西表島

多良間島

波照間島

竹富島

沖縄県

八重山諸島の島々

1 与那国島

西崎

● 海底地形

1
与那国島
よ な ぐ に

海底地形がダイバーに人
気。西端の西崎には日本
最西端の地の碑が立つ。

3
西表島 世
いりおもて

面積は沖縄島（本島）に次ぎ県
内第2位。島の9割が原生林で
覆われ、固有種イリオモテヤマ
ネコが生息することでも知られ
る。
浦内川の上流にあるマリユドゥ
の滝、カンピレーの滝や、マン
グローブの群生が見られる仲間
川などが見どころ。

4
波照間島
は て る ま

有人島としては日本最南端。
島内には星空観測タワーが
あり南十字星の観測地とし
て知られる。

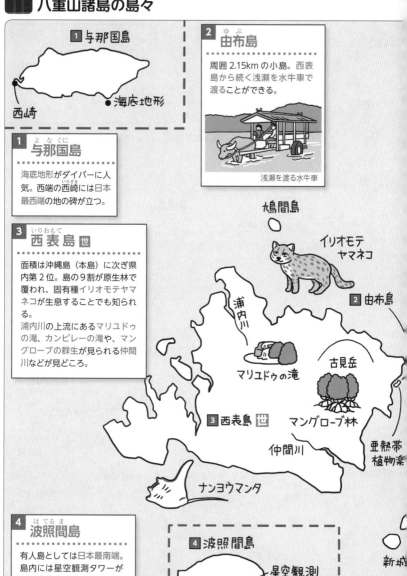

2
由布島
ゆ ぶ

周囲2.15kmの小島。西表
島から続く浅瀬を水牛車で
渡ることができる。

浅瀬を渡る水牛車

鳩間島

イリオモテ
ヤマネコ

2 由布島

浦内川

マリユドゥの滝

古見岳

マングローブ林

3 西表島 世

仲間川

亜熱帯
植物楽

ナンヨウマンタ

4 波照間島

星空観測
タワー

日本最南端の碑

新城

沖縄本島から、さらに南西に400kmの海上に浮かぶ八重山諸島。日本最大規模のサンゴ礁の海域を有し、独特の文化を持つ個性的な複数の離島で構成される。豊かな自然、のどかな風景を求めて国内外から多くの観光客が訪れる。

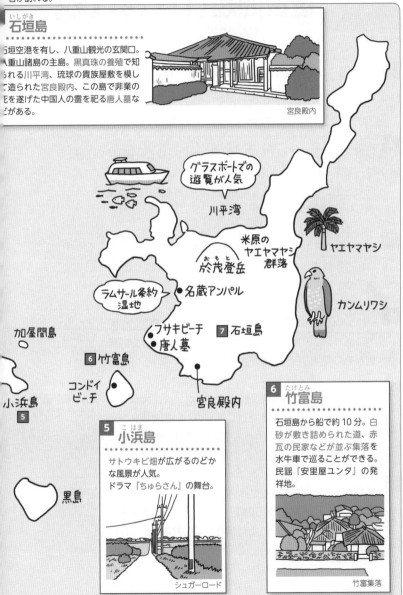

<ruby>石垣島<rt>いしがき</rt></ruby>

石垣空港を有し、八重山観光の玄関口。八重山諸島の主島。黒真珠の養殖で知られる川平湾、琉球の貴族屋敷を模して造られた宮良殿内、この島で非業の死を遂げた中国人の霊を祀る唐人墓などがある。

宮良殿内

グラスボートでの遊覧が人気

川平湾

米原のヤエヤマヤシ群落

ヤエヤマヤシ

<ruby>於茂登岳<rt>おもと</rt></ruby>

ラムサール条約湿地

名蔵アンパル

カンムリワシ

フサキビーチ

唐人墓

7 石垣島

加屋間島

6 竹富島

コンドイビーチ

宮良殿内

小浜島

5

黒島

5 <ruby>小浜島<rt>こはま</rt></ruby>

サトウキビ畑が広がるのどかな風景が人気。
ドラマ『ちゅらさん』の舞台。

シュガーロード

6 <ruby>竹富島<rt>たけとみ</rt></ruby>

石垣島から船で約10分。白砂が敷き詰められた道、赤瓦の民家などが並ぶ集落を水牛車で巡ることができる。民謡『安里屋ユンタ』の発祥地。

竹富集落

沖縄県

1
□□
【H18】
国
1993年に世界遺産に登録された ▭ は、世界最大級のブナ林が広がる山々で、世界遺産登録の前年に国の自然環境保全地域にも指定された。

白神山地
青森県と秋田県にまたがる。

2
□□
【H20】
総
世界遺産に登録されている「紀伊山地の霊場と参詣道」は三重県、奈良県、和歌山県にまたがり、吉野・大峯、熊野三山、▭ の三つの霊場とそれらを結ぶ参詣道からなっている。

高野山

3
□□
【H21】
国
1993年に日本で初めて世界遺産に登録された ▭ は、世界最古の木造建築が残る推古天皇の摂政・厩戸皇子ゆかりの里でもある。

法隆寺地域の仏教建造物
奈良県の斑鳩町に所在する。

4
□□
【H21】
国
1995年に世界遺産に登録された ▭ は、豪雪の山間地にあり、この地方特有の家屋をはじめとする歴史的景観とその周囲の自然環境が良好に保存されている。

白川郷・五箇山の合掌造り集落
岐阜県と富山県にまたがる。

5
□□
【H21】
国
2007年に世界遺産に登録された ▭ は、大永年間に博多の豪商によって本格的に開発され、朝鮮半島から導入された製錬技術によって16～17世紀前半にかけて全盛期を迎えた。

石見銀山遺跡とその文化的景観
島根県大田市に所在する。

6
□□
【H22】
国
1993年に日本で初めて世界遺産に登録された4件の一つである ▭ は、池田輝政が、本格的な近世城郭に改修し、白漆喰で塗られた外観から「白鷺城」とも呼ばれている。

姫路城
兵庫県姫路市に所在する。

7
□□
【H30】
国

_____ は、日本の産業遺産として評価され、「田島弥平
旧宅」や「荒船風穴」などが世界文化遺産に登録されて
いる。

**富岡製糸場と
絹産業遺産群**

群馬県に所在する。

8
□□
【H30】
国

2017 年、新原・奴山古墳群などとともに、世界文化遺
産に登録された宗像大社沖津宮のある _____ 島は "神
宿る島" あるいは "海の正倉院" とも呼ばれている。

沖ノ（島）

福岡県に所在する。

9
□□
【R1】
総

白神山地とともに日本初の世界自然遺産として登録され
た _____ には、標高 1,300m にある**縄文杉**や、樹齢約
3,000 年の**弥生杉**などを見ることができる**白谷雲水峡**
がある。

屋久島

鹿児島県に所在する。

10
□□
【H22】
国

世界遺産「古都京都の文化財」の登録物件に入っていな
いものはどれか。

a. 延暦寺 　　　　　b. 清水寺
c. 鞍馬寺 　　　　　d. 本願寺（西本願寺）

c

P248 参照。

11
□□
【H22】
国

世界遺産「白川郷・五箇山の合掌造り集落」は、二つの
県にまたがって登録されているが、その二つの県の正し
い組合せはどれか。

a. 石川県・岐阜県　　b. 石川県・富山県
c. 岐阜県・富山県　　d. 岐阜県・福井県

c

12
□□
【H23】
国

世界文化遺産 "紀伊山地の霊場と参詣道" は 3 つの都道
府県にまたがって登録されているが、その組合せとして
正しいものはどれか。

a. 大阪府・奈良県・和歌山県
b. 大阪府・奈良県・三重県
c. 大阪府・三重県・和歌山県
d. 奈良県・三重県・和歌山県

d

複合問題

13
☐☐
【H24】
総

次の観光地等のうち、「琉球王国のグスク及び関連遺産群」として世界文化遺産に登録されていないものはどれか。

a．識名園　　　　b．園比屋武御嶽石門
c．唐人墓　　　　d．今帰仁城跡

c
P249 参照。

14
☐☐
【H25】
総

2013 年 6 月に富士山が世界文化遺産として登録され、その範囲は静岡県と山梨県の広い範囲に及んでいるが、次のうち「富士山－信仰の対象と芸術の源泉」として登録されていないものはどれか。

a．忍野八海　　　　b．河口湖
c．日本平　　　　d．三保の松原

c
P249 参照。

15
☐☐
【H27】
国

次の建造物のうち、世界遺産（文化遺産）の構成資産として登録されていないものはどれか。

a．出雲大社　　　　b．毛越寺
c．金剛峯寺　　　　d．富士山本宮浅間大社

a
b、c、dはそれぞれ次の世界遺産の構成資産に含まれる（P249 参照。遺産の名称はいずれも略称）
b：平泉
c：紀伊山地の霊場と参詣道
d：富士山

16
☐☐
【H26】
国

世界の文化遺産及び自然遺産の保護に関する条約（世界遺産条約）に関して、その所在地との組合せのうち、正しいもののみをすべて選んでいるものはどれか。

（ア）古都京都の文化財（文化遺産）— 京都府・滋賀県
（イ）白川郷・五箇山の合掌造り集落（文化遺産）
　　　　　　　　　　　　　　　　— 富山県・長野県
（ウ）屋久島（自然遺産）　　　　— 沖縄県
（エ）小笠原諸島（自然遺産）　　— 東京都

a．（ア）（イ）　　　　b．（ア）（エ）
c．（イ）（ウ）　　　　d．（ア）（ウ）（エ）

b．（ア）（エ）
（イ）は岐阜県と富山県にまたがり、（ウ）は鹿児島県に所在する。
P248 ～ 249 参照。

176

17
□□
【H27】
総

関東・中部地方に所在する世界文化遺産の登録物件に関する次の記述から、正しいものだけをすべて選んでいるものはどれか。

(ア) 世界文化遺産に登録された栃木県日光市にある「日光の社寺」は、東照宮、輪王寺、二荒山神社の二社一寺の建造物群とこれらを取り巻く遺跡からなっている。

(イ) 世界文化遺産に登録された群馬県富岡市にある富岡製糸場は、明治政府がフランスから技術を導入し設立した官営の製糸工場で、和洋の建築技術を融合した建物である。

(ウ)「明治日本の産業革命遺産」として世界文化遺産に登録された静岡県伊豆の国市にある韮山反射炉は、実際に大砲を製造した反射炉としては、国内で唯一現存するものである。

a.(ア)(イ)　　　b.(ア)(ウ)
c.(イ)(ウ)　　　d.(ア)(イ)(ウ)

d.(ア)(イ)(ウ)
(ア)(イ)(ウ) いずれの記述も正しい。

18
□□
【H27】
総

世界文化遺産「琉球王国のグスク及び関連遺産群」の構成資産と所在する市との組合せのうち、誤っているものはどれか。

a. 勝連城跡 ― うるま市　　b. 識名園 ― 名護市
c. 首里城跡 ― 那覇市　　　d. 斎場御嶽 ― 南城市

b
識名園は那覇市に所在する。
P249 参照。

19
□□
【H28】
国

2000 年に世界遺産（文化遺産）に登録され、桜の名所としても知られる沖縄本島の本部半島に位置する北山王の居城跡は、次のうちどれか。

a. 中城城跡　　　　b. 勝連城跡
c. 座喜味城跡　　　d. 今帰仁城跡

d
a～d、いずれも琉球王国のグスク及び関連遺産群の構成資産に含まれる。

複合問題

20
□□
【H28】
総

次のうち、「琉球王国のグスク及び関連遺産群」として世界文化遺産に登録されている資産をすべて選びなさい。

a. 金城町の石畳道　　b. 守礼門

c. 玉陵　　　　　　　d. 園比屋武御嶽石門

c、d
P249 参照。
a、bともに那覇市内の観光資源だが、世界遺産の構成資産ではない。

21
□□
【H30】
国

世界文化遺産「古都奈良の文化財」に含まれる構成資産として、正しいもののみをすべて選んでいるものは、次のうちどれか。

〈構成資産〉

(ア) 春日山原始林　(イ) 東大寺

(ウ) 法隆寺　　　　(エ) 薬師寺

a．(ア)(ウ)　　　　b．(ア)(イ)(エ)

c．(イ)(ウ)(エ)　　d．(ア)(イ)(ウ)(エ)

b.(ア)(イ)(エ)
P248 参照。
(ウ) の法隆寺は「法隆寺地域の仏教建造物」として世界文化遺産に登録されている。

22
□□
【H29】
国

世界遺産（文化遺産）の「日光の社寺」の構成資産について、東照宮のほかに登録されている社寺として、正しいもののみをすべて選んでいるものは、次のうちどれか。

〈構成資産〉

(ア) 法起寺　　(イ) 二荒山神社

(ウ) 輪王寺　　(エ) 賀茂別雷神社

a．(ア)(イ)　　　　b．(イ)(ウ)

c．(ア)(イ)(ウ)　　d．(ア)(ウ)(エ)

b. (イ)(ウ)
P248 参照。
(ア) は「法隆寺地域の仏教建造物」の、(エ) は「古都京都の文化財」の構成資産。

23
□□
【H30】
総

次の観光地等のうち、「富士山－信仰の対象と芸術の源泉」として世界文化遺産に登録されていないものはどれか。

a. 芦ノ湖　　　　　b. 河口湖

c. 白糸ノ滝　　　　d. 三保松原

a
P249 参照。
aの芦ノ湖はいずれの世界遺産にも登録されていない（構成資産ではない）。

24
□□
【R1】
国

世界文化遺産「ル・コルビュジエの建築作品－近代建築運動への顕著な貢献－」に含まれる建築物のうち、日本にある建築物として正しいものは、次のうちどれか。
　a．旧岩崎邸庭園洋館　　b．旧グラバー住宅
　c．迎賓館赤坂離宮　　　d．国立西洋美術館本館

d
上野恩賜公園内に所在する。
P250 参照。

25
□□
【H30】
総

次のうち、世界文化遺産「長崎と天草地方の潜伏キリシタン関連遺産」に登録されているもので長崎市にあるものはどれか。
　a. 大浦天主堂　　　　　b. 原城跡
　c. 久賀島の集落　　　　d. 平戸の聖地と集落

a
P250 参照。
a～dのいずれも「長崎と天草地方の潜伏キリシタン関連遺産」の構成資産だが、このうち長崎市にあるのはaの大浦天主堂のみ。

bは南島原市、cは五島市、dは平戸市に所在する。

26
□□
【R1】
総

次の観光地等のうち、「古都奈良の文化財」として世界文化遺産に登録されていないものはどれか。
　a．春日山原始林　　b．三十三間堂（さんじゅうさんげんどう）
　c．東大寺　　　　　d．平城宮跡

b
P248 参照。
三十三間堂（京都府京都市）は、世界文化遺産に登録されていない。

27
□□
【R1】
総

次の観光地等のうち、「明治日本の産業革命遺産」として世界文化遺産に登録されていないものはどれか。
　a．旧グラバー住宅　　b．松下村塾
　c．韮山反射炉　　　　d．門司港駅

d
P250 参照。
門司港駅（福岡県北九州市）は、世界文化遺産に登録されていない。

複合問題

28
□□
【R2】
国

世界文化遺産「平泉－仏国土（浄土）を表す建築・庭園及び考古学的遺跡群－」に含まれる構成資産として、正しいもののみをすべて選んでいるものは、次のうちどれか。

（ア）中尊寺　　　　　（イ）毛越寺
（ウ）観自在王院跡（かんじざいおういんあと）　　（エ）金鶏山（きんけいざん）

a．（ア）（ウ）　　　　b．（イ）（エ）
c．（ア）（イ）（エ）　d．（ア）（イ）（ウ）（エ）

d
P249 参照。

29
□□
【R2】
国

世界文化遺産「紀伊山地の霊場と参詣道」に含まれる構成資産として正しいもののみをすべて選んでいるものは、次のうちどれか。

（ア）吉野山　　　　　（イ）金剛峯寺
（ウ）法起寺　　　　　（エ）那智大滝

a．（ア）（ウ）　　　　b．（イ）（エ）
c．（ア）（イ）（エ）　d．（ア）（イ）（ウ）（エ）

c
P249 参照。
（ウ）は「法隆寺地域の仏教建造物」の構成資産。

30
□□
【R2】
総

次の観光地等のうち、「古都京都の文化財」として世界文化遺産に登録されていないものはどれか。

a．二条城　　b．仁和寺　　c．平等院　　d．平安神宮

d
P248 参照。
平安神宮（京都府京都市）は、世界文化遺産に登録されていない。

31
□□
【R2】
総

次の観光地等のうち、「琉球王国のグスク及び関連遺産群」として世界文化遺産に登録されていないものはどれか。

a．首里城跡　　　　　b．守礼門
c．斎場御嶽　　　　　d．今帰仁城跡

b
P249 参照。
守礼門（沖縄県那覇市）は、世界文化遺産に登録されていない。

32
□□
【R3】
国

世界文化遺産「長崎と天草地方の潜伏キリシタン関連遺産」に含まれる構成資産として正しいもののみをすべて選んでいるものは、次のうちどれか。

(ア) 大浦天主堂　　　　(イ) 出島
(ウ) 原城跡　　　　　　(エ) 松浦史料博物館

a．(ア)(イ)　　　　b．(ア)(ウ)
c．(イ)(ウ)(エ)　　d．(ア)(イ)(ウ)(エ)

b．(ア)(ウ)
P250参照。
出島（長崎市）、松浦史料博物館（平戸市）は世界遺産の構成資産ではない。

33
□□
【R3】
国

世界自然遺産「白神山地」に関する次の記述のうち、誤っているものはどれか。

a．1993年、日本で初の「世界自然遺産」に登録された。
b．青森県南西部と岩手県北西部にまたがる約13万haの広大な山地帯で構成されている。
c．東アジア最大級のブナ天然林が分布し、クマゲラをはじめとした多様な動物が生息している。
d．人気の散策コースのひとつに「暗門渓谷ルート」がある。

b
白神山地は青森県と秋田県にまたがる山地帯。

34
□□
【R3】
国

ラムサール条約の登録地「琵琶湖」に関する次の記述のうち、誤っているものはどれか。

a．滋賀県の面積の約6分の1を占める日本最大の淡水湖である。
b．弁才天を祀る宝厳寺がある嫁ヶ島が浮かんでいる。
c．大津市の堅田と守山市の今浜を結ぶ琵琶湖大橋がかかっている。
d．湖で採れた魚を使った郷土料理「ふなずし」は滋賀県の名産品として知られている。

b
琵琶湖に浮かび、宝厳寺があるのは竹生島。
嫁ヶ島（島根県松江市）は宍道湖に浮かぶ小島で、夕景に浮かぶシルエットの美しさで知られる。

35
☐☐
【R4】
国

世界文化遺産「富士山―信仰の対象と芸術の源泉」に関する次の記述のうち、誤っているものはどれか。

a．古くから信仰対象となった神聖な山であり、近世には江戸とその近郊を中心に「富士講」と呼ばれる富士山信仰が隆盛した。

b．山中には修験道の聖地として名高い大峰山寺や、根本道場の金峯山寺がある。

c．構成資産には山中湖、河口湖など富士五湖のほか、海岸の三保松原も含まれている。

d．全国の浅間神社の総本宮である富士山本宮浅間大社は構成資産の1つである。

b
bの大峰山寺、金峯山寺は、世界文化遺産「紀伊山地の霊場と参詣道」の構成資産である。

36
☐☐
【R4】
国

世界文化遺産「明治日本の産業革命遺産 製鉄・製鋼、造船、石炭産業」に含まれる構成資産として正しいもののみをすべて選んでいるものは、次のうちどれか。

ア．旧グラバー住宅　　イ．松下村塾

ウ．高山社跡　　　　　エ．韮山反射炉

a．（ア）（イ）（ウ）　　b．（ア）（イ）（エ）

c．（ア）（ウ）（エ）　　d．（イ）（ウ）（エ）

b.（ア）（イ）（エ）
P250参照。
高山社跡は「富岡製糸場と絹産業遺産群」の構成資産。

37
☐☐
【R3】
総

2021年7月に「北海道・北東北の縄文遺跡群」として世界文化遺産に登録された写真の遺跡は、次のうちどれか。

［写真］

a．一乗谷朝倉氏遺跡　　b．三内丸山遺跡

c．登呂遺跡　　　　　　d．吉野ヶ里遺跡

b
写真は復元された大型掘立柱建物（三内丸山遺跡／青森県青森市）である。

38
☐☐
【H28】
国

2005年にラムサール条約の条約湿地に登録された「尾瀬」が位置する県境地について、その所在する県として正しいもののみをすべて選んでいるものは、次のうちどれか。

（ア）群馬県　（イ）福島県　（ウ）新潟県　（エ）長野県

a．（ア）（イ）　　　　b．（イ）（ウ）
c．（ア）（イ）（ウ）　　d．（ア）（ウ）（エ）

c.（ア）（イ）（ウ）
P252参照。
ラムサール条約湿地としての「尾瀬」エリアは福島・群馬・新潟の3県。
尾瀬国立公園の区域は上記3県のほか栃木県も含まれる。

39
☐☐
【R2】
国

次の中でラムサール条約（特に水鳥の生息地として国際的に重要な湿地に関する条約）に登録されているもののみをすべて選んでいるものは、次のうちどれか。

（ア）伊豆沼・内沼　　（イ）サロベツ原野
（ウ）三方五湖　　　　（エ）葛西海浜公園

a．（ア）（ウ）　　　　b．（イ）（エ）
c．（ア）（イ）（エ）　　d．（ア）（イ）（ウ）（エ）

d.（ア）（イ）（ウ）（エ）
P252参照。
（ア）～（エ）のいずれもラムサール条約湿地である。
（エ）は東京都初のラムサール条約湿地（2018年登録）。

40
☐☐
【R4】
国

ラムサール条約の登録地「宍道湖」に関する次の記述のうち、誤っているものはどれか。

a．日本で4番目に大きい約103㎢に及ぶ面積の湖で、白鳥浜には多数の白鳥が飛来する。

b．海水が入り混じった汽水湖のため魚種が豊富で"宍道湖七珍"と呼ばれる湖の幸が名物料理となっている。

c．小泉八雲も愛したと言われる夕景の美しさで知られ「日本の夕陽百選」にも選ばれている。

d．湖には悲しい伝説の残る小島「嫁ヶ島」が浮かんでいる。

a
aの記述は宍道湖ではなく、猪苗代湖（福島県）を指す。

複合問題（2）国立公園など

1
□□
【予想】
九州西北部に位置する□□□□国立公園は、佐世保の**九十九島**から**平戸島**、**五島列島**などへと続く、大小 400 余りの島々からなる**多島海景観**を特色とする公園で、**キリシタン信仰に関わる文化や教会**なども見どころである。

西海

2
□□
【予想】
□□□□国立公園は、那須火山帯に属する山岳地でシラネアオイの群生地として知られる**白根山**、火山活動の活発な**那須岳**などからなり、**中禅寺湖**、**華厳滝**などの火山活動に起因する湖沼や滝、歴史ある社寺が彩りを添え、**鬼怒川**温泉、**湯西川**温泉、**塩原**温泉郷などの豊富な温泉資源を有する。

日光

3
□□
【予想】
主峰の**御前峰**を中心に、**大汝峰**、**剣ヶ峰**が山頂部を形成する□□□□国立公園は、付近に点在する翠ヶ池、**千蛇ヶ池**などの火口湖や、火山砕屑物や溶岩でできた室堂平などの平坦地とあいまって優美な火山風景が見られる。

白山

4
▲□
【H19】
国
□□□□国立公園は、**リアス海岸**と呼ばれる複雑に入り組んだ海岸線を形成しており、1 年を通して気候は温暖である。**英虞湾**を中心とした**真珠の養殖**が有名である。

伊勢志摩

5
□□
【H21】
国
1934 年に、わが国で初めて指定された 3 か所の国立公園のうちの一つである□□□□国立公園は、**大渦・潮流**を代表とする**内海多島海景観**をその特色としている。

瀬戸内海

6 [予想]	1934 年に誕生した □□□□ 国立公園は、**立山連峰、穂高連峰、乗鞍岳**など、標高 3,000m 級の北アルプスの山々で構成された、日本を代表する国立公園で、**上高地、立山黒部アルペンルート**など人気の観光地が含まれている。	中部山岳
7 [H21] 国	1934 年に北海道で指定された 2 か所の国立公園の一つである □□□□ 国立公園は、**旭岳**(あさひだけ)を主峰とする火山群や高山植物を特徴とする**北海道の屋根**といわれる山岳公園である。	大雪山(だいせつざん)
8 [H30] 国	□□□□ 国立公園は、国の特別天然記念物・**マリモの生息地**として知られる湖や、季節・天候・見る角度などの条件により湖面の色が変わる**オンネトー**、また、エゾシカの生息やアイヌ文化が体感できるアイヌコタンでも知られる。	阿寒摩周
9 [予想]	国立公園としては**首都圏から最も近い** □□□□ 国立公園は、北奥千丈岳を最高峰とし、金峰山、甲武信ヶ岳、**雲取山**など標高 2,000m 級の高峰が連なる山塊と、その周辺の**大菩薩嶺**(だいぼさつれい)、両神山、**御岳昇仙峡**、奥多摩などを含む、山岳と渓流が特徴的な公園である。	秩父多摩甲斐
10 [予想]	東は京都府京丹後市から西は鳥取県鳥取市に至る約 75km の海岸部が指定される □□□□ 国立公園は、山地が直接海に接するリアス海岸で、**浦富海岸、鳥取砂丘、城崎温泉**などがその区域に含まれる。	山陰海岸
11 [R2] 国	□□□□ 国立公園は、海岸線は約 250km、北部は **"海のアルプス"** とも呼ばれる壮大な断崖、南部は入り組んだ地形の優美な**リアス海岸**が特長で、代表的な観光地には、**浄土ヶ浜**や**碁石海岸、金華山**などがあげられる。	三陸復興

複合問題

12 【H26】総

座間味島や□□□□のある慶良間諸島は、那覇市の西方にある大小30余りの島々と岩礁からなる島嶼群で、透明度の高い海域景観、サンゴ礁やザトウクジラの繁殖海域といった多様な生態系が評価され、2014年3月5日（サンゴの日）に慶良間諸島国立公園に指定された。
a．粟国島（あぐに）　b．伊江島　c．久米島　d．渡嘉敷島（とかしき）

d
慶良間諸島国立公園は、渡嘉敷島、座間味島、阿嘉島、慶留間島（げるま）などの島々と周辺海域からなる。

13 【H27】国

上信越高原国立公園の一部を分離独立し、2015年3月27日に32番目の国立公園として指定された「妙高戸隠連山国立公園」の観光地について、その区域内にないものは、次のうちどれか。
a．飯縄山（いいづな）　b．黒姫山（くろひめ）　c．野尻湖（のじり）　d．志賀高原

d
志賀高原は上信越高原国立公園の区域内にある。

14 【H27】国

「中部山岳国立公園」の観光地について、その区域内にあるもののみをすべて選んでいるものは、次のうちどれか。
（ア）上高地　　　　（イ）香嵐渓
（ウ）御岳昇仙峡　（エ）立山
a．（ア）（イ）　　　　　　b．（ア）（エ）
c．（ア）（ウ）（エ）　　　d．（イ）（ウ）（エ）

b．（ア）（エ）
（イ）はいずれの国立公園にも含まれない。
（ウ）は秩父多摩甲斐国立公園の区域内にある。

15 【H27】総

2015年3月に上信越高原国立公園から分離し、32番目の国立公園に指定された妙高戸隠連山国立公園には、妙高山、黒姫山などの北信五岳や、火山による堰止湖（せきとめこ）である□□□□などがある。
a．白樺湖　b．諏訪湖　c．蓼科湖（たてしな）　d．野尻湖

d
野尻湖（長野県）はナウマンゾウの化石が発掘されたことでも知られ、湖畔にナウマンゾウ博物館がある。

16 【R1】国

父島、母島が観光や生活の中心で諸島の多くは無人島であるが、亜熱帯性の海洋島ならではの動植物や景観を活かした先進的なエコツーリズムが楽しめる国立公園は、次のうちどれか。
a．西表石垣国立公園　　b．小笠原国立公園
c．慶良間諸島国立公園　d．西海国立公園

b
小笠原諸島（東京都）は、世界自然遺産にも登録されている。

17 【H29】 国

サンゴ礁・干潟・マングローブなどの多様な自然環境、独特な生態系の発達、美しい海域景観などを有することから、2017年3月に34番目の国立公園に指定され、徳之島・与論島・喜界島・沖永良部島など、8つの有人島とその周辺の無人島から構成される島々の総称名として正しいものは、次のうちどれか。

a. 奄美群島　　　　　　b. 先島諸島
c. 五島列島　　　　　　d. 大東諸島

a

---

18 【R1】 総

次のうち、西表石垣国立公園に属していない島はどれか。

a. 伊良部島　　　　　　b. 小浜島
c. 竹富島　　　　　　　d. 波照間島

a
aは宮古諸島に属し、主島・宮古島との間に伊良部大橋が架かる。

---

19 【R2】 国

阿蘇くじゅう国立公園内にある観光地として、誤っているのは、次のうちどれか。

a. 菊池渓谷　b. 宮之浦岳　c. 草千里ヶ浜　d. 由布岳

b
bは屋久島国立公園に属する。

---

20 【R3】 国

大雪山国立公園内にある観光地として誤っているものは、次のうちどれか。

a. 然別湖　　　　　　　b. 定山渓温泉
c. 層雲峡温泉　　　　　d. 天人峡

b
定山渓温泉は支笏洞爺国立公園の区域内にある。

---

21 【R4】 国

伊勢志摩国立公園内にある観光地として誤っているものは、次のうちどれか。

a. 朝熊山　b. 賢島　c. 国賀海岸　d. 二見浦

c
国賀海岸（隠岐諸島）は大山隠岐国立公園の区域内にある。

---

22 【R4】 国

上信越高原国立公園内にある観光地として誤っているものは、次のうちどれか。

a. 浅間山　　　　　　　b. 城島高原
c. 地獄谷野猿公苑　　　d. 四万温泉

b
城島高原は阿蘇くじゅう国立公園の区域内にある。

23
【H28】
国

国立公園に関する次の記述のうち、誤っているものはどれか。

a.「支笏洞爺国立公園」は、火山地形から"生きた火山の博物館"とも呼ばれ、羊蹄山、有珠山などの山々や定山渓、登別などの温泉観光地が点在する。

b.「南アルプス国立公園」は、山梨、長野、静岡の3県にまたがる山岳公園で、日本で第2位の高さを誇る北岳はこれに含まれる。

c.「伊勢志摩国立公園」は、英虞湾、的矢湾、五ヶ所湾などの奥深い入り江の海岸風景が特徴で、賢島では2016年5月に伊勢志摩サミットが開催された。

d.「西表石垣国立公園」は、沖縄県に属する島々と周辺海域からなる公園で、西表島の他、竹富島、与論島などがこれに含まれる。

d
与論島は西表石垣国立公園の区域に含まれない。
与論島を区域に含むのは奄美群島国立公園。

24
【H29】
国

国立公園に関する次の記述のうち、誤っているものはどれか。

a.「足摺宇和海国立公園」は、四国南西部の海岸部と内陸部の山々からなる変化に富んだ景観が特長で、区域内には足摺岬や竜串などがある。

b.「雲仙天草国立公園」は、湯けむり漂う火山景観と島々が連なる海洋景観が特長で、区域内には雲仙岳や高舞登山などがある。

c.「釧路湿原国立公園」は、日本の最東北端に位置し、火山活動や流氷などによって形成された険しく雄大な景観が特長で、区域内には羅臼岳やカムイワッカ湯の滝などがある。

d.「やんばる国立公園」は、沖縄島北部に位置し、国内最大級の亜熱帯照葉樹林、石灰岩の海食崖やカルスト地形、マングローブ林、固有動植物・希少動植物が生息する多様な自然環境が特長で、区域内には茅打バンタや大石林山などがある。

c
cの記述が示しているのは知床国立公園である。

25
☐☐
【R1】
国

「富士箱根伊豆国立公園」に関する次の記述のうち、誤っているものはどれか。

a．芦ノ湖は、この国立公園の見どころの一つである。

b．鬼押出しは、この国立公園の見どころの一つである。

c．この国立公園には、伊豆諸島の島々も含まれる。

d．この国立公園を形成するのは、東京都・神奈川県・山梨県・静岡県の1都3県である。

b
鬼押出しは上信越高原国立公園の区域内にある。

26
☐☐
【H27】
国

次の記述のうち、誤っているものはどれか。

a．国立公園とは、日本の風景を代表するに足りる傑出した自然の風景地で、環境大臣が自然公園法の規定により指定する。

b．世界遺産とは、ユネスコの「世界の文化遺産及び自然遺産の保護に関する条約（世界遺産条約）」に基づき登録されるもので、日本では1993年に「白神山地」「屋久島」「古都京都の文化財」「法隆寺地域の仏教建造物」の4件がはじめて登録された。

c．日本の世界遺産のうち、自然遺産に登録されているのは、「白神山地」「屋久島」「知床」「小笠原諸島」「奄美大島、徳之島、沖縄島北部及び西表島」の5件のみである。

d．ラムサール条約とは、正式には「特に水鳥の生息地として国際的に重要な湿地に関する条約」といい、日本にも釧路湿原、琵琶湖、尾瀬などの条約湿地が各地に存在する。

b
「古都京都の文化財」は1994年に世界遺産として登録されている。
1993年に日本で初めて登録された世界遺産は次の4件。
・白神山地
・屋久島
・姫路城
・法隆寺地域の仏教建造物

a．記述のとおり。
c．自然遺産は記述にある5件のみ。
d．ラムサール条約は、カスピ海沿岸の都市ラムサール（イラン）で採択された条約の通称。日本初の条約湿地は釧路湿原（北海道）。

第10章 複合問題（3）行程・モデルコース

以下の各設問の行程について、前後に最も近い観光地を、選択肢の中からそれぞれ1つ選んで □ を埋め、モデルコースを完成させなさい。

1【H23】国
那覇市内 ― 旧海軍指令部壕 ― ひめゆりの塔 ― 沖縄平和祈念堂 ― □ ― 那覇市内
a. 玉泉洞　b. 龍泉洞　c. 龍河洞　d. 秋芳洞

a
沖縄県内を周遊する行程なのでaが正解。

2【H23】国
日光駅 ― 日光東照宮 ― □ ― 中禅寺湖 ― 日光湯元温泉
a. 八幡坂　b. 清水坂　c. いろは坂　d. 田原坂

c
日光市内（栃木県）を周遊する行程なのでcが正解。

3【H23】国
長野駅 ― 善光寺 ― □ ― 野尻湖 ― 赤倉温泉
a. 郡上八幡　b. 川越　c. 小布施　d. 伊賀上野

c
長野県〜新潟県を周遊する行程なのでcが正解。

4【H23】国
湯の川温泉 ― 函館山 ― □ ― トラピスチヌ修道院 ― 函館駅
a. 積丹岬　b. 五稜郭　c. 小清水原生花園　d. 霧多布湿原

b
函館市内（北海道）を周遊する行程なのでbが正解。

5【H24】国
稚内空港 ― 宗谷岬 ― 野寒布岬 ― □ ― 稚内市内
a. 三宅島　b. 礼文島　c. 伊江島　d. 因島

b
道北（北海道）を周遊する行程なのでbが正解。

6【H24】国
一ノ関駅 ― 猊鼻渓 ― □ ― 厳美渓 ― 須川温泉
a. 瑞巌寺　b. 輪王寺　c. 立石寺　d. 中尊寺

d
岩手県内を周遊する行程なのでdが正解。須川温泉は岩手・秋田の県境。

7
□□
【H24】
国

出雲空港 ─ 出雲大社 ─ 松江市内 ─ ☐☐☐☐
　　　　　　　　　　　　　　　　　　　　　─ 皆生温泉

a．手塚治虫記念館　　b．長谷川町子美術館
c．水木しげる記念館　d．藤子・F・不二雄ミュージアム

c
島根県〜鳥取県を
周遊する行程なの
でcが正解。

8
□□
【H24】
国

博多駅 ─ 虹の松原 ─ ☐☐☐☐ ─ 伊万里市内
　　　　　　　　　　　　　　　　　　　　　─ 武雄温泉

a．犬山城　b．熊本城　c．唐津城　d．松本城

c
福岡県〜佐賀県を
周遊する行程なの
でcが正解。

9
□□
【H24】
国

静岡駅 ─ 久能山東照宮 ─ ☐☐☐☐ ─ 羽衣の松
　　　　　　　　　　　　　　　　　　　　　─ 静岡駅

a．潮岬　b．中禅寺湖　c．東尋坊　d．日本平

d
静岡市内（静岡県）
を周遊する行程な
のでdが正解。

10
□□
【H25】
国

高知空港 ─ 龍河洞 ─ ☐☐☐☐ ─ 金刀比羅宮 ─ 高松駅

a．大歩危峡　b．三段峡　c．瀞八丁（どろはっちょう）　d．長瀞

a
高知県から香川県
まで四国内を周遊
する行程なのでaが
正解。

11
□□
【H25】
国

郡山駅（こおりやま） ─ 猪苗代湖 ─ ☐☐☐☐ ─ 會津藩校日新館（あいづ）
　　　　　　　　　　　　　　　　　　　　　─ 芦ノ牧温泉

a．太宰治記念館　　　b．谷崎潤一郎記念館
c．野口英世記念館　　d．宮沢賢治記念館

c
福島県内を周遊す
る行程なのでcが
正解。

12
□□
【H25】
国

信濃大町駅 ─ 黒部湖 ─ 室堂 ─ ☐☐☐☐ ─ 富山駅

a．四十三万滝　　　　b．称名滝（しょうみょう）
c．吹割の滝　　　　　d．袋田の滝

b
立山黒部アルペン
ルートを経由して長
野県〜富山県を周
遊する行程なので
bが正解。
P89参照。

13
□□
【H25】
国

函館空港 ─ ☐☐☐☐ ─ 昭和新山 ─ 支笏湖
　　　　　　　　　　　　　　　　　　　　　─ 新千歳空港

a．阿寒湖　b．大沼　c．屈斜路湖　d．サロマ湖

b
道南（北海道）を
周遊する行程。
函館空港〜昭和新
山のルート上にある
のはb。

複合問題

14
☐☐
【H25】
国

宮崎空港 － 青島 － 鵜戸神宮 － ☐ － 志布志港

a．足摺岬　b．辺戸岬　c．都井岬　d．日御碕

c
宮崎県～鹿児島県を周遊する行程なのでcが正解。

15
☐☐
【H25】
国

北鎌倉駅 － ☐ － 鶴岡八幡宮
　　　　　　　　 － 鎌倉大仏殿高徳院 － 江ノ島駅

a．寛永寺　b．建仁寺　c．仁和寺　d．建長寺

d
神奈川県内を周遊する行程なのでdが正解。

16
☐☐
【H25】
国

新石垣空港 － 米原ヤエヤマヤシ群落 － ☐
　　　　　　　　 － 唐人墓 － 石垣島内（宿泊）

a．川平湾　b．大村湾　c．宿毛湾　d．中城湾

a
石垣島内（沖縄県）を周遊する行程なのでaが正解。

17
☐☐
【H25】
国

奈良駅 － 興福寺 － 東大寺大仏殿 － ☐
　　　　　　　　 － 春日大社本殿 － 奈良駅

a．伊吹山　b．高野山　c．若草山　d．六甲山

c
奈良市内（奈良県）を周遊する行程なのでcが正解。

18
☐☐
【H26】
国

旭川空港 － ☐ － 富良野 － トマム山
　　　　　　　　　　　　　 － 新千歳空港

a．雄阿寒岳　b．羅臼岳　c．昭和新山　d．大雪山

d
道央（北海道）を周遊する行程。旭川空港～富良野のルート上にあるのはd。

19
☐☐
【H26】
国

出雲空港 － 石見銀山遺跡 － 温泉津温泉 － ☐
　　　　　　　　　　　　　 － 萩・石見空港

a．津和野　b．伊根の舟屋　c．郡上八幡　d．鞆の浦

a
島根県内を周遊する行程なのでaが正解。

20
☐☐
【H26】
国

仙台駅 － 作並温泉 － ☐ － 出羽三山
　　　　　　　　　　　　　 － 庄内空港

a．恐山　　b．金華山　c．中尊寺　d．立石寺

d
宮城県～山形県を周遊する行程。作並温泉（仙台市）～出羽三山のルート上にあるのはd。

21
☐☐
【H26】
国

高松空港 － 金刀比羅宮 － ☐ － 面河渓
　　　　　　　　　　　　　 － 松山空港

a．足摺岬　b．石鎚山　c．三瓶山　d．佐田岬

b
香川県～愛媛県を周遊する行程。金刀比羅宮～面河渓のルート上にあるのはb。

22 □□ 【H26】 国	岡山駅 ― 後楽園 ― 鷲羽山 ― ［　　　］ ― 岡山駅 a．大洲　　b．竹原　　c．倉敷　　d．赤穂	**c** 岡山県内を周遊する行程なのでcが正解。
23 □□ 【H26】 国	熊本駅 ― ［　　　］ ― 阿蘇山・草千里 ― 菊池渓谷 　　　　　　　　　　　　　　　　― 山鹿温泉（宿泊） a．南方熊楠記念館　　　b．夏目漱石内坪井旧居 c．森鷗外旧居　　　　　d．子規記念博物館	**b** 熊本県内を周遊する行程なのでbが正解。
24 □□ 【H26】 国	両津港 ― 白雲台 ― 佐渡金山遺跡 ― ［　　　］ ― 両津港 a．宮津湾　　b．小浜湾　　c．七尾湾　　d．尖閣湾	**d** 佐渡島（新潟県）を周遊する行程なのでdが正解。
25 □□ 【H26】 国	水戸駅 ― 偕楽園 ― 高萩 ― ［　　　］ ― 水戸駅 a．秋保大滝　　　　　　b．浄蓮の滝 c．袋田の滝　　　　　　d．華厳滝	**c** 茨城県内を周遊する行程なのでcが正解。
26 □□ 【H26】 国	京都駅 ― 嵐山 ― ［　　　］ ― 金閣寺 ― 京都駅 a．龍安寺　　b．那谷寺　　c．金剛峯寺　　d．円覚寺	**a** 京都市内（京都府）を周遊する行程なのでaが正解。
27 □□ 【H27】 国	新千歳空港 ― 小樽運河 ― ［　　　］蒸溜所 　　　　　　　― ニセコ高原 ― 大沼 ― 函館空港 a．帯広　　b．富良野　　c．北見　　　d．余市	**d** 道南（北海道）を周遊する行程。"蒸溜所"とあるのでdが正解。
28 □□ 【H27】 国	萩・石見空港 ― 松下村塾 ― ［　　　］ ― 秋芳洞 　　　　　　　　　　　　　　　　― 山口宇部空港 a．金子みすゞ記念館　　b．小泉八雲記念館 c．壺井栄文学館　　　　d．棟方十文学記念館	**a** 島根県～山口県を周遊する行程。松下村塾（萩市）～秋芳洞（美祢市）のルート上にあるのはa。
29 □□ 【H27】 国	福井駅 ― 一乗谷朝倉氏遺跡 ― ［　　　］ ― 東尋坊 　　　　　　　　　　　　　　　　― 小松空港 a．善通寺　　b．建長寺　　c．永平寺　　d．輪王寺	**c** 福井県～石川県を周遊する行程なのでcが正解。

30 【H27】 国

別府駅 — 由布院温泉 — ⬜ — 阿蘇山 — 熊本駅

a. 雲仙温泉　　　　　　b. えびの高原
c. 唐津　　　　　　　　d. 久住高原

d
大分県〜熊本県を周遊する行程なのでdが正解。

---

31 【H28】 国

高松駅 — 瀬戸大橋 — ⬜ — 岡山後楽園
　　　　　　　　　　　　　　　　— 岡山駅

a. 美ヶ原高原美術館　　b. 大原美術館
c. 国立西洋美術館　　　d. 足立美術館

b
瀬戸大橋を経由して香川県〜岡山県を周遊する行程なのでbが正解。

---

32 【H28】 国

新函館北斗駅 — 五稜郭跡 — ⬜
　　　　　— 函館山ロープウェイ — 湯の川温泉（泊）

a. 金森赤レンガ倉庫群　b. 北海道開拓の村
c. 白い恋人パーク　　　d. 昭和新山熊牧場

a
新函館北斗駅（北斗市）から函館市内（北海道）を周遊する行程なのでaが正解。

---

33 【H28】 国

静岡駅 — 登呂遺跡 — 久能山東照宮 — ⬜
　　　　　　　　　　　　　　　　— 熱海温泉（泊）

a. 竜神大吊橋　　　　　b. 佐田の沈下橋
c. 伊良部大橋　　　　　d. 三島スカイウォーク

d
静岡県内を周遊する行程なのでdが正解。

---

34 【H28】 国

鳥取駅 — ⬜ — 鳥取砂丘 — 三徳山三佛寺
　　　　　　　　　　　　　　　— 三朝温泉（泊）

a. 鞆の浦　　　　　　　b. 雨晴海岸
c. 浦富海岸　　　　　　d. 笹川流れ

c
鳥取県内を周遊する行程なのでcが正解。

---

35 【H29】 国

大津駅 — 多賀大社 — 長浜港 — ⬜ — 長浜駅

a. 生口島　b. 仙酔島　c. 竹生島　d. 答志島

c
滋賀県内を周遊する行程なのでcが正解。

---

36 【H29】 国

米沢駅 — 喜多方 — 会津若松 — ⬜ — 郡山駅

a. 芦ノ牧温泉　　　　　b. かみのやま温泉
c. 花巻温泉　　　　　　d. 法師温泉

a
山形県〜福島県を周遊する行程。会津若松〜郡山駅のルート上にあるのはa。

37 □□ 【H29】 国

松山空港 ― 道後温泉 ― 瀬戸内しまなみ海道
　　　　　　　　　　　　　― □ ― 福山駅
a．岩国　　b．尾道　　c．倉敷　　d．屋島

b

瀬戸内しまなみ海道を経由して、愛媛県～広島県を周遊する行程なのでbが正解。瀬戸内しまなみ海道は愛媛県今治市と広島県尾道市を結ぶ。
P132 ～ 133 参照。

38 □□ 【H29】 国

立山駅 ― 称名滝 ― 大観峰 ― □ ― 信濃大町駅
a．野尻湖　b．榛名湖　c．浜名湖　d．黒部湖

d

立山黒部アルペンルートを経由して富山県～長野県を周遊する行程なのでdが正解。
P89 参照。

39 □□ 【H30】 国

名古屋駅 ― □ ― 高山 ― 五箇山の合掌造り集落
　　　　　　　　　　　　　　　　　― 富山駅
a．北原白秋記念館　　　b．杉原千畝記念館
c．漱石山房記念館　　　d．平山郁夫美術館

b

愛知県～岐阜県～富山県を周遊する行程なのでbが正解。
bは岐阜県八百津町に所在する。

40 □□ 【H30】 国

博多駅 ― 熊本城 ― 球磨川下り ― □ ― 鹿児島駅
a．縮景園　b．仙巌園　c．天赦園　d．毛利氏庭園

b

福岡県～熊本県～鹿児島県を周遊する行程なのでbが正解。

41 □□ 【H30】 国

新花巻駅 ― 遠野 ― 釜石 ― □ ― 宮古駅
a．浄土ヶ浜　b．龍飛崎　c．入道崎　d．仏ヶ浦

a

岩手県内を周遊する行程なのでaが正解。

42 □□ 【R1】 国

高松空港 ― □ ― 金刀比羅宮 ― 瀬戸大橋
　　　　　　　　　　　　　　　　　― 岡山駅
a．三溪園　　　　　　b．水前寺成趣園
c．毛利氏庭園　　　　d．栗林公園

d

香川県～岡山県を周遊する行程なのでdが正解。

複合問題

43 □□ 【R1】 国

南紀白浜空港 ― アドベンチャーワールド
　　　　　　― □ ― 熊野那智大社 ― 紀伊勝浦駅
a．石廊崎　　b．潮岬　　c．大王崎　　d．室戸岬

b

和歌山県内を周遊する行程なのでbが正解。

44 □□ 【R1】 国	郡山駅 ― 猪苗代湖 ― 鶴ヶ城 ― □ ― 芦ノ牧温泉（泊） a．吾妻峡　b．庄川峡　c．塔のへつり　d．長瀞	c 福島県内を周遊する行程なのでcが正解。
45 □□ 【R1】 国	京都駅 ― 舞鶴 ― □ ― 玄武洞 ― 城崎温泉（泊） a．天橋立　b．蘇洞門　c．千里浜　d．弓ヶ浜	a 京都府〜兵庫県を周遊する行程なのでaが正解。
46 □□ 【R1】 国	新青森駅 ― □ ― 奥入瀬渓流 ― 十和田湖 ― 八戸駅 a．酸ヶ湯温泉　　　　　b．層雲峡温泉 c．鳴子温泉　　　　　　d．湯野浜温泉	a 青森県内を周遊する行程なのでaが正解。
47 □□ 【R2】 国	米沢駅 ― 上杉神社 ― □ ― 最上峡 ― 庄内空港 a．岩室温泉　　　　　　b．天童温泉 c．乳頭温泉郷　　　　　d．湯西川温泉	b 山形県内を周遊する行程なのでbが正解。
48 □□ 【R2】 国	米原駅 ― 彦根城 ― □ ― 石山寺 ― 大津駅 a．信楽　b．九谷　c．笠間　d．出石	a 滋賀県内を周遊する行程なのでaが正解。 a〜dはいずれも陶磁器の生産地または発祥地。
49 □□ 【R2】 国	熊本駅 ― 黒川温泉 ― 久住高原 ― □ ― 大分駅 a．岡城跡　b．大洲城　c．原城跡　d．丸岡城	a 熊本県〜大分県を周遊する行程なのでaが正解。
50 □□ 【R2】 国	釧路空港 ― 阿寒湖 ― □ ― 天都山 ― 女満別温泉（泊） a．旭山動物園　　　　　b．博物館網走監獄 c．北海道開拓の村　　　d．北方文化博物館	b 道東（北海道）を周遊する行程なのでbが正解。 dは新潟県(新潟市)にある施設。北海道網走市にも名称が類似した「北海道立北方民族博物館」がある。

51 ☐☐ 【R3】 国
函館駅 — 大沼 — 洞爺湖 — ☐☐☐☐ — 新千歳空港
a．阿寒湖温泉　　　　　b．岩室温泉
c．川湯温泉　　　　　　d．登別温泉

d
道南（北海道）を周遊する行程。洞爺湖〜新千歳空港のルート上にあるのは d。

---

52 ☐☐ 【R3】 国
新山口駅 — 防府天満宮 — ☐☐☐☐ — 宮島 — 広島駅
a．錦帯橋　　b．後楽園　　c．通潤橋　　d．天赦園

a
山口県〜広島県を周遊する行程なのでaが正解。

---

53 ☐☐ 【R3】 国
盛岡駅 — つなぎ温泉 — ☐☐☐☐ — 角館 — 秋田駅
a．榛名湖　　b．十三湖　　c．田沢湖　　d．十和田湖

c
岩手県〜秋田県を周遊する行程。つなぎ温泉〜角館のルート上にあるのは c。

---

54 ☐☐ 【R3】 国
那覇空港 — 首里城公園 — ☐☐☐☐ —
　　　　　　　　　　沖縄美ら海水族館 —　本部町（泊）
a．川平湾　　　　　　　b．風連鍾乳洞
c．マリュドゥ滝　　　　d．万座毛

d
那覇市内（沖縄県）から沖縄本島を北上し、本部町に向かう行程なのでdが正解。

---

55 ☐☐ 【R4】 国
倉敷駅 — ☐☐☐☐ — 金刀比羅宮 — 津田の松原 —
　　　　　　　　　　　　　　　　　　徳島阿波おどり空港
a．大鳴門橋　　　　　　b．関門橋
c．瀬戸内しまなみ海道　d．瀬戸大橋

d
岡山県〜香川県〜徳島県を周遊する行程なのでdが正解。瀬戸大橋は岡山県倉敷市の児島と香川県坂出市を結ぶ。
P132〜133参照。

---

56 ☐☐ 【R4】 国
新潟駅 — 瀬波温泉 — ☐☐☐☐ — あつみ温泉 —
　　　　　　　　　　　　　　　　　　　　　庄内空港
a．笹川流れ　　b．蘇洞門　　c．十三湖　　d．入道崎

a
新潟県〜山形県の庄内地方を周遊する行程なのでaが正解。

---

57 ☐☐ 【R4】 国
旭川空港 — 旭山動物園 — サロベツ原生花園 —
　　　　　　　　　　　　　　　☐☐☐☐ — 稚内空港
a．神威岬　　b．宗谷岬　　c．襟裳岬　　d．納沙布岬

b
旭川空港（北海道）から北海道内を北上する行程。サロベツ原生花園〜稚内空港のルート上にあるのはb。

58
□□
【R4】
国

長崎空港 — ハウステンボス — ☐ —
太宰府天満宮 — 博多駅
a. 有福温泉　　　　　　b. 指宿温泉
　　ありふく
c. 人吉温泉　　　　　　d. 武雄温泉

d
長崎県〜福岡県を周遊する行程。ハウステンボス〜太宰府天満宮のルート上にあるのは d（佐賀県）。
2022 年 9 月の西九州新幹線（武雄温泉—長崎）の開業で話題に。

59
□□
【R4】
国

富士山静岡空港 — 浜名湖 — ☐ — 岡崎城 —
名古屋駅
a. 今宮戎神社　　　　　b. 多賀大社
c. 豊川稲荷　　　　　　d. 日吉大社

c
静岡県〜愛知県を周遊する行程なので c が正解。

60
□□
【H30】
総

[行程]

○日目
盛岡駅 — ☐ — 北山崎展望台
　　　　　— 鵜の巣断崖展望台 — 宮古（泊）
　　　　　　う　す

岩泉町にある日本三大鍾乳洞のひとつといわれる
☐ に該当するものは次のうちどれか。
a. 秋芳洞　　b. 玉泉洞　　c. 龍河洞　　d. 龍泉洞

d
岩手県内を周遊する行程。
記述に該当するのは d である。

61
□□
【H30】
総

[行程]

○日目
高松空港 — 屋島 — ☐ — 善通寺（お砂踏み
　　　　　道場）— 丸亀城 — 瀬戸大橋 — 倉敷（泊）

象頭山の中腹に鎮座し、古来より海の神様、五穀豊穣・
ぞう ず さん
大漁祈願・商売繁盛などの神様として知られる ☐
に該当するものは次のうちどれか。
a. 石鎚神社　　　　　　b. 大山祇神社
c. 金刀比羅宮　　　　　d. 和布刈神社

c
瀬戸大橋を経由して香川県〜岡山県を周遊する行程。
記述に該当するのは c である。

62
□□
【H30】
総

[行程]

○日目

鹿児島空港 ─ 　　　 ─ 知覧・武家屋敷群

　　　 ─ 池田湖 ─ 長崎鼻 ─ 指宿温泉 (泊)

c
鹿児島県内を周遊
する行程。
記述に該当するの
はcである。

島津家の別邸で、桜島を築山に錦江湾を池に見立てた雄大な景観を楽しむことができる 　　　 に該当するものは次のうちどれか。

a. 松濤園
b. 慧洲園
c. 仙巌園
d. 水前寺成趣園

63
□□
【R4】
総

次の貸切バスの行程に関する問1〜問2の各設問について、該当するものをそれぞれの選択肢から一つ選びなさい。

[行程]══貸切バス

	羽咋 ══ ① ══ 見附島 ══ 珠洲(昼食) ══ 金剛崎
○日目	約15分　約80分　約20分　　約40分
	══ 禄剛埼灯台 ══ 奥能登塩田村 ══ ② ══ 輪島(泊)
	約10分　約30分　　約15分　約10分

問1. 海に突き出た岩盤にある、浸食によってぽっかりとあいた洞門で、能登金剛を代表する ① に該当するものは、次のうちどれか。

a. 巌門
b. 鷹の巣岩
c. ヤセの断崖
d. 義経の舟隠し

a
能登半島 (石川県)
を周遊する行程。
記述に該当するの
はaである。

問2. 世界農業遺産に登録された「能登の里山里海」を代表する景観として知られる ② に該当するものは、次のうちどれか。

a. 大山千枚田
b. 白米千枚田
c. 中山千枚田
d. 丸山千枚田

b
記述に該当するの
はbである。

複合問題

複合問題(4)組合せ問題

1
□□
【H20】
総

次の温泉地、観光地等の読み方で、正しい読み方をしているものをすべて選びなさい。

a．神奈川県　強羅（ごうら）温泉

b．徳島県　　大歩危（おおぼけ）

c．宮崎県　　飫肥（おび）

| a、b、c |

2
□□
【H21】
総

次の下線部の地名等の読み方で、正しい読み方をしているものをすべて選びなさい。

a．岐阜県　濁河（にごりかわ）温泉

b．高知県　宿毛（すくも）市

c．大分県　国東（くにさき）半島

| b、c
a. にごりかわ（×）
→にごりご（○） |

3
□□
【H22】
総

次の下線部の観光地等の読み方で、正しい読み方をしているものをすべて選びなさい。

a．北海道　能取湖（のとろこ）

b．山梨県　忍野八海（おしのはっかい）

c．静岡県　河津七滝（かわづななだる）

| a、b、c |

4
□□
【H23】
総

次の下線部の観光地等の読み方で、正しい読み方をしているものをすべて選びなさい。

a．福島県　勿来（なこそ）関

b．富山県　雨晴（あまはらし）海岸

c．長野県　妻籠（つまごめ）宿

| a、b
c. つまごめ（×）
→つまご（○） |

5
【H23】
総

次の国立公園とその国立公園に含まれる島との組合せのうち、正しいものを**すべて**選びなさい。

a．小笠原国立公園 ── 父島
b．瀬戸内海国立公園 ── 宮島（厳島）
c．西海国立公園 ── 対馬

a、b
c．対馬は区域外（西海国立公園に含まれるのは、平戸島、五島列島などの島や、景勝地九十九島など）

6
【H23】
国

ふるさとの名を冠した富士について、一般名称と所在する都道府県の組合せのうち、誤っているものはどれか。

a．蝦夷富士 ── 羊蹄山 ── 北海道
b．讃岐富士 ── 飯野山 ── 香川県
c．南部富士 ── 岩木山 ── 岩手県
d．伯耆富士 ── 大山 ── 鳥取県

c
c．南部富士─岩手山─岩手県
岩木山は津軽富士とも呼ばれ、青森県に属する。

7
【H23】
国

次の国立公園の区域内にある観光地及び温泉地の組合せのうち、正しいものはどれか。

a．雲仙天草国立公園 ── 平戸 ── 嬉野温泉
b．知床国立公園 ── 釧路湿原 ── ウトロ温泉
c．中部山岳国立公園 ── 上高地 ── 下呂温泉
d．日光国立公園 ── 戦場ヶ原 ── 那須湯本温泉

d
a．平戸・嬉野温泉は区域外
b．釧路湿原・ウトロ温泉は区域外
c．上高地は区域内、下呂温泉は区域外
d．戦場ヶ原・那須湯本温泉ともに区域内

8
【H24】
総

次の組合せのうち、その国立公園に含まれている山岳との組合せで、正しいものを**すべて**選びなさい。

a．支笏洞爺国立公園 ── 羊蹄山
b．上信越高原国立公園 ── 鳥海山
c．霧島錦江湾国立公園 ── 開聞岳

a、c
b．鳥海山は区域外（上信越高原国立公園に含まれる山岳は、白根山、浅間山など）

9
【H24】
総

次の組合せのうち、温泉と観光地等が同一都道府県にある組合せを**すべて**選びなさい。

a．三朝温泉 ── 宍道湖
b．道後温泉 ── 龍河洞
c．山鹿温泉 ── 天草五橋

c
a．三朝温泉（鳥取県）─宍道湖（島根県）
b．道後温泉（愛媛県）─龍河洞（高知県）
c．熊本県

10
☐☐
【H24】
総

次の組合せのうち、郷土料理等と都道府県の組合せで正しいものを<u>すべて</u>選びなさい。

a. しょっつる鍋 ── 青森県

b. ほうとう ── 山梨県

c. 豚骨料理 ── 鹿児島県

b、c

a. しょっつる鍋 ── 秋田県

11
☐☐
【H24】
国

次の温泉地と郷土料理（郷土食）の組合せのうち、同じ都道府県にないものは次のどれか。

a. 鉄輪温泉 ── 城下かれい

b. 城崎温泉 ── ママカリ

c. 下呂温泉 ── 朴葉味噌

d. 男鹿温泉郷 ── しょっつる鍋

b

a. 大分県
b. 城崎温泉（兵庫県）──ママカリ（岡山県）
c. 岐阜県
d. 秋田県

12
☐☐
【H25】
国

次の国立公園の区域内にある山岳観光資源及び温泉地の組合せのうち、誤っているのはどれか。

a. 大山隠岐国立公園 ── 蒜山 ── 城崎温泉

b. 支笏洞爺国立公園 ── 羊蹄山 ── 定山渓温泉

c. 阿蘇くじゅう国立公園 ── 由布岳 ── 内牧温泉

d. 中部山岳国立公園 ── 乗鞍岳 ── 平湯温泉

a

a. 蒜山は区域内、城崎温泉は区域外

13
☐☐
【H25】
国

次の代表的郷土・名物料理と県名の組合せのうち、誤っているのはどれか。

a. 皿鉢料理 ── 高知県

b. しっぽく料理 ── 長崎県

c. 鮒ずし ── 滋賀県

d. わんこそば ── 長野県

d

わんこそば──岩手県

14
☐☐
【H25】
国

次の温泉地のうち、すべて同じ都道府県にある組合せは
どれか。

a．渋温泉 ―― 野沢温泉 ―― 白骨温泉 しらほね

b．浅虫温泉 ―― 登別温泉 ―― 十勝川温泉

c．嬉野温泉 ―― 雲仙温泉 ―― 黒川温泉

d．草津温泉 ―― 鬼怒川温泉 ―― 水上温泉

a
a．長野県
b．浅虫温泉（青森県）―登別温泉・十勝川温泉（北海道）
c．嬉野温泉（佐賀県）―雲仙温泉（長崎県）―黒川温泉（熊本県）
d．草津温泉・水上温泉（群馬県）―鬼怒川温泉（栃木県）

15
☐☐
【H25】
総

次の組合せのうち、温泉地と観光地等が同じ都道府県に
ある組合せを<u>すべて</u>選びなさい。

a．湯西川温泉 ―― 袋田の滝

b．弥彦温泉 ―― 尖閣湾 や ひこ

c．野沢温泉 ―― 諏訪湖

b、c
a．湯西川温泉（栃木県）―袋田の滝（茨城県）
b．新潟県
c．長野県

16
☐☐
【H25】
総

次の組合せのうち、温泉地と祭り等が同じ都道府県にあ
る組合せを<u>すべて</u>選びなさい。

a．和倉温泉 ―― 金沢百万石まつり

b．下呂温泉 ―― 郡上おどり

c．修善寺温泉 ―― 黒船祭

a、b、c
a．石川県
b．岐阜県
c．静岡県

17
☐☐
【H25】
総

次の組合せのうち、温泉地と観光地等が同じ都道府県に
ある組合せを<u>すべて</u>選びなさい。

a．道後温泉 ―― 松山城

b．皆生温泉 ―― 瑠璃光寺五重塔

c．雲仙温泉 ―― グラバー園

a、c
a．愛媛県
b．皆生温泉（鳥取県）―瑠璃光寺五重塔（山口県）
c．長崎県

18
☐☐
【H26】
総

次の観光地等と都道府県との組合せのうち、誤っている
組合せを<u>すべて</u>選びなさい。

a．太宰府天満宮 ―― 福岡県 だ ざい ふ

b．吉野ヶ里遺跡 ―― 長崎県

c．通潤橋 ―― 熊本県

b
吉野ヶ里遺跡―佐賀県

19
☐☐
【H26】
国

次の温泉地のうち、その所在地がすべて同じ都道府県内にある組合せはどれか。

a. あつみ温泉 —— 蔵王温泉 —— 銀山温泉

b. 飯坂温泉 —— 遠刈田温泉 —— 芦ノ牧温泉

c. 内牧温泉 —— 黒川温泉 —— 日田温泉

d. 下呂温泉 —— 白骨温泉 —— 新穂高温泉

a
a. 山形県
b. 飯坂温泉・芦ノ牧温泉 (福島県) —遠刈田温泉 (宮城県)
c. 内牧温泉・黒川温泉 (熊本県) —日田温泉 (大分県)
d. 下呂温泉・新穂高温泉 (岐阜県) —白骨温泉 (長野県)

20
☐☐
【H26】
国

次の代表的郷土・名物料理と都道府県の組合せのうち、誤っているものはどれか。

a. 三平汁 —— 北海道

b. わっぱめし —— 福島県

c. めはりずし —— 岡山県

d. からし蓮根 —— 熊本県

c
めはりずし—和歌山県

21
☐☐
【H26】
国

次の代表的工芸品・民芸品と都道府県の組合せのうち、誤っているものはどれか。

a. 樺細工 —— 秋田県

b. 紅型 —— 沖縄県

c. 丸亀うちわ —— 香川県

d. 九谷焼 —— 福井県

d
九谷焼—石川県

22
☐☐
【H26】
総

次の温泉地と観光地等との組合せのうち、同一都道府県にある組合せをすべて選びなさい。

a. 袋田温泉 —— 筑波山

b. 湯西川温泉 —— 吹割の滝

c. 月岡温泉 —— 尖閣湾

a、c
a. 茨城県
b. 湯西川温泉 (栃木県) —吹割の滝 (群馬県)
c. 新潟県

23
□□
【H27】
国

次のテーマパーク・アミューズメント施設と観光地の組合せのうち、その所在地が同じ都道府県内でないものはどれか。

a．アドベンチャーワールド ―― 那智滝
b．池田町ブドウ・ブドウ酒研究所 ―― 天人峡
c．ハウステンボス ―― 天草諸島
d．ユニバーサル・スタジオ・ジャパン ―― 天王寺公園

c
a．和歌山県
b．北海道
c．ハウステンボス
（長崎県）―天草諸島（熊本県）
d．大阪府

24
□□
【H27】
国

次の観光地の組合せのうち、その所在地が同じ都道府県内でないものはどれか。

a．オシンコシンの滝 ―― 羊蹄山 ―― サロベツ原生花園
b．戦場ヶ原 ―― 吾妻渓谷 ―― 鬼押出し
c．帝釈峡 ―― 耕三寺 ―― 厳島神社
d．志賀島 ―― 太宰府天満宮 ―― 門司港レトロ地区

b
a．北海道
b．戦場ヶ原（栃木県）― 吾妻渓谷・鬼押出し（群馬県）
c．広島県
d．福岡県

25
□□
【H27】
国

次の温泉地の組合せのうち、その所在地が<u>すべて</u>同じ都道府県内にあるものはどれか。

a．熱川温泉 ―― 伊東温泉 ―― 寸又峡温泉
b．石和温泉 ―― 下部温泉 ―― 別所温泉
c．宇奈月温泉 ―― 山代温泉 ―― 瀬波温泉
d．男鹿温泉 ―― 玉川温泉 ―― 天童温泉

a
a．静岡県
b．石和温泉・下部温泉（山梨県）―別所温泉（長野県）
c．宇奈月温泉（富山県）―山代温泉（石川県）―瀬波温泉（新潟県）
d．男鹿温泉・玉川温泉（秋田県）―天童温泉（山形県）

26
□□
【H27】
総

次の施設と温泉地との組合せのうち、同一都道府県にない組合せはどれか。

a．森鷗外記念館 ―― 玉造温泉
b．小泉八雲記念館 ―― 三朝温泉
c．水木しげる記念館 ―― 皆生温泉
d．夢二郷土美術館 ―― 湯郷温泉

b
a．島根県
b．小泉八雲記念館（島根県）―三朝温泉（鳥取県）
c．鳥取県
d．岡山県

27
☐☐
【H27】
総

次の観光地等の組合せのうち、同一都道府県にある組合せを<u>すべて</u>選びなさい。

a．田沢湖　　　　── 厳美渓
b．立石寺（山寺）── 松島
c．猪苗代湖　　　── 大内宿

c
a．田沢湖（秋田県）
─厳美渓（岩手県）
b．立石寺（山形県）
─松島（宮城県）
c．福島県

28
☐☐
【H27】
総

次の温泉地と観光地等との組合せのうち、同一都道府県にある組合せを<u>すべて</u>選びなさい。

a．おごと温泉　　── 三井寺
b．十津川温泉郷　── 谷瀬の吊り橋
c．城崎温泉　　　── 天橋立

a、b
a．滋賀県
b．奈良県
c．城崎温泉（兵庫県）─天橋立（京都府）

29
☐☐
【H27】
総

次の温泉地と観光地等との組合せのうち、同一都道府県にある組合せを<u>すべて</u>選びなさい。

a．嬉野温泉 ── 端島（軍艦島）
b．黒川温泉 ── 水前寺成趣園
c．指宿温泉 ── 高千穂峡

b
a．嬉野温泉（佐賀県）─端島（長崎県）
b．熊本県
c．指宿温泉（鹿児島県）─高千穂峡（宮崎県）

30
☐☐
【H28】
国

次の温泉と観光地の組合せのうち、その所在地がすべて同じ都道府県にあるものはどれか。

a．城崎温泉 ── 竹田城跡　　── 淡路島
b．豊富温泉 ── トラピスチヌ修道院 ── 大間崎
c．四万温泉 ── 恵林寺 ── 野反湖
d．別所温泉 ── 上田城跡　　── 清里高原

a
a．兵庫県
b．豊富温泉・トラピスチヌ修道院（北海道）─大間崎（青森県）
c．四万温泉・野反湖（群馬県）─恵林寺（山梨県）
d．別所温泉・上田城跡（長野県）─清里高原（山梨県）

31
☐☐
【H28】
国

次の観光地と記念館の組合せのうち、その所在地が同じ都道府県でないものはどれか。

a．北上展勝地 ── 安比高原 ── 宮沢賢治記念館
b．最上峡　── 月山 ── 太宰治記念館「斜陽館」
c．馬籠宿　── 恵那峡 ── 杉原千畝記念館
d．角島大橋 ── 秋吉台 ── 中原中也記念館

b
a．岩手県
b．最上峡・月山（山形県）─太宰治記念館「斜陽館」（青森県）
c．岐阜県
d．山口県

32
【H28】
国

次の郷土料理・名物と街並みの組合せのうち、同じ都道府県でないものはどれか。

a. かるかん ── 知覧

b. しょっつる鍋 ── 角館

c. 手こねずし ── 近江八幡

d. 朴葉みそ ── 飛騨高山

c
a. 鹿児島県
b. 秋田県
c. 手こねずし（三重県）─ 近江八幡（滋賀県）
d. 岐阜県

33
【H28】
総

次の観光地等の組合せのうち、同一都道府県にある組合せを**すべて**選びなさい。

a. 祖谷のかずら橋 ── 眉山

b. 栗林公園 ── 寒霞渓

c. 松山城 ── 石手寺

d. 桂浜 ── 龍河洞

a、b、c、d
a. 徳島県
b. 香川県
c. 愛媛県
d. 高知県

34
【H28】
総

次の温泉地と観光地等との組合せのうち、同一都道府県にある組合せを**すべて**選びなさい。

a. 三朝温泉 ── 白兎海岸

b. 温泉津温泉 ── 青海島

c. 湯郷温泉 ── 鞆の浦

a
a. 鳥取県
b. 温泉津温泉（島根県）─青海島（山口県）
c. 湯郷温泉（岡山県）─鞆の浦（広島県）

35
【H28】
総

次の温泉地と観光地等との組合せのうち、同一都道府県にある組合せを**すべて**選びなさい。

a. 天ヶ瀬温泉 ── 金鱗湖

b. 雲仙温泉 ── 平戸城

c. 人吉温泉 ── 仙巌園

a、b
a. 大分県
b. 長崎県
c. 人吉温泉（熊本県）─仙巌園（鹿児島県）

次の温泉と観光地の組合せのうち、その所在地がすべて同じ都道府県にあるものはどれか。

a. 瀬波温泉 ── 彌彦(弥彦)神社 ── 赤目四十八滝
b. 玉造温泉 ── 出雲大社 ── 三瓶山
c. 登別温泉 ── 恵林寺 ── 風蓮湖
d. 湯河原温泉 ── 修禅寺 ── 丹沢山

b
a. 瀬波温泉・彌彦神社(新潟県)─赤目四十八滝(三重県)
b. 島根県
c. 登別温泉・風蓮湖(北海道)─恵林寺(山梨県)
d. 湯河原温泉・丹沢山(神奈川県)、修禅寺(静岡県)

次の観光地の組合せのうち、その所在地がすべて同じ都道府県にあるものはどれか。

a. 金華山 ── 上杉神社 ── 瑞鳳殿
b. 美幌峠 ── 大沼公園 ── 小岩井農場
c. 辺戸岬 ── 識名園 ── 美ら海水族館
d. 弓ヶ浜 ── 三徳山三佛寺 ── 足立美術館

c
a. 金華山・瑞鳳殿(宮城県)─上杉神社(山形県)
b. 美幌峠・大沼公園(北海道)─小岩井農場(岩手県)
c. 沖縄県
d. 弓ヶ浜・三徳山三佛寺(鳥取県)─足立美術館(島根県)

次の郷土料理・名物と観光地の組合せのうち、同じ都道府県でないものはどれか。

a. 三輪そうめん ── 唐招提寺
b. 安倍川もち ── 久能山東照宮
c. 皿鉢料理 ── 熊野磨崖仏
d. しっぽく料理 ── 大浦天主堂

c
a. 奈良県
b. 静岡県
c. 皿鉢料理(高知県)─熊野磨崖仏(大分県)
d. 長崎県

2017年3月に国内34ヵ所目の国立公園として指定された奄美群島国立公園に属する次の島とその島の観光地等との組合せのうち、誤っているものはどれか。

a. 奄美大島 ── 辺戸岬
b. 沖永良部島 ── 昇竜洞
c. 徳之島 ── 犬の門蓋
d. 与論島 ── 百合ヶ浜

a
奄美大島は奄美群島国立公園に属するが、辺戸岬は沖縄県(沖縄島の最北端)にある岬。奄美大島にある岬では、あやまる岬が知られる。

40
☐☐
【H29】
総

次の温泉地と観光地等との組合せのうち、同一都道府県にある組合せを<u>すべて</u>選びなさい。

a．酸ヶ湯温泉 ── 厳美渓
b．銀山温泉　── 立石寺（山寺）
c．芦ノ牧温泉 ── あぶくま洞

b、c
a．酸ヶ湯温泉（青森県）─厳美渓（岩手県）
b．山形県
c．福島県

41
☐☐
【H29】
総

次の観光地等とテーマパーク等との組合せのうち、同一都道府県にある組合せを<u>すべて</u>選びなさい。

a．高尾山 ── 東京ディズニーランド
b．香嵐渓 ── レゴランド ジャパン
c．六甲山 ── ユニバーサル スタジオ ジャパン
d．壱岐島 ── ハウステンボス

b、d
a．高尾山（東京都）─東京ディズニーランド（千葉県）
b．愛知県
c．六甲山（兵庫県）─ユニバーサル・スタジオ・ジャパン（大阪府）
d．長崎県

42
☐☐
【H29】
総

次の観光地等の組合せのうち、同一都道府県にある組合せを<u>すべて</u>選びなさい。

a．姫路城　　 ── 竹田城跡
b．伊根の舟屋 ── 天橋立
c．三井寺　　 ── 石山寺

a、b、c
a．兵庫県
b．京都府
c．滋賀県

43
☐☐
【H29】
総

次の観光地等の組合せのうち、同一都道府県にある組合せを<u>すべて</u>選びなさい。

a．脇町うだつの町並み ── 寒霞渓
b．天赦園　　　　　　 ── 大山祇神社
c．やなせたかし記念館 ── 竜串海岸

b、c
a．脇町うだつの町並み（徳島県）─寒霞渓（香川県）
b．愛媛県
c．高知県

44
☐☐
【H30】
国

次の温泉と観光地の組合せのうち、その所在地がすべて同じ都道府県にあるものはどれか。

a．指宿温泉 ── 与論島 ── 知覧特攻平和会館
b．勝浦温泉 ── 三段壁 ── 因島
c．下呂温泉 ── 日本平 ── 犬山城
d．玉造温泉 ── 玄武洞 ── 松江城

a
a．鹿児島県
b．勝浦温泉・三段壁（和歌山県）─因島（広島県）
c．下呂温泉（岐阜県）─日本平（静岡県）─犬山城（愛知県）
d．玉造温泉・松江城（島根県）─玄武洞（兵庫県）

複合問題

45

☐☐

【H30】

国

次の観光地の組合せのうち、その所在地がすべて同じ都道府県にあるものはどれか。

a. 赤目四十八滝 ── 二見浦 ── 水前寺公園

b. 袋田の滝 ── 琴引浜 ── 偕楽園

c. 真名井の滝 ── 都井岬 ── 西都原古墳群

d. 竜頭滝 ── 五浦海岸 ── 岩宿遺跡

c

a. 赤目四十八滝・二見浦（三重県）──水前寺公園（熊本県）

b. 袋田の滝・偕楽園（茨城県）──琴引浜（京都府）

c. 宮崎県

d. 竜頭滝（栃木県）──五浦海岸（茨城県）──岩宿遺跡（群馬県）

46

☐☐

【H30】

国

次の観光地と博物館・記念館の組合せのうち、その所在地がすべて同じ都道府県にあるものはどれか。

a. 高崎山 ── 熊野磨崖仏 ── 竹久夢二伊香保記念館

b. 大雪森のガーデン ── 天都山 ── 有島記念館

c. 三溪園 ── 秋川渓谷 ── 三の丸尚蔵館

d. ポートアイランド ── 道頓堀 ── 手塚治虫記念館

b

a. 高崎山・熊野磨崖仏（大分県）──竹久夢二伊香保記念館（群馬県）

b. 北海道

c. 三溪園（神奈川県）──秋川渓谷・三の丸尚蔵館（東京都）

d. ポートアイランド・手塚治虫記念館（兵庫県）──道頓堀（大阪府）

47

☐☐

【H30】

国

次の観光地と郷土料理・名物の組合せのうち、同じ都道府県でないものはどれか。

a. 忍野八海 ── ほうとう

b. 角館 ── いちご煮

c. 草千里ヶ浜 ── 辛子蓮根

d. 龍泉洞 ── わんこそば

b

a. 山梨県

b. 角館（秋田県）──いちご煮（青森県）

c. 熊本県

d. 岩手県

48

☐☐

【H30】

総

次の観光地等の組合せのうち、同一都道府県にある組合せをすべて選びなさい。

a. 田沢湖 ── 奥入瀬渓流

b. 厳美渓 ── 中尊寺

c. 大内宿 ── 鶴ヶ城

b、c

a. 田沢湖（秋田県）──奥入瀬渓流（青森県）

b. 岩手県

c. 福島県

49
【H30】
総

次の温泉地の組合せのうち、同一都道府県にある組合せを<u>すべて</u>選びなさい。

a. 瀬波温泉 —— あつみ温泉

b. 修善寺温泉 —— 石和温泉

c. 野沢温泉 —— 昼神温泉

c

a. 瀬波温泉（新潟県）—あつみ温泉（山形県）

b. 修善寺温泉（静岡県）—石和温泉（山梨県）

c. 長野県

50
【H30】
総

次の観光地等と温泉地との組合せのうち、同一都道府県にある組合せを<u>すべて</u>選びなさい。

a. 天橋立 —— 城崎温泉

b. 谷瀬の吊り橋 —— 十津川温泉

c. 六甲山 —— 有馬温泉

b、c

a. 天橋立（京都府）—城崎温泉（兵庫県）

b. 奈良県

c. 兵庫県

51
【H30】
総

次の観光地等の組合せのうち、同一都道府県にある組合せを<u>すべて</u>選びなさい。

a. 石手寺 —— 道後温泉本館

b. 祖谷のかずら橋 —— 眉山

c. 室戸岬 —— 桂浜

a、b、c

a. 愛媛県

b. 徳島県

c. 高知県

52
【H30】
総

次の伝統行事と観光地等との組合せのうち、同一都道府県にある組合せを<u>すべて</u>選びなさい。

a. おわら風の盆 —— 雨晴海岸

b. 郡上おどり —— 妻籠宿

c. 山鹿灯籠まつり —— 九重"夢"大吊橋

a

a. 富山県

b. 郡上おどり（岐阜県）—妻籠宿（長野県）

c. 山鹿灯籠まつり（熊本県）—九重"夢"大吊橋（大分県）

53
【R1】
国

次の記念館・テーマパークと観光地の組合せのうち、その所在地が同じ都道府県でないものはどれか。

a．ハウステンボス —— 原城跡

b．三浦綾子記念文学館 —— 五稜郭跡

c．宮沢賢治記念館 —— 盛岡城跡

d．ムーミンバレーパーク —— 箱根関所

d

a. 長崎県

b. 北海道

c. 岩手県

d. ムーミンバレーパーク（埼玉県）—箱根関所（神奈川県）

54
□□
【R1】
国

次の温泉と観光地の組合せのうち、その所在地がすべて同じ都道府県にあるものはどれか。

a. 芦原温泉 —— 五箇山の合掌造り集落 —— 東尋坊
b. 鬼怒川温泉 —— 足利学校 —— 吹割の滝
c. 武雄温泉 —— 吉野ヶ里遺跡 —— 虹の松原
d. 道後温泉 —— 丸亀城 —— 面河渓

c
a. 芦原温泉・東尋坊（福井県）—五箇山の合掌造り集落（富山県）
b. 鬼怒川温泉・足利学校（栃木県）—吹割の滝（群馬県）
c. 佐賀県
d. 道後温泉・面河渓（愛媛県）—丸亀城（香川県）

55
□□
【R1】
国

次の郷土料理・名物と観光地の組合せのうち、同じ都道府県でないものはどれか。

a. かるかん —— 旧集成館
b. きりたんぽ —— 入道崎
c. ままかり —— 旧閑谷学校
d. めはりずし —— 大宰府政庁跡

d
a. 鹿児島県
b. 秋田県
c. 岡山県
d. めはりずし（和歌山県）—大宰府政庁跡（福岡県）

56
□□
【R1】
総

次の観光地等の組合せのうち、同一都道府県にない組合せはどれか。

a. 三徳山三佛寺投入堂 —— 日御碕
b. 縮景園 —— 千光寺公園
c. 錦帯橋 —— 赤間神宮
d. 備中松山城 —— 大原美術館

a
a. 三徳山三佛寺投入堂（鳥取県）—日御碕（島根県）
b. 広島県
c. 山口県
d. 岡山県

57
□□
【R1】
総

次の郷土料理と都道府県との組合せのうち、誤っている組合せはどれか。

a. 稲庭うどん —— 秋田県
b. 治部煮 —— 新潟県
c. 朴葉みそ —— 岐阜県
d. からしれんこん —— 熊本県

b
b. 治部煮（石川県）

58
□□
【R1】
総

次の伝統行事と観光地等との組合せのうち、同一都道府県のものでない組合せはどれか。

a. チャグチャグ馬コ ── 三内丸山遺跡

b. 竿燈まつり　　　 ── なまはげ館

c. 花笠まつり　　　 ── 山居倉庫

d. 相馬野馬追　　　 ── 野口英世記念館

a

a. チャグチャグ馬コ（岩手県）─三内丸山遺跡（青森県）

b. 秋田県

c. 山形県

d. 福島県

59
□□
【R1】
総

次の観光地等と温泉地との組合せのうち、同一都道府県にある組合せを<u>すべて</u>選びなさい。

a. 中禅寺湖　　　 ── 鬼怒川温泉

b. 吹割の滝　　　 ── 水上温泉

c. 身延山久遠寺 ── 石和温泉

a、b、c

a. 栃木県

b. 群馬県

c. 山梨県

60
□□
【R1】
総

次の観光地等の組合せのうち、同一都道府県にある組合せを<u>すべて</u>選びなさい。

a. ムーミンバレーパーク　── 長瀞

b. 博物館明治村　　　　　 ── 三保松原

c. アドベンチャーワールド ── 橋杭岩

a、c

a. 埼玉県

b. 博物館明治村（愛知県）─三保松原（静岡県）

c. 和歌山県

61
□□
【R2】
国

次の温泉と観光地の組合せのうち、その所在地がすべて同じ都道府県にあるものはどれか。

a. 稲取温泉 ── 浜名湖　　── 妻籠宿

b. 奥津温泉 ── 宍道湖　　── 津和野

c. 玉川温泉 ── 田沢湖　　── 角館

d. 西浦温泉 ── 御母衣湖 ── 郡上八幡

c

a. 稲取温泉・浜名湖（静岡県）─妻籠宿（長野県）

b. 奥津温泉（岡山県）─宍道湖・津和野（島根県）

c. 秋田県

d. 西浦温泉（愛知県）─御母衣湖・郡上八幡（岐阜県）

62
【R2】
国

次の公園・テーマパークと観光地の組合せのうち、その所在地が同じ都道府県でないものはどれか。

a．国営ひたち海浜公園 ── 尾瀬

b．東京ドイツ村　　　　── 養老渓谷

c．なばなの里　　　　　── 香落渓

d．栗林公園　　　　　　── 寒霞渓

a
a．国営ひたち海浜公園（茨城県）─尾瀬（福島・群馬・新潟県）
b．千葉県
c．三重県
d．香川県
東京ドイツ村、なばなの里はイルミネーションで人気の観光施設。

63
【R2】
国

次の郷土料理と観光地の組合せのうち、同じ都道府県でないものはどれか。

a．讃岐うどん ── 大歩危・小歩危

b．ラフテー　　── 茅打バンタ

c．ます寿し　　── 称名滝

d．じぶ煮　　　── 白米千枚田

a
a．讃岐うどん（香川県）─大歩危・小歩危（徳島県）
b．沖縄県
c．富山県
d．石川県

64
【R2】
国

次の祭り・行事と記念館の組合せのうち、同じ都道府県でないものはどれか。

a．筥崎宮「玉せせり」── 北原白秋記念館

b．高崎だるま市　　　── 徳富蘆花記念文学館

c．吉田の火祭り　　　── 太宰治記念館「斜陽館」

d．神田祭　　　　　　── 漱石山房記念館

c
a．福岡県
b．群馬県
c．吉田の火祭り（山梨県）─太宰治記念館「斜陽館」（青森県）
d．東京都

65
【R2】
総

次の郷土料理と観光地の組合せのうち、誤っているものはどれか。

a．きりたんぽ ── 秋田県

b．へぎそば　　── 新潟県

c．ほうとう　　── 長野県

d．ふなずし　　── 滋賀県

c
ほうとう─山梨県

66
☐☐
【R2】
総

次の陶磁器と観光地等の組合せのうち、同一都道府県のものでない組合せはどれか。

a．笠間焼 ── 日光杉並木街道
b．越前焼 ── 気比の松原
c．有田焼 ── 虹の松原
d．壺屋焼 ── 備瀬のフクギ並木道

a
a. 笠間焼(茨城県)
―日光杉並木街道
(栃木県)
b. 福井県
c. 佐賀県
d. 沖縄県

67
☐☐
【R2】
総

次の温泉地の組合せのうち、同一都道府県でない組合せはどれか。

a．秋保温泉 ── 作並温泉
b．湯田中温泉 ── 昼神温泉
c．和倉温泉 ── 粟津温泉
d．筋湯温泉 ── 黒川温泉

d
a. 宮城県
b. 長野県
c. 石川県
d. 筋湯温泉(大分県)―黒川温泉(熊本県)

68
☐☐
【R2】
総

次の水族館と岬の組合せのうち、同一都道府県にある組合せを<u>すべて</u>選びなさい。

a．海遊館 ── 潮岬
b．四国水族館 ── 足摺岬
c．DMMかりゆし水族館 ── 辺戸岬

c
a. 海遊館(大阪府)―潮岬(和歌山県)
b. 四国水族館(香川県)―足摺岬(高知県)
c. 沖縄県

69
☐☐
【R2】
総

次の観光地等との組合せのうち、同一都道府県にある組合せを<u>すべて</u>選びなさい。

a．犬山城 ── 熱田神宮
b．岡城跡 ── 宇佐神宮
c．飫肥城跡 ── 霧島神宮

a、b
a. 愛知県
b. 大分県
c. 飫肥城跡(宮崎県)―霧島神宮(鹿児島県)

70
☐☐
【R2】
総

次の世界遺産を構成する物件と温泉地の組合せのうち、同一都道府県にある組合せを<u>すべて</u>選びなさい。

a．韮山反射炉 ── 下部温泉
b．石見銀山遺跡 ── 温泉津温泉
c．宗像大社中津宮 ── 嬉野温泉

b
a. 韮山反射炉(静岡県)―下部温泉(山梨県)
b. 島根県
c. 宗像大社中津宮(福岡県)―嬉野温泉(佐賀県)

複合問題

71 ☐☐ 【R3】国	次の美術館・記念館と観光地の組合せのうち、その所在地が同じ都道府県でないものはどれか。 a．相田みつを美術館 ― 湯島聖堂 b．渋沢栄一記念館 ― 足利学校 c．平山郁夫美術館 ― 縮景園 d．手塚治虫記念館 ― 玄武洞	**b** a．東京都 b．渋沢栄一記念館（埼玉県）－足利学校（栃木県） c．広島県 d．兵庫県
72 ☐☐ 【R3】国	次の名産品・郷土料理と観光地の組合せのうち、同じ都道府県でないものはどれか。 a．稲庭うどん ― 金華山 b．下仁田ネギ ― 鬼押出し c．伊勢うどん ― 二見浦 d．わんこそば ― 小岩井農場	**a** a．稲庭うどん（秋田県）－金華山（宮城県） b．群馬県 c．三重県 d．岩手県
73 ☐☐ 【R3】国	次の祭りと街並みの組合せのうち、同じ都道府県でないものはどれか。 a．祇園祭 ― 産寧坂 b．御柱祭 ― 郡上八幡北町 c．唐津くんち ― 嬉野市塩田津 d．こきりこ祭り ― 山町筋	**b** a．京都府 b．御柱祭（長野県）－郡上八幡北町（岐阜県） c．佐賀県 d．富山県
74 ☐☐ 【R3】総	次の記念館と温泉地との組合せのうち、同一都道府県にない組合せはどれか。 a．宮沢賢治記念館 ― 花巻温泉 b．谷崎潤一郎記念館 ― 城崎温泉 c．森鷗外記念館 ― 玉造温泉 d．漱石山房記念館 ― 道後温泉	**d** a．岩手県 b．兵庫県 c．島根県 d．漱石山房記念館（東京都）－道後温泉（愛媛県）

75
□□
【R3】
総

次の湖と温泉地との組合せのうち、同一都道府県にある組合せを<u>すべて</u>選びなさい。

a．猪苗代湖 ― 東山温泉

b．野尻湖 ― 野沢温泉

c．琵琶湖 ― おごと温泉

a、b、c
a．福島県
b．長野県
c．滋賀県

76
□□
【R3】
総

次の橋と郷土料理との組合せのうち、同一都道府県のものである組合せを<u>すべて</u>選びなさい。

a．鶴の舞橋 ― いちご煮

b．谷瀬の吊り橋 ― 朴葉みそ

c．祖谷のかずら橋 ― 皿鉢料理

a
a．青森県
b．谷瀬の吊り橋（奈良県）－朴葉みそ（岐阜県）
c．祖谷のかずら橋（徳島県）－皿鉢料理（高知県）

77
□□
【R3】
総

次の陶磁器とその生産地の都道府県との組合せのうち、正しい組合せを<u>すべて</u>選びなさい。

a．信楽焼 ― 滋賀県

b．砥部焼 ― 愛媛県

c．有田焼 ― 佐賀県

a、b、c

78
□□
【R3】
総

次の半島とその半島に所在する温泉地との組合せのうち、正しい組合せを<u>すべて</u>選びなさい。

a．伊豆半島 ― 土肥温泉

b．島原半島 ― 雲仙温泉

c．薩摩半島 ― 指宿温泉

a、b、c
a．静岡県
b．長崎県
c．鹿児島県

79
□□
【R4】
国

次の温泉と観光地の組合せのうち、その所在地がすべて同じ都道府県にあるものはどれか。

a．作並温泉 ―― 安比高原 ―― 五大堂

b．白浜温泉 ―― 養老の滝 ―― 道成寺

c．湯西川温泉 ―― 霧降高原 ―― 輪王寺

d．蓮台寺温泉 ―― 石廊崎 ―― 小田原城

c
a．作並温泉・五大堂（宮城県）－安比高原（岩手県）
b．白浜温泉・道成寺（和歌山県）－養老の滝（岐阜県）
c．栃木県
d．蓮台寺温泉・石廊崎（静岡県）－小田原城（神奈川県）

80
☐☐
【R4】
国

次の名産品・郷土料理と観光地の組合せのうち、同じ都道府県でないものはどれか。

a. せんべい汁 ― 川越　　b. ひきずり ― 足助

c. かるかん ― 知覧　　d. ほうとう ― 勝沼

a

a. せんべい汁（青森県）―川越（埼玉県）
b. 愛知県
c. 鹿児島県
d. 山梨県

81
☐☐
【R4】
国

祭り・行事と温泉の組合せのうち、開催場所と所在地が同じ都道府県でないものはどれか。

a. 竿燈まつり ― 後生掛温泉（ごしょうがけ）

b. 天領日田おひなまつり ― 鈍川温泉（にぶかわ）

c. 青柏祭（せいはく） ― 湯涌温泉（ゆわく）

d. こたんまつり ― 朝里川温泉

b

a. 秋田県
b. 天領日田おひなまつり（大分県）―鈍川温泉（愛媛県）
c. 石川県
d. 北海道

82
☐☐
【R4】
総

次の郷土料理と観光地等との組合せのうち、同一都道府県のものでない組合せはどれか。

a. ずんだ餅 ― 瑞鳳殿

b. ひつまぶし ― 香嵐渓

c. 鶏飯 ― あやまる岬

d. ゴーヤーチャンプルー ― 昇竜洞

d

a. 宮城県
b. 愛知県
c. 鹿児島県
d. ゴーヤーチャンプルー（沖縄県）―昇竜洞（鹿児島県）
昇竜洞は奄美群島の沖永良部島にある鍾乳洞。

83
☐☐
【R4】
総

次の陶磁器と観光地等との組合せのうち、同一都道府県のものでない組合せはどれか。

a. 益子焼 ― 龍王峡

b. 常滑焼 ― 赤目四十八滝

c. 出石焼 ― 竹田城跡

d. 萩焼 ― 錦帯橋

b

a. 栃木県
b. 常滑焼（愛知県）―赤目四十八滝（三重県）
c. 兵庫県
d. 山口県

84
☐☐
【R4】
総

次の伝統行事と温泉地との組合せのうち、同一都道府県のものである組合せを<u>すべて</u>選びない。

a. 信玄公祭り ― 石和温泉

b. おわら風の盆 ― 宇奈月温泉

c. 山鹿灯籠まつり ― 黒川温泉

a、b、c

a. 山梨県
c. 富山県
d. 熊本県

85
☐☐
【R4】
総

次の庭園と城との組合せのうち、同一都道府県にある組合せを**すべて**選びなさい。

a．縮景園 ― 備中松山城

b．由志園 ― 松江城

c．天赦園 ― 宇和島城

b、c

a．縮景園（広島県）－備中松山城（岡山）

b．島根県

c．愛媛県

86
☐☐
【予想】

次の記念館・テーマパークと観光地の組合せのうち、同一都道府県にある組合せを**すべて**選びなさい。

a．角川武蔵野ミュージアム ― 高尾山

b．ジブリパーク ― 岡崎城

c．牧野富太郎記念館 ― 佐田沈下橋

b、c

a．角川武蔵野ミュージアム（埼玉県）－高尾山（東京都）

b．愛知県

c．高知県
ジブリパークは2022年秋開業（長久手市）。

🧳 祭り・行事

1
☐☐
【H26】
国

次の祭り・行事と催される都道府県及び開催月の組合せのうち、誤っているものはどれか。

a．祇園祭 ―― 京都府 ―― 7月

b．吉田の火祭り ―― 山梨県 ―― 10月

c．唐津くんち ―― 佐賀県 ―― 11月

d．秩父夜祭 ―― 埼玉県 ―― 12月

b

吉田の火祭り（山梨県）…8月

夏の富士山の山じまいの祭り

2
☐☐
【H27】
国

次の府県で催される祭り・行事と開催月の組合せのうち、誤っているものはどれか。

a．京都府：葵祭 ―― 5月

b．島根県：鷺舞 ―― 10月

c．福井県：お水送り ―― 3月

d．山形県：花笠祭り ―― 8月

b

（津和野の）鷺舞（島根県）…7月

3 【H28】国

次の県で開催される祭り・行事と開催月の組合せのうち、誤っているものはどれか。

a．岡山県：西大寺会陽　　　　　—— 2月
b．奈良県：東大寺お水取り　　　—— 3月
c．岩手県：チャグチャグ馬コ　　—— 6月
d．石川県：金沢百万石まつり　　—— 10月

d
金沢百万石まつり
（石川県）…6月

4 【H29】国

次の県で開催される祭り・行事と開催月の組合せのうち、誤っているものはどれか。

a．山口県：先帝祭　　　　　　　—— 5月
b．秋田県：竿燈まつり　　　　　—— 8月
c．富山県：おわら風の盆（本祭）—— 9月
d．福岡県：博多どんたく　　　　—— 10月

d
博多どんたく
（福岡県）…5月

5 【H30】国

次の都県で開催される祭り・行事と開催月の組合せのうち、誤っているものはどれか。

a．福島県：相馬野馬追 —— 7月
b．埼玉県：秩父夜祭 —— 12月
c．東京都：三社祭 —— 5月
d．佐賀県：唐津くんち —— 10月

d
唐津くんち
（佐賀県）…11月

6 【R1】国

次の府県で開催される祭り・行事と開催月の組合せのうち、誤っているものはどれか。

a．大阪府：岸和田だんじり祭　　—— 7月
b．沖縄県：那覇ハーリー　　　　—— 5月
c．栃木県：日光山輪王寺の強飯式 —— 4月
d．福井県：お水送り　　　　　　—— 3月

a
岸和田だんじり祭
（大阪府）…9〜10月

第10章
複合問題（5）日本の観光資源

1
【H28】
国

次の文章を読み、以下の各設問について該当する答を、選択肢の中からそれぞれ1つ選びなさい。

　全国各地で行われる祭りは、国や都道府県の無形民俗文化財に指定されているものも多く、地域の伝統文化であるとともに、重要な観光資源にもなっている。観光資源としての祭りには、<u>（ア）「鞍馬の火祭」</u>や<u>（イ）「秩父夜祭」</u>のように神社などの神事や祭礼として行われるものと、<u>（ウ）「阿波おどり」</u>や「博多どんたく」のように地域の催事やイベントとしての要素が強いものがあるが、いずれも観光客に人気が高い。

　祭りの中には、数年に一度だけ開催されるものもあり、　A　の祭礼である御柱祭は、数えで7年に一度の寅年と申年に行われることで知られ、開催年には特に多くの観光客が訪れている。

問1．下線（ア）の開催地と同じ都道府県内で開かれる祭りとして正しいものは、次のうちどれか。
a．時代祭　　　　b．三社祭
c．相馬野馬追　　d．先帝祭

問2．下線（イ）の開催地と同じ都道府県内に所在する観光地として正しいものは、次のうちどれか。
a．大菩薩峠　　　b．岩宿遺跡
c．寝覚の床　　　d．長瀞

a
鞍馬の火祭（10月）が開催されるのは京都府（京都市内の由岐神社の例祭）。
aの時代祭（10月）は京都市の平安神宮の例祭で京都三大祭りの一つ。

d
秩父夜祭（12月）が開催されるのは埼玉県（秩父市の秩父神社の例大祭）。
dの長瀞は荒川沿いの渓谷で埼玉県内に所在する。

複合問題

問3. 下線（ウ）の発祥となる開催地とこの祭りに関する次の記述のうち、誤っているものはどれか。

a. 開催地と同じ都道府県内の名物のひとつに「祖谷そば」がある。

b. 祭りは、毎年8月に開催される。

c. 開催地と同じ都道府県内の観光スポットのひとつに「はりまや橋」がある。

d. "連"と呼ばれるグループで、お囃子のリズムに乗って踊るのが特徴である。

問4. 空欄 ［ A ］ に入る神社として正しいものは、次のうちどれか。

a. 気多大社　　b. 諏訪大社

c. 多賀大社　　d. 松尾大社

c
阿波おどりは徳島市など徳島県内各地で開催される。
cの「はりまや橋」は高知県高知市に所在する。
a.「祖谷そば」は徳島県の名物。
b. 阿波おどりは8月に開催される。
d. 記述のとおりである。

b
御柱祭は諏訪大社（長野県）の例祭。

2
【R1】
国

次の文章を読み、以下の各設問について該当する答を、選択肢の中からそれぞれ1つ選びなさい。

「雪」は冬季の気象現象の一つであるが、雪をテーマとしたイベントは多く、他にも雪を利用したウィンタースポーツ、雪景色の鑑賞など、日本の重要な観光資源の一つにもなっている。イベントでは、迫力ある大雪像や氷像が人気の（ア）さっぽろ雪まつりや、水神を祀る雪室・かまくらで甘酒などが楽しめる"横手の雪まつり"など、各地で雪をテーマとした催しが行われる。また、ウィンタースポーツとして人気の高いスキー、スノーボードを楽しめるスキー場も各地に存在し、近年では、ニセコ町や（イ）湯沢町など、訪日外国人旅行者にも人気となっている地域もある。さらに、雪景色が見られる時期に特に人気がある観光地もあり、ニホンザルが雪景色の温泉に入る姿が見られる（ウ）地獄谷野猿公苑、世界文化遺産でもある合掌造り集落の雪景色をライトアップする ［ A ］ など日本には雪を活かした観光資源は数多い。

問1．下線（ア）が開催される都道府県の郷土料理とし
　　て最も適当なものは、次のうちどれか。

a．ごり汁　　　　b．三平汁
c．のっぺい汁　　d．はらこ飯

b
さっぽろ雪まつりが
開催されるのは北
海道札幌市。

問2．下線（イ）と同じ都道府県にある湖沼として最も
　　適当なものは、次のうちどれか。

a．伊豆沼・内沼　　b．野尻湖
c．瓢湖　　　　　　d．三方五湖

c
越後湯沢温泉で知
られる湯沢町は新
潟県に属する。瓢
湖は新潟県北部の
湖沼 (ラムサール条
約湿地)。

問3．下線（ウ）と同じ都道府県にある城・城跡として
　　最も適当なものは、次のうちどれか。

a．甲府城跡　　b．弘前城　　c．松本城　　d．松山城

c
地獄谷野猿公苑が
あるのは長野県。
長野県に所在する
のはcの松本城 (松
本市)。

問4．　A　に入る観光地として最も適当なものは、
　　次のうちどれか。

a．大内宿　　b．白川郷　　c．奈良井宿　　d．平泉

b
"世界文化遺産で
もある合掌造り集
落の雪景色をライト
アップ"とあるのは
bの白川郷 (岐阜県
白川村)。

3
【H27】
総

瀬戸内しまなみ海道は、広島県の　①　市から愛媛県
の　②　市間を大小10本の橋で結び、中でも来島海
峡に架かる来島海峡大橋は世界初の3連吊橋となってい
る。

P132 ～ 133 参照。
①尾道
②今治

複合問題

4

□□
【H29】
国

次の文章を読み、以下の各設問について該当する答を、選択肢の中からそれぞれ1つ選びなさい。

日本国内には優れた景色を持つ数々の観光地が存在するが、一般に"日本三景"と呼ばれる景勝地には、(ア) 松島、(イ) 天橋立、(ウ) 厳島（宮島）が数えられ、いずれも日本を代表する風光明媚な海や海岸の風景で知られている。

その起源は必ずしも明確ではないものもあるが、日本でも屈指であることを意味する"日本三大〇〇"や"日本三〇〇"といった名数で表現される観光地が多い。例えば、特に美しい景色を持つ庭園とされる"日本三名園"と呼ばれるものには、偕楽園、(エ) 兼六園、(オ) 後楽園が挙げられているほか、とりわけ景観の優れた滝とされる"日本三名瀑"としては、華厳の滝、袋田の滝、(カ) 那智の滝が挙げられている。

問1. 下線（ア）と同じ都道府県にある温泉は、次のうちどれか。

a. 玉川温泉　　　b. あつみ温泉
c. 志戸平温泉　　d. 秋保温泉

問2. 下線（イ）に関する次の記述のうち、正しいものはどれか。

a. 兵庫県にある国の特別名勝で、日本海の宮津湾に位置している。

b. 全長約3.6kmの砂嘴（砂州）でできた砂浜に松が茂る珍しい地形で知られる。

c. 日本海に突き出た半島に海食崖「蘇洞門」の景勝地が見られる。

d. 日本一の高さを誇る灯台があり、ウミネコの繁殖地としても知られる。

---

d

日本三景の松島があるのは宮城県（松島町）。

dの秋保温泉は宮城県仙台市に所在する。

b

a. 天橋立は京都府の宮津湾にある。
c. 蘇洞門は福井県の景勝地。
d. 高さ日本一の灯台は島根県出雲市の出雲日御碕灯台（ウミネコの繁殖地は経島）。

問3．下線（ウ）にある厳島神社に関する次の記述のうち、
　　誤っているものはどれか。

a．平安時代の寝殿造りの建築美で知られる。

b．平清盛の援助を得て、今日のような海上社殿が造営
　　された。

c．満潮時には海に浮かぶように見える大鳥居で知られ
　　る。

d．社殿の南側には春日山原始林が広がっている。

問4．下線（エ）に関する次の記述のうち、誤っている
　　ものはどれか。

a．金沢市中心に位置し、加賀歴代藩主によってつくら
　　れた。

b．詩人・作家の島崎藤村の「千曲川旅情の歌」で知られ、
　　園内に藤村記念館がある。

c．二本脚の"徽軫灯籠"の景色で知られている。

d．冬期には雪害から樹木を守るための"雪吊り"が見
　　られる。

問5．下線（オ）と同じ都道府県にある高原として正し
　　いものは、次のうちどれか。

a．霧降高原　　　b．蓼科高原

c．蒜山高原　　　d．枡水高原

問6．下線（カ）と同じ都道府県にある観光地として誤っ
　　ているものは、次のうちどれか。

a．生駒山　　　b．青岸渡寺

c．潮岬　　　　d．金剛峯寺

d

社殿の南側にある
のは弥山の原始林。
春日山原始林は奈
良県奈良市に所在
する。

厳島神社

b

『千曲川旅情の歌』
で知られ、園内に
藤村記念館がある
のは懐古園（長野
県小諸市）。

兼六園

c

後楽園があるのは
岡山県（岡山市）。
岡山県に所在する
のはcの蒜山高原。

a

那智の滝があるの
は和歌山県（那智
勝浦町）。
aの生駒山は奈良
県と大阪府の県境
に位置する山。
b、c、dはいずれ
も和歌山県に所在
する。

文章を読み、以下の各設問について、該当する答を選択肢の中からそれぞれ1つ選びなさい。

　川や海の自然に恵まれた我が国には数多くの橋が架けられているが、橋は生活に必要なインフラであると共に、景観の美しさや構造的特徴、その歴史などから、観光資源の1つにもなっている。

　淡路島と　A　を結ぶ明石海峡大橋は世界最大級の吊り橋として知られる。また、コバルトブルーの海上に緩やかなカーブを描く(ア)伊良部大橋は美しい景色が写真映えすると人気である。

　景観の他にも、石造りのアーチ水路橋で今も灌漑施設として利用されている(イ)通潤橋、歌川広重の浮世絵にも描かれ両岸から四層のはねぎによって支えられている(ウ)猿橋、木造で五連のアーチを描く(エ)錦帯橋などは、その景観と共に架橋の歴史や技術の高さなども人気の一因となっている。

問1.　　A　に入る街として最も適当なものは、次のうちどれか。
a．神戸市　　b．姫路市　　c．倉敷市　　d．尾道市

問2.　下線(ア)と同じ都道府県にある史跡は、次のうちどれか。
a．西都原古墳群　　　　b．大宰府政庁跡
c．玉陵　　　　　　　　d．吉野ヶ里遺跡

a
明石海峡大橋は淡路島と神戸市を結ぶ吊り橋。

c
伊良部大橋があるのは沖縄県（宮古島と伊良部島との間に架かり、通行無料の橋のなかでは日本最長）。
cの玉陵は那覇市に所在する。

問3．下線（イ）と同じ都道府県で行われる代表的な祭りとして最も適当なものは、次のうちどれか。

a．金刀比羅宮例大祭　　b．山鹿灯籠まつり

c．おはら祭　　　　　　d．唐津くんち

問4．下線（ウ）と同じ都道府県にある温泉は、次のうちどれか。

a．石和温泉　　　　　　b．宇奈月温泉

c．湯田中温泉　　　　　d．和倉温泉

問5．下線（エ）と同じ都道府県にある城・城跡は、次のうちどれか。

a．高知城　　　　　　　b．島原城

c．津山城（鶴山公園）　d．萩城跡（指月公園）

6【H22】総

次の下線部a〜dのうち、誤っているものはどれか。

a．広島県の宮島、b．兵庫県の天橋立と並び称される日本三景の一つ宮城県の松島は、湾内に260を超える島々からなる名勝地で、伊達政宗の菩提寺c．瑞巌寺や松島のシンボルd．五大堂がある。

7【R3】総

次の下線部a〜dのうち、誤っているものはどれか。

瀬戸内しまなみ海道は、「文学のこみち」や千光寺公園などがあるa．尾道から、村上水軍の武具などの歴史資料が展示されている城型資料館b．村上海賊ミュージアムがある因島、国宝、重要文化財の指定を受けた武具類の約8割を収蔵しているといわれる宝物館を有するc．大山祇神社がある大三島などを経て、タオルの産地として知られ、タオル美術館があるd．今治に至る本州四国連絡橋ルートのひとつである。

次の文章を読み、以下の各設問について該当する答を選択肢の中からそれぞれ1つ選びなさい。

(注) 作問の都合上、各空港の愛称名における所在地は省略している。

(例：出雲縁結び空港 → 縁結び空港)

国内の空港には、地域の特徴を印象付け人々に親しまれやすくすることなどを目的として、ユニークな愛称をつけたものも多い。

縁結びの神様で知られる (ア) 出雲大社に近いことから "縁結び空港" の愛称を持つ出雲空港や、タンチョウの生息する地域にふさわしく "たんちょう空港" の愛称を持つ ☐ A ☐ 空港など、地域を代表する観光資源を表した愛称も多い。

他にも、地域にゆかりのある昔話にちなんだ (イ) "桃太郎空港" や、この地域の方言で「新鮮な」を 意味し地元の海産物をイメージさせる (ウ) "きときと空港"、地域の有名な祭りにちなんだ (エ) "阿波おどり空港" など、ユニークな愛称は地域の観光資源を印象付けるのにも役立っている。

問1．下線 (ア) と同じ都道府県にある温泉地は、次のうちどれか。

a．三朝温泉　　　　　b．山代温泉
c．温泉津温泉　　　　d．湯の花温泉

問2．☐ A ☐ に入る地名として最も適当なものは、次のうちどれか。

a．釧路　　b．能登　　c．庄内　　d．但馬

c
出雲大社があるのは島根県出雲市。cの温泉津温泉は島根県大田市にある (世界遺産「石見銀山遺跡とその文化的景観」の構成資産の一つ)。

a
「たんちょう釧路空港」の愛称を持つのは北海道の釧路空港。釧路湿原は道内有数のタンチョウ生息地。

問3．下線（イ）と同じ都道府県で行われる代表的な祭りとして最も適当なものは、次のうちどれか。

a．お水取り（修二会）　　b．西大寺会陽
c．山鹿灯籠まつり　　　　d．玉取祭（玉せせり）

b

「岡山桃太郎空港」の愛称を持つのは岡山県の岡山空港。bの西大寺会陽は同県岡山市の西大寺の例祭。

問4．下線（ウ）と同じ都道府県の郷土料理として最も適当なものは、次のうちどれか。

a．三平汁　　　　　　　b．いちご煮
c．へぎそば　　　　　　d．ます寿し

d

「富山きときと空港」の愛称を持つのは富山県の富山空港。dのます寿しは富山県を代表する郷土料理。

問5．下線（エ）と同じ都道府県にある景勝地は、次のうちどれか。

a．大歩危・小歩危　　　b．桂浜
c．蘇洞門　　　　　　　d．瀞峡

a

「徳島阿波おどり空港」の愛称を持つのは徳島県の徳島空港。aは徳島県を流れる吉野川流域の景勝地。

9
□□
【R3】
国

西日本旅客鉄道（JR西日本）およびIRいしかわ鉄道の観光列車「花嫁のれん」の沿線で訪れることができる温泉の最寄駅（観光列車停車駅）は、次のうちどれか。

a．芦原温泉　　　　　　b．和倉温泉
c．別所温泉　　　　　　d．宇奈月温泉

b

「花嫁のれん」は石川県内の金沢駅－和倉温泉駅間を運行する特急列車（全車指定席）。

次の文章を読み、以下の各設問について該当する答を、選択肢の中からそれぞれ1つ選びなさい。

　山が多く水に恵まれた我が国には河川が多く、各地に"川下り""ライン下り""舟下り"などと呼ばれる河川を利用した観光資源が存在する。

　川下りには、急流のスリルを楽しむものや町中の水路から景色を楽しむものなど、さまざまなタイプがあるが、亀岡から (ア) 嵐山までの保津川を下る「保津川下り」は急流のスリルと渓谷美が人気。一方、砂鉄川沿いの奇岩で知られる「(イ) 猊鼻渓舟下り」では船頭が唄う「げいび追分」と共にゆっくりと景色を楽しめるほか、国の名勝・天然記念物に指定された名所であり"岩畳"で知られる荒川上流域の「 A ライン下り（荒川ライン下り）」はコースによって急流も緩やかな流れも楽しめる。また、北原白秋のふるさと (ウ) 柳川の「川下り」のように市内にめぐらされた堀割を舟で行き来するものや、水郷・(エ) 潮来の「十二橋めぐり」のように水路から街の景色を楽しむものなどもあり、さまざまな川下りは老若男女を問わず人気が高い。

問1. 下線（ア）のエリアに最も近く、世界文化遺産「古都京都の文化財（京都市・宇治市・大津市）」の構成資産の1つでもある社寺は、次のうちどれか。

a. 清水寺　　b. 下鴨神社　　c. 醍醐寺　　d. 天龍寺

> d
> a〜dはいずれも京都市内にあるが、嵐山エリアにあるのはdの天龍寺のみ。

問2. 下線（イ）と同じ都道府県にある温泉は、次のうちどれか。

a. かみのやま温泉　　　　b. 下部温泉
c. つなぎ温泉　　　　　　d. 道後温泉

> c
> 猊鼻渓があるのは岩手県。
> 岩手県に所在するのはcのつなぎ温泉。

問3. ［　A　］に入る観光地として最も適当なものは、次のうちどれか。

a．吾妻峡　　b．長瀞　　c．寝覚の床　　d．龍王峡

問4. 下線（ウ）と同じ都道府県で行われる祭りとして最も適当なものは、次のうちどれか。

a．鷺舞　　　　　　　b．唐津くんち
c．先帝祭　　　　　　d．玉取祭（玉せせり）

問5. 下線（エ）と同じ都道府県を代表する名物料理として最も適当なものは、次のうちどれか。

a．あんこう鍋　　　　b．きりたんぽ
c．ごり汁　　　　　　d．へぎそば

11
□□
【R4】
総

両側を海に囲まれた独特の地形が眺望でき、写真の夜景が満喫できる展望台のある山は、次のうちどれか。

［写真］

a．稲佐山　　b．函館山　　c．藻岩山　　d．六甲山

複合問題

231

次の文章を読み、以下の各設問について該当する答を、選択肢の中からそれぞれ1つ選びなさい。

四季の自然が美しいわが国では、花は人気の高い観光資源のひとつとなっている。

とくに、春を彩る「桜」は、その名所と呼ばれる場所が各地にあり、城跡とコヒガンザクラの調和が美しい(ア)高遠、シロヤマザクラを中心とした桜に全山が覆われ、一目に千本見えるという意で「一目千本」とも表現される A 、推定樹齢1000年を超えるベニシダレザクラの巨木で知られる(イ)三春滝桜など、桜の種類や風景もまたそれぞれに違った趣がある。

問1. 下線(ア)と同じ都道府県にある建造物は、次のうちどれか。

a. 旧開智学校　　　　b. 小泉八雲旧居
c. 五大堂　　　　　　d. 山居倉庫

問2. A に入る観光地として最も適当なものは、次のうちどれか。

a. 生駒山　b. 伊吹山　c. 吉野山　d. 若草山

問3. 下線(イ)と同じ都道府県にある城・城址は、次のうちどれか。

a. 会津若松城　　　　b. 彦根城
c. 松本城　　　　　　d. 米沢城址

a
高遠があるのは長野県。
aの旧開智学校は長野県松本市に所在する。

c
"一目千本"と表現される千本桜があるのはcの吉野山(奈良県)。

a
三春滝桜があるのは福島県の三春町。
aの会津若松城は福島県会津若松市に所在する。

ドラマの舞台　〜ロケーション・ツーリズム〜

　新設の**国立公園**や新規登録された**世界遺産**が試験で出題されやすいのはよく知られていますが、このほか、注目すべきテーマの一つが**ロケーション・ツーリズム**[※]に関連した出題です。観光誘致の効果が高いことから、旅行を企画するうえで**人気作品の舞台**をチェックすることはたいへん重要な意味をもちます。なかでも、試験でよく取り上げられているのが NHK の**大河ドラマ**と**連続テレビ小説**です（下表参照。2022 年 12 月末時点の情報に基づく）。

※ドラマやアニメ、映画などの舞台（主人公ゆかりの地、物語の舞台、撮影地など）を訪れることを目的とした観光スタイルのこと。

NHK 大河ドラマ（2023 年〜 2024 年）

放送年度	タイトル（主人公／主なロケーションなど）
2023	**どうする家康**（誰もが知る歴史上の偉人**徳川家康**の生涯を描く／生誕の地**愛知県岡崎市**、ゆかりの地**静岡県浜松市**ほか）
2024	**光る君へ**（平安のベストセラー『**源氏物語**』の作者 **紫 式部**／**京都府京都市**、源氏物語を起筆したとされる**滋賀県大津市の石山寺**など）

NHK 連続テレビ小説（2022 年〜 2024 年）

放送年度		タイトル（主人公／主なロケーションなど）
2022	後期	**舞い上がれ！**（長崎県・五島列島、大阪府東大阪市など）
2023	前期	**らんまん**（**高知県**が生んだ「日本植物学の父」**牧野富太郎の生涯**）
	後期	**ブギウギ**（モデルは香川県生まれ大阪育ちの大スター**笠置シヅ子**）
2024	未定	

　例えば、大河ドラマでは 2018 年の『西郷どん』から**"奄美大島""仙巌園"**（▶ P152 **6**、▶ P195 **40**）、2020 年の『麒麟がくる』から**"西教寺"**（▶ P96 **7**）、2022 年の『鎌倉殿の 13 人』から**"鶴岡八幡宮""三嶋大社"**（▶ P57 **7**、▶ P81 **7**）などが出題され、連続テレビ小説では、2014 年の『マッサン』から**"余市町"**（▶ P14 **6**、▶ P193 **27**）、2015 年の『まれ』から**"白米千枚田"**（▶ P75 **5**）、2019 年の『スカーレット』から**"信楽"**（▶ P196 **48**）などが、それぞれ出題されています。

　一定の期間にわたり放送され、**性別や趣味嗜好、世代を問わず幅広く視聴される**これらのドラマは、試験対策上も注目度「高」です。**放送年度**（連続テレビ小説はその翌年度を含む）**に実施される試験で出題されやすい**ため、ドラマ公式 HP などで概要をチェックしておきましょう！

朴葉味噌（岐阜県）

干した朴葉を水洗いし、みそ、野菜をのせて火で炙る。

治部煮（石川県）

鴨・鶏などの肉と野菜の煮物。小麦粉でとろみをつけるのが特徴。

ままかり（岡山県）

「ご飯（まま）を借りてくるほどおいしい」とされるサッパ（ニシン科の小魚）を酢漬け、寿司、焼き魚などで。

めはりずし（和歌山県）

高菜の葉の漬物でくるんだおにぎり。

ほたるいか料理（富山県）

ます寿司（富山県）

卓袱料理（長崎県）

刺身、湯引き、豚の角煮、てんぷらなどが大皿に盛られ、彩り豊かに円卓に並ぶ。

鮒ずし（滋賀県）

琵琶湖産のニゴロブナなどを発酵させてつくる。

辛子蓮根（熊本県）

辛子みそをつめた蓮根の揚げ物。

三輪そうめん（奈良県）

皿鉢料理（高知県）

刺身、かつおのたたき、煮物、揚げ物など、山海の味覚を大皿に盛りつける。

かるかん（鹿児島県）

関さば・関あじ・城下かれい（大分県）

豚骨料理（鹿児島県）

鶏飯（鹿児島県）

＼ぎそば（新潟県）
「＼ぎ」と呼ばれる四角い器に
くち分ずつ盛り付けられる
が特徴（魚沼地方発祥）。

三平汁（北海道）
<small>さんぺいじる</small>

サケ（タラ、ニシンなど）と
野菜を煮込んだ塩味の鍋。

ルイベ（北海道）
凍らせたサケ、マスなどの刺
身。

いちご煮（青森県）
ウニとアワビの吸い物。

きりたんぽ鍋（秋田県）
すりつぶしたご飯を串にまき
つけて焼いた「きりたんぽ」
を野菜とともに鍋に。

わんこそば（岩手県）
椀盛りのそば。空になると次
のそばが投げ入れられる。

わっぱめし（福島県）
ご飯とサケ、イクラなどの具材を
曲げわっぱに入れて蒸しあげる。

しょっつる鍋（秋田県）
ハタハタや野菜を魚しょう（魚
からつくったしょうゆ）で味
付けした鍋。

稲庭うどん（秋田県）
<small>いなにわ</small>

野沢菜漬
（長野県）

ほうとう
（山梨県）
平たい太麺、カ
ボチャなどの野
菜のみそ煮込み。

安倍川餅（静岡県）
<small>あ べ かわもち</small>

餅に砂糖ときな粉をまぶした
和菓子。

手こね寿司（三重県）
タレに漬け込んだカツオ、マ
グロなどの赤身を酢飯とあ
わせて。漁師が手でこねてつ
くったのが名前の由来。

ラフテー
（沖縄県）

チャンプルー
（沖縄県）

ソーキそば
（沖縄県）

信楽焼（滋賀県）

甲賀市信楽が産地。狸の置物が有名で食器、花器なども。日本六古窯の一つ。

常滑焼（愛知県）

瀬戸焼（愛知県）

九谷焼（石川県）

越前焼（福井県）

越前竹人形（福井県）

山鹿灯籠（熊本県）

木や金具を使わず、和紙と糊だけを使って緻密かつ精巧に組み上げるのが特徴。

丸亀うちわ（香川県）

金刀比羅宮**参拝**（金毘羅参り）のお土産「丸金印の渋うちわ」。うちわの生産量は国内シェア1位。

久留米絣（福岡県）

有田焼（佐賀県）

ビードロ（長崎県）

吹くと音が鳴る玩具や酒器が有名。

大谷焼（徳島県）

赤膚焼（奈良県）

小鹿田焼（大分県）

砥部焼（愛媛県）

今治タオル（愛媛県）

吸水性の高さが自慢のジャパンブランド。

伊予絣（愛媛県）

西陣織（京都府）

清水焼（京都府）

236

無名異焼（新潟県）

小千谷縮（新潟県）

大館曲げわっぱ（秋田県）

うすくはいだ秋田杉を煮沸し、曲げ加工したもの。弁当箱やお櫃が有名。

南部鉄器（岩手県）

南部藩の城下町・盛岡市を中心に製造。茶の湯釜、鉄瓶のほかキッチン用品も。

鳴子こけし（宮城県）

首を回すと音が出るのが特徴。鳴子温泉の土産に。

天童将棋駒（山形県）

江戸後期、天童織田藩の財政難を受けて藩士の内職として始まったのが起源。

結城紬（茨城県）

笠間焼（茨城県）

三春駒（福島県）

三春張り子（福島県）

高崎だるま（群馬県）

益子焼（栃木県）

黄八丈（東京都）

八丈島に自生する植物を利用した草木染めの絹織物。

大島紬（鹿児島県）

奄美大島を発祥の地とする絹織物。

甲州印伝（山梨県）

染色した鹿皮に漆で模様付けし、財布やバッグ、小物入れなどに加工。

紅型（沖縄県）

芭蕉布（沖縄県）

壺屋焼（沖縄県）

和倉温泉
石川県 七尾市

七尾湾に面し、塩分を多く含んだ「海の温泉」。

瀬波温泉
新潟県 村上市

市内を流れる三面川を遡上してきたサケ料理と、日本海に沈む夕日で知られる。

宇奈月温泉
富山県 黒部市

黒部峡谷の観光拠点。峡谷を縫うようにトロッコ電車が走る。

赤倉温泉
新潟県 妙高市

妙高山の中腹に位置し、高台から日本海を望む。

片山津温泉
石川県 加賀市

霊峰白山を望む柴山潟の湖畔にあり、山代、山中、粟津の各温泉とともに加賀温泉郷を構成する。

別所温泉
長野県 上田市

安楽寺八角三重塔、常楽寺などの古寺がある塩田平に近く、信州の鎌倉とも。

伊香保温泉
群馬県 渋川市

徳冨蘆花の小説『不如帰』の舞台。365 段の石段が温泉街のシンボル。

芦原温泉
福井県 あわら市

福井県随一の温泉地。東尋坊、永平寺などの観光拠点。

浅間温泉
長野県 松本市

城下町松本の奥座敷。

草津温泉
群馬県 草津町

「湯もみ」や「時間湯」でも知られる名湯。温泉の中心には湯畑が広がる。

昼神温泉
長野県 阿智村

南信州の山あい、星空観測ツアーが人気の阿智村にある。

下部温泉
山梨県 身延町

武田信玄の隠し湯とされる。近くに身延山久遠寺。

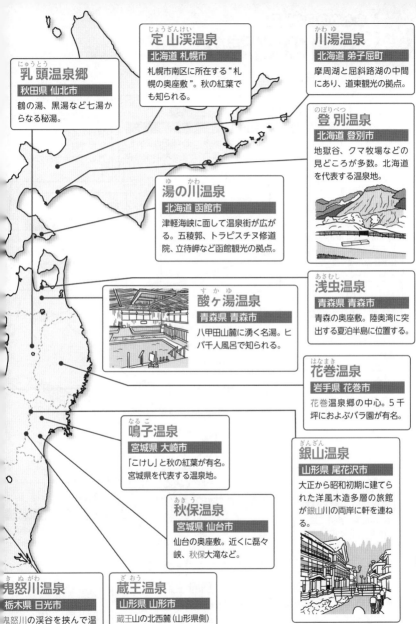

定山渓温泉
北海道 札幌市
札幌市南区に所在する"札幌の奥座敷"。秋の紅葉でも知られる。

川湯温泉
北海道 弟子屈町
摩周湖と屈斜路湖の中間にあり、道東観光の拠点。

乳頭温泉郷
秋田県 仙北市
鶴の湯、黒湯など七湯からなる秘湯。

登別温泉
北海道 登別市
地獄谷、クマ牧場などの見どころが多数。北海道を代表する温泉地。

湯の川温泉
北海道 函館市
津軽海峡に面して温泉街が広がる。五稜郭、トラピスチヌ修道院、立待岬など函館観光の拠点。

浅虫温泉
青森県 青森市
青森の奥座敷。陸奥湾に突出する夏泊半島に位置する。

酸ヶ湯温泉
青森県 青森市
八甲田山麓に湧く名湯。ヒバ千人風呂で知られる。

花巻温泉
岩手県 花巻市
花巻温泉郷の中心。5千坪におよぶバラ園が有名。

鳴子温泉
宮城県 大崎市
「こけし」と秋の紅葉が有名。宮城県を代表する温泉地。

銀山温泉
山形県 尾花沢市
大正から昭和初期に建てられた洋風木造多層の旅館が銀山川の両岸に軒を連ねる。

秋保温泉
宮城県 仙台市
仙台の奥座敷。近くに磊々峡、秋保大滝など。

鬼怒川温泉
栃木県 日光市
鬼怒川の渓谷を挟んで温泉街が広がる。日光の社寺の観光拠点として訪日観光客にも人気。

蔵王温泉
山形県 山形市
蔵王山の北西麓（山形県側）に湧く温泉。樹氷観光やスキーヤーに人気。

玉造温泉
島根県 松江市
出雲大社、宍道湖など、松江観光の拠点。

皆生温泉
鳥取県 米子市
境港に近い海辺の温泉地。国内トライアスロン発祥の地。

三朝温泉
鳥取県 三朝町
世界でも屈指のラジウム温泉で高濃度のラドンを含む。湯治目的の利用も多い。

嬉野温泉
佐賀県 嬉野市
江戸時代には長崎街道の宿場町として栄え、嬉野川の清流沿いに風情ある温泉旅館が立ち並ぶ。

奥津温泉
岡山県 鏡野町
湯原温泉、湯郷温泉とともに美作（みまさか）三湯の一つ。河原の露天風呂で行われる足踏み洗濯で知られる。

黒川温泉
熊本県 南小国町
入湯手形での露天風呂巡りと、風情ある街並みが人気。

温泉津温泉
島根県 大田市
石見銀山の積出港として栄えた温泉津。温泉街には石州瓦の家並みが続く。

山鹿温泉
熊本県 山鹿市
山鹿灯籠民芸館、芝居小屋・八千代座などが見どころ。山鹿灯籠まつり（8月）で有名。

由布院温泉
大分県 由布市
由布岳の麓。金鱗湖周辺の散策や田園地帯を巡る辻馬車が人気。

道後温泉
愛媛県 松山市
重要文化財の本館は道後温泉のシンボル。夏目漱石の『坊つちゃん』に登場。

指宿温泉
鹿児島県 指宿市
薩摩半島の南端。浴衣姿で温泉の砂をかぶる「砂蒸し」が有名。

別府温泉
大分県 別府市
鉄輪、観海寺などによる別府八湯の中心。日本を代表する一大温泉地。

城崎温泉
兵庫県 豊岡市
一の湯、まんだら湯など7つの外湯巡りが楽しめる。近くに洞窟・玄武洞。

奥飛騨温泉郷
岐阜県 高山市
北アルプスの麓に湧く五湯（平湯、新平湯、福地、新穂高、栃尾温泉）の総称。

有馬温泉
兵庫県 神戸市
六甲山麓。日本書紀にも記され、兵庫県を代表する歴史ある古湯。

下呂温泉
岐阜県 下呂市
有馬、草津と並ぶ日本三名泉の一つ。ＪＲ高山本線下呂駅からすぐ。

修善寺温泉
静岡県 伊豆市
古刹・修禅寺があり、その前に湧く伊豆最古の温泉・独鈷の湯で知られる。

独鈷の湯

舘山寺温泉
静岡県 浜松市
浜名湖に突き出た庄内半島に湧く。

雄琴温泉
滋賀県 大津市
琵琶湖の西岸。比叡山の伝教大師・最澄が開湯したとされる。

白浜温泉
和歌山県 白浜町
パンダの多頭飼育で知られるアドベンチャーワールド、景勝地・三段壁、南方熊楠記念館など周辺に見どころ多数。

南紀勝浦温泉
和歌山県 那智勝浦町
那智の滝など、熊野観光の拠点。眼前に海を望む洞窟風呂が人気。

洞窟風呂（忘帰洞）

5 小説の旅ー文学作品の舞台ー

『城崎にて』志賀直哉

城崎温泉（兵庫県）

主人公が療養で訪れた城崎温泉が舞台。命、生死といったものを主人公の視点で描いた短編小説。

『夜明け前』島崎藤村

馬籠（岐阜県）

藤村の生誕地・馬籠を舞台に、藤村の実父をモデルとする主人公の激動の人生を描いた大作。"木曽路はすべて山の中である"の書き出しで知られる。

『高瀬舟』森鴎外

京都市（高瀬川／京都府）

江戸時代、京都から大坂への護送舟「高瀬舟」での、役人と罪人とのやり取りを描いた短編小説。

『ゼロの焦点』松本清張

能登金剛（石川県）

昭和の北陸を舞台にした推理小説。事件の舞台として能登金剛が登場する。

『坊っちゃん』夏目漱石

道後温泉（愛媛県）

『恩讐の彼方に』菊池寛

耶馬渓（青ノ洞門／大分県）

自らの悪業を悔い、出家した主人公が、20年以上の歳月をかけて難所にトンネル（洞門）を完成させる。

『二十四の瞳』壺井栄

小豆島（香川県）

戦前から戦後にかけて、瀬戸内海を舞台に女性教師とその教え子12人の交流・生き様を描いた物語。

『天平の甍』井上靖

唐招提寺（奈良県）

遣唐使として大陸に渡った主人公が、高僧鑑真を日本に招くまでを史実に基づき描いた歴史小説。

『紀ノ川』有吉佐和子

紀ノ川（和歌山県）

紀州の旧家に生まれた女性たちが主人公。川を舟で下る嫁入りの様子など、物語の随所で紀ノ川が登場する。

『氷点』三浦綾子

旭川市（北海道）

『遠野物語』柳田國男

遠野市（岩手県）

河童や天狗、ザシキワラシなど、遠野地方の伝承・民話を集めた逸話集。

『雪国』川端康成

越後湯沢温泉（新潟県）

"国境の長いトンネルを抜けると雪国であった"
有名な書き出しで始まる名作。

『河童』芥川龍之介

上高地（長野県）

上高地から穂高岳に向かう途中で河童の世界に迷い込んだ男が、その奇妙な体験を語る。

『不如帰』徳冨蘆花

伊香保温泉（群馬県）

『大菩薩峠』中里介山

大菩薩峠（山梨県）

時代は幕末。主人公の剣士による大菩薩峠での辻斬りから物語が始まる。

『伊豆の踊子』川端康成

天城峠・湯ケ野温泉（静岡県）

伊豆を舞台に、主人公の学生と踊り子たち旅芸人の一行との心の交流が描かれている。

氷と雪の祭典で道内最大規模のイベント。メイン会場は大通公園。

神宮寺で汲まれ、遠敷川に流された「お香水」が10日後に東大寺二月堂（奈良県）で汲み上げられる（お水取り）。

色鮮やかな装束で着飾った100頭ほどの馬と馬主が、滝沢市鬼越蒼前神社から盛岡八幡宮まで行進する。"チャグチャグ"は馬につけられた鈴の音。

名称（開催地）	開催月	名称（開催地）
若草山焼き（奈良県奈良市）	1月	玉取祭（玉せせり）（福岡県福岡市）
さっぽろ雪まつり（北海道札幌市）	2月	西大寺会陽（岡山県岡山市）
お水送り（福井県小浜市）	3月	お水取り〔修二会〕（奈良県奈良市）
輪王寺強飯式（栃木県日光市）	4月	信玄公祭り（山梨県甲府市）
神田祭（東京都千代田区）		三社祭（東京都台東区）
黒船祭（静岡県下田市）		先帝祭（山口県下関市）
葵祭（京都府京都市）	5月	博多どんたく（福岡県福岡市）
ひろしまフラワーフェスティバル（広島県広島市）		那覇ハーリー（沖縄県那覇市）
YOSAKOIソーラン祭り（北海道札幌市）		ウェストン祭（長野県松本市／上高地）
チャグチャグ馬コ（岩手県盛岡市ほか）	6月	金沢百万石まつり（石川県金沢市）

触れると悪事災難を逃れ幸運を授かるといわれる陽の玉をめぐる競り子の争奪戦。筥崎宮の正月行事。

浅草神社の例大祭。下町浅草が1年でもっとも活気付くといわれ、勇壮・華やかに神輿が練り歩く。

壇ノ浦の戦いにより、幼くして入水・崩御された先帝・安徳天皇をしのび、赤間神宮で行われる神事。

金沢駅前から金沢城公園までの豪華絢爛な百万石行列が最大の見どころ。

名称（開催地）	開催月	名称（開催地）
相馬野馬追（福島県相馬市ほか）	7月	祇園祭（京都府京都市）
津和野の鷺舞（島根県津和野町）		那智の火祭（扇祭）（和歌山県那智勝浦町）
青森ねぶた祭（青森県青森市）		竿燈まつり（秋田県秋田市）
仙台七夕まつり（宮城県仙台市）	8月	花笠まつり（山形県山形市）
阿波踊り（徳島県徳島市）		吉田の火祭り（山梨県富士吉田市）
よさこい祭り（高知県高知市）		山鹿灯籠まつり（熊本県山鹿市）
こきりこ祭り（富山県南砺市）	9月	おわら風の盆（富山県富山市）
時代祭（京都府京都市）	10月	長崎くんち（長崎県長崎市）
箱根大名行列（神奈川県箱根町）	11月	唐津くんち（佐賀県唐津市）
秩父夜祭（埼玉県秩父市）	12月	なまはげ（秋田県男鹿市）

総大将の出陣式を皮切りに、約500余騎の騎馬武者が戦国時代絵巻を繰りひろげる。

津和野の弥栄神社の例祭。二羽の鷺に扮して舞う古典芸能神事。

"踊る阿呆に見る阿呆…"のフレーズで知られる盆踊り。連（れん）と呼ばれる団体ごとに踊るのが特徴。

秩父神社の例大祭。勇壮な屋台囃子を打ち鳴らし、笠鉾2基と屋台4基の山車が町中を曳き回される。冬の夜空を彩る花火が美しい。

八坂神社の例祭。宵山、山鉾巡行が見どころ。葵祭（5月）、時代祭（10月）とともに京都三大祭の一つ。

提灯が稲穂のように揺らめく竿燈を巧みに操り、その力と技を競う。秋田の夏の風物詩。

富山市南西部、山あいの坂の町・八尾で開催される盆踊り。三味線、胡弓、太鼓の調べにあわせ優美に流し歩く。

荘厳華麗な14基の曳山が旧城下町を巡行する様が壮観。

まとめの図表

名称（都道府県）	公園に含まれる主な観光資源
利尻礼文サロベツ （北海道）	利尻島、礼文島、サロベツ原野
知床 （北海道）	知床岬、知床五湖、羅臼岳、羅臼温泉、カムイワッカ湯の滝、カムイワッカの滝、フレペの滝
阿寒摩周 （北海道）	雌阿寒岳、阿寒湖、摩周湖、屈斜路湖、神の子池、砂湯、美幌峠、川湯温泉、硫黄山（アトサヌプリ）、オンネトー
釧路湿原 （北海道）	釧路湿原、釧路川
大雪山 （北海道）	旭岳、十勝岳、層雲峡、天人峡、然別湖
支笏洞爺 （北海道）	支笏湖、洞爺湖、羊蹄山、有珠山、登別温泉、定山渓温泉
十和田八幡平 （青森・岩手・秋田）	十和田湖、奥入瀬渓流、八甲田山、八幡平、岩手山、酸ヶ湯温泉、蔦温泉、乳頭温泉郷、後生掛温泉、玉川温泉
三陸復興 （青森・岩手・宮城）	蕪島、種差海岸、階上岳、小袖海岸、北山崎、浄土ヶ浜、碁石海岸、巨釜・半造、牡鹿半島、金華山
磐梯朝日 （山形・福島・新潟）	出羽三山（羽黒山、月山、湯殿山）、朝日連峰、飯豊連峰、磐梯山、磐梯高原、安達太良山、猪苗代湖、五色沼、桧原湖、土湯温泉
日光 （福島・栃木・群馬）	白根山、男体山、那須岳、日光東照宮、輪王寺、二荒山神社、華厳滝、中禅寺湖、戦場ヶ原、川治温泉、湯西川温泉、鬼怒川温泉、那須湯本温泉、塩原温泉郷
尾瀬 （福島・栃木・群馬・新潟）	尾瀬沼、尾瀬ヶ原、至仏山、燧ヶ岳、田代山、帝釈山
上信越高原 （群馬・新潟・長野）	白根山、浅間山、鬼押出し、志賀高原、地獄谷野猿公苑、草津温泉、四万温泉、万座温泉、野反湖
妙高戸隠連山 （長野・新潟）	飯縄山、妙高山、黒姫山、戸隠山、野尻湖、赤倉温泉
秩父多摩甲斐 （埼玉・東京・山梨・長野）	雲取山、奥多摩湖、御岳山、日原鍾乳洞、御岳昇仙峡、大菩薩峠、西沢渓谷
小笠原 （東京）	父島、母島
富士箱根伊豆 （東京・神奈川・山梨・静岡）	富士山、富士五湖、芦ノ湖、伊豆諸島、石廊崎、城ヶ崎、箱根温泉郷、熱川温泉
中部山岳 （新潟・長野・富山・岐阜）	白馬岳、乗鞍岳、槍ヶ岳、穂高岳、焼岳、立山黒部アルペンルート、上高地（大正池、河童橋）、平湯温泉、新穂高温泉、白骨温泉

名称（都道府県）	公園に含まれる主な観光資源
白山 （富山・石川・福井・岐阜）	御前峰、大汝峰、剣ヶ峰、千蛇ヶ池
南アルプス （山梨・長野・静岡）	赤石岳、仙丈ヶ岳、北岳、甲斐駒ヶ岳
伊勢志摩 （三重）	英虞湾、賢島、二見浦、大王崎、伊勢神宮、朝熊山
吉野熊野 （三重・奈良・和歌山）	吉野山、熊野三山（熊野本宮大社、熊野速玉大社、熊野那智大社）、青岸渡寺、那智の滝、瀞峡、潮岬、南紀勝浦温泉、湯の峰温泉、川湯温泉
山陰海岸 （京都・兵庫・鳥取）	浦富海岸、鳥取砂丘、玄武洞、城崎温泉
瀬戸内海 （大阪・兵庫・和歌山・岡山・広島・山口・香川・徳島・愛媛・福岡・大分）	六甲山、淡路島、鷲羽山、鞆の浦、因島、生口島、厳島、鳴門海峡、小豆島、屋島、大三島、佐田岬
大山隠岐 （鳥取・島根・岡山）	大山、三徳山（三佛寺）、三瓶山、蒜山高原、日御碕、美保関、隠岐諸島（国賀海岸）、出雲大社
足摺宇和海 （愛媛・高知）	足摺岬、竜串、見残し、滑床渓谷
西海 （長崎）	平戸島、九十九島、五島列島
雲仙天草 （長崎・熊本・鹿児島）	雲仙岳、仁田峠、天草五橋、高舞登山、雲仙温泉
阿蘇くじゅう （熊本・大分）	阿蘇山、草千里ヶ浜、菊池渓谷、やまなみハイウェイ、九重山、久住高原、由布岳、城島高原、内牧温泉
霧島錦江湾 （宮崎・鹿児島）	霧島山、桜島、開聞岳、えびの高原、池田湖、佐多岬、長崎鼻、霧島温泉郷
屋久島 （鹿児島）	宮之浦岳、永田浜、口永良部島
奄美群島 （鹿児島）	奄美大島、徳之島、与論島、沖永良部島、喜界島
やんばる （沖縄）	与那覇岳、大石林山、辺戸岬、茅打バンタ、比地大滝、塩屋湾
慶良間諸島 （沖縄）	慶良間諸島の島々（渡嘉敷島、座間味島、阿嘉島、慶留間島など）および周辺海域
西表石垣 （沖縄）	西表島、石垣島、竹富島、小浜島、波照間島

	登録名	都道府県	登録年度	分類
①	**法隆寺地域の仏教建造物**	奈良	1993年	文化
	聖徳太子（厩戸皇子）ゆかりの法隆寺（世界最古の木造建築物）と法起寺			
②	**姫路城**	兵庫	1993年	文化
	白壁で統一された優美な外観（白鷺城）			
③	**屋久島**	鹿児島	1993年	自然
	縄文杉をはじめとする樹齢千年以上の屋久杉原生林			
④	**白神山地**	青森・秋田	1993年	自然
	世界最大級のブナの原生林			
⑤	**古都京都の文化財**	京都・滋賀	1994年	文化
	京都市・宇治市（京都府）、大津市（滋賀県）に点在する17の社寺および城 賀茂別雷神社（上賀茂神社）、賀茂御祖神社（下鴨神社）、教王護国寺（東寺）、清水寺、延暦寺（滋賀・大津市）、醍醐寺、仁和寺、平等院、宇治上神社、高山寺、西芳寺（苔寺）、天龍寺、龍安寺、鹿苑寺（金閣寺）、本願寺（西本願寺）、二条城、慈照寺（銀閣寺）			
⑥	**白川郷・五箇山の合掌造り集落**	岐阜・富山	1995年	文化
	白川郷（岐阜・白川村荻町）、五箇山（富山・南砺市）の茅葺き合掌造り家屋			
⑦	**原爆ドーム**	広島	1996年	文化
	原爆投下による惨禍を後世に伝える			
⑧	**厳島神社**	広島	1996年	文化
	厳島（宮島）の北部、瀬戸内海の入り江に建つ朱塗りの社殿・大鳥居が印象的な神社（前面の海および背後の弥山原始林を含む）			
⑨	**古都奈良の文化財**	奈良	1998年	文化
	東大寺（現在は分離されている正倉院を含む）、興福寺、春日大社、春日山原始林、元興寺、薬師寺、唐招提寺、平城宮跡			
⑩	**日光の社寺**	栃木	1999年	文化
	日光東照宮、二荒山神社、輪王寺の2社1寺に属する103棟の建造物群と、これらを取り巻く遺跡（文化的景観）			

	登録名	都道府県	登録年度	分類
⑪	**琉球王国のグスク及び関連遺産群**	沖縄	2000 年	文化
	琉球王国の歴史的建造物 【今帰仁村】今帰仁城跡 【うるま市】勝連城跡 【読谷村】座喜味城跡 【北中城村】中城城跡 【南城市】斎場御嶽 【那覇市】首里城跡、園比屋武御嶽石門、玉陵、識名園			
⑫	**紀伊山地の霊場と参詣道**	三重・奈良・和歌山	2004 年	文化
	「吉野・大峯」「高野山」「熊野三山」の三霊場と参詣道 【吉野・大峯】吉野山、金峯山寺、大峰山寺など 【高野山】金剛峯寺、慈尊院など 【熊野三山】熊野本宮大社、熊野速玉大社、熊野那智大社、青岸渡寺、那智の滝、那智原始林、 　補陀洛山寺など			
⑬	**知床**	北海道	2005 年	自然
	知床岬、羅臼岳、知床五湖、カムイワッカ湯の滝、カムイワッカの滝、フレペの滝、羅 臼温泉など			
⑭	**石見銀山遺跡とその文化的景観**	島根	2007 年	文化
	銀鉱山跡と鉱山町、石見銀山街道、周辺の港と港町（温泉津の温泉街を含む）など			
⑮	**小笠原諸島**	東京	2011 年	自然
	独自の進化を遂げた固有の動植物が生息する「東洋のガラパゴス」 聟島列島、父島列島（一部の海域を含む）、母島列島（一部の海域を含む）、西之島、北硫黄島、 南硫黄島の全域（父島、母島は一部地域）			
⑯	**平泉－仏国土（浄土）を表す建築・庭園及び考古学的遺跡群－**	岩手	2011 年	文化
	仏国土（浄土）が表現された**奥州藤原氏ゆかりの地** 中尊寺（金色堂）、毛越寺（浄土庭園）、観自在王院跡、無量光院跡、金鶏山			
⑰	**富士山－信仰の対象と芸術の源泉**	静岡・山梨	2013 年	文化
	古くから信仰を集め、壮麗な姿から数多くの芸術作品にも描かれた富士山の山域および 周辺の神社・湖沼など 富士山域（山頂の信仰遺跡群、大宮・村山口登山道、須山口登山道、須走口登山道、吉 田口登山道、北口本宮富士浅間神社、西湖、精進湖、本栖湖）、富士山本宮浅間大社、山 中湖、河口湖、忍野八海、白糸ノ滝、三保松原など			
⑱	**富岡製糸場と絹産業遺産群**	群馬	2014 年	文化
	養蚕・製糸に関する技術革新および国際的な技術交流により、世界の絹産業の発展と絹 の大衆化をもたらした産業遺産の集合体 富岡製糸場、田島弥平旧宅、高山社跡、荒船風穴			

	登録名	都道府県	登録年度	分類
⑲	**明治日本の産業革命遺産 製鉄・製鋼、造船、石炭産業**	福岡・佐賀・長崎・熊本・鹿児島・山口・岩手・静岡	2015年	文化

幕末から明治にかけて日本の近代化に大きな影響を与えた重工業分野（製鉄・製鋼、造船、石炭の各産業）に関連する産業遺産群
◆ 構成資産は8県11市に分布する全23件（現在も稼働中の物件を含む）
【福岡県大牟田市、熊本県荒尾市・宇城市】三池炭鉱（宮原坑、万田坑、専用鉄道敷跡）・三池港、三角西（旧）港
【福岡県北九州市・中間市】官営八幡製鐵所（旧本事務所、修繕工場、旧鍛冶工場）、遠賀川水源地ポンプ室
【佐賀県佐賀市】三重津海軍所跡
【長崎県長崎市】小菅修船場跡、三菱長崎造船所（第三船渠、ジャイアント・カンチレバークレーン、旧木型場、占勝閣）、高島炭坑（北渓井坑跡）、端島炭坑（通称：軍艦島）、旧グラバー住宅
【鹿児島県鹿児島市】旧集成館（反射炉跡、機械工場、旧鹿児島紡績所技師館）、寺山炭窯跡、関吉の疎水溝
【山口県萩市】萩反射炉、恵美須ヶ鼻造船所跡、大板山たたら製鉄遺跡、萩城下町、松下村塾
【静岡県伊豆の国市】韮山反射炉（幕府直営の反射炉）
【岩手県釜石市】橋野鉄鉱山・高炉跡

	登録名	都道府県	登録年度	分類
⑳	**国立西洋美術館**	東京	2016年	文化

上野恩賜公園（台東区）にある西洋美術作品を専門とした美術館で、日本で唯一のル・コルビュジエの設計による建築物
※ 7か国（フランス、ベルギー、ドイツ、スイス、日本、インド、アルゼンチン）にまたがって登録されている「ル・コルビュジエの建築作品－近代建築運動への顕著な貢献－」の構成資産の一つ

	登録名	都道府県	登録年度	分類
㉑	**「神宿る島」宗像・沖ノ島と関連遺産群**	福岡	2017年	文化

日本列島と朝鮮半島の間に浮かぶ沖ノ島を中心とする古代祭祀・宗像信仰にまつわる史跡で、島全体がご神体とされる沖ノ島は、現在も女人禁制
沖ノ島（宗像大社沖津宮）、小屋島、御門柱、天狗岩、宗像大社沖津宮遥拝所、宗像大社中津宮、宗像大社辺津宮（以上宗像市）、新原・奴山古墳群（福津市）など

	登録名	都道府県	登録年度	分類
㉒	**長崎と天草地方の潜伏キリシタン関連遺産**	長崎・熊本	2018年	文化

江戸時代の禁教政策のなか、密かにキリスト教の信仰を継続した「潜伏キリシタン」による独特の文化的伝統を物語る遺産群
【長崎県】原城跡（南島原市）、春日集落と安満岳（平戸の聖地と集落／平戸市）、中江ノ島（平戸の聖地と集落／平戸市）、外海の出津集落（長崎市）、外海の大野集落（長崎市）、黒島の集落（佐世保市）、野崎島の集落跡（小値賀町）、頭ヶ島の集落（新上五島町）、久賀島の集落（五島市）、奈留島の江上集落（江上天主堂とその周辺／五島市）、大浦天主堂（長崎市）
【熊本県】天草の﨑津集落（天草市）

	登録名	都道府県	登録年度	分類
㉓	**百舌鳥・古市古墳群－古代日本の墳墓群－**	大阪	2019年	文化

㉓ 古代日本の政治文化の中心地で、海上貿易の拠点であった大阪湾にほど近い平野部に築造された45件49基からなる古墳群（鍵穴型の独特な形状をした大規模な前方後円墳と多数の小中墳墓が群をなす）
【百舌鳥古墳群（大阪府堺市）】
　仁徳天皇陵古墳（日本最大の前方後円墳）、履中天皇陵古墳など
【古市古墳群（大阪府羽曳野市／藤井寺市）】
　応神天皇陵古墳（日本第2位の規模を誇る前方後円墳）など

	登録名	都道府県	登録年度	分類
㉔	**奄美大島、徳之島、沖縄島北部及び西表島**	鹿児島・沖縄	2021年	自然

㉔ 日本列島の南端部に位置する琉球列島の島々のうち、中琉球の奄美大島、徳之島、沖縄島北部と、南琉球の西表島の4地域からなる
アマミノクロウサギ（奄美大島、徳之島）、ヤンバルクイナ（沖縄島北部）、イリオモテヤマネコ（西表島）など、世界的に重要な絶滅危惧種・固有種の生息・生育地

	登録名	都道府県	登録年度	分類
㉕	**北海道・北東北の縄文遺跡群**	北海道・青森 岩手・秋田	2021年	文化

㉕ 約1万5千年前から1万年以上にわたり、採集・漁労・狩猟を基盤として定住した縄文時代の人々の生活の在り方、精神文化を今に伝える全17件の縄文遺跡群
【北海道】垣ノ島遺跡（函館市）、北黄金貝塚（伊達市）、大船遺跡（函館市）、入江貝塚（洞爺湖町）、高砂貝塚（洞爺湖町）、キウス周堤墓群（千歳市）
【青森県】大平山元遺跡（外ヶ浜町）、田小屋野貝塚（つがる市）、三内丸山遺跡（青森市）、二ツ森貝塚（七戸町）、小牧野遺跡（青森市）、大森勝山遺跡（弘前市）、亀ヶ岡石器時代遺跡（つがる市）、是川石器時代遺跡（八戸市）
【岩手県】御所野遺跡（一戸町）
【秋田県】伊勢堂岱遺跡（北秋田市）、大湯環状列石（鹿角市）

9 ラムサール条約湿地

名称（所在地）	名称（所在地）
クッチャロ湖（北海道）	佐潟（新潟）
サロベツ原野（北海道）	立山弥陀ヶ原・大日平（富山）
濤沸湖（北海道）	片野鴨池（石川）
雨竜沼湿原（北海道）	中池見湿地（福井）
野付半島・野付湾（北海道）	三方五湖（福井）
阿寒湖（北海道）	東海丘陵湧水湿地群（愛知）
宮島沼（北海道）	藤前干潟（愛知）
風蓮湖・春国岱（北海道）	琵琶湖（滋賀）
釧路湿原（北海道）	円山川下流域・周辺水田（兵庫）
霧多布湿原（北海道）	串本沿岸海域（和歌山）
厚岸湖・別寒辺牛湿原（北海道）	中海（鳥取・島根）
ウトナイ湖（北海道）	宍道湖（島根）
大沼（北海道）	宮島（広島）
仏沼（青森）	秋吉台地下水系（山口）
伊豆沼・内沼（宮城）	東よか干潟（佐賀）
蕪栗沼・周辺水田（宮城）	肥前鹿島干潟（佐賀）
化女沼（宮城）	荒尾干潟（熊本）
志津川湾（宮城）	くじゅう坊ガツル・タデ原湿原（大分）
大山上池・下池（山形）	出水ツルの越冬地（鹿児島）
涸沼（茨城）	藺牟田池（鹿児島）
尾瀬（福島・群馬・新潟）	屋久島永田浜（鹿児島）
奥日光の湿原（栃木）	久米島の渓流・湿地（沖縄）
渡良瀬遊水地（茨城・栃木・群馬・埼玉）	慶良間諸島海域（沖縄）
芳ヶ平湿地群（群馬）	漫湖（沖縄）
谷津干潟（千葉）	与那覇湾（沖縄）
葛西海浜公園（東京）	名蔵アンパル（沖縄）
瓢湖（新潟）	

第 2 部

海外観光資源

第1章

アジア

1 韓国

MAP ▶ P272

1
【H23】
韓国の古美術品などの骨董品や民芸品、伝統韓服や韓紙、韓国伝統茶などの伝統的な生活文化を知ることのできる　　　　　は、ソウルの代表的なショッピングストリートのひとつである。

仁寺洞
（インサドン）

2
【H14】
14世紀に李氏朝鮮王朝の正宮として建設された　　　　　は、15世紀には第4代国王世宗が学者を集め、**ハングル文字**が考案・創作されたところである。

景福宮
（キョンボックン）

3
【H15】
暖流の影響で年間を通じて温暖な　　　　　は、「東洋のハワイ」とも言われ、村の入口などには帽子を被った大きな目の**トルハルバン**と呼ばれる黒い溶岩で作られたおじさん像があり、島のシンボルとなっている。

済州島
（チェジュド）
中央に漢拏山（ハルラサン）がそびえる火山の島。

2 台湾

MAP ▶ P273

1
【H23】
台北の東、海を望む山の斜面に石段や石畳の小道や古い家並みが続く　　　　　は、かつては金鉱として栄えたが、この地で撮影された映画が映画祭で受賞したことで脚光を浴び、日本からの観光客も多く訪れている。

九份
（きゅうふん）

2
【H21】
台湾高速鉄道の南の終着駅がある　　　　　は、台湾南部の中核都市で、近郊には七重の**龍虎塔**が湖畔に建つ**蓮池潭**、中国の西湖をイメージして開発された**澄清湖**などの景勝地がある。

高雄
（たかお）

3
□□
【予想】
台湾東部に位置し、国家公園に指定されている＿＿＿＿は、大理石の断崖絶壁が続く景勝地で、九曲洞（きゅうきょくどう）、長春祠（ちょうしゅんし）、燕子口（えんしこう）などの見どころがある。

太魯閣峡谷（たろこ）

3 中国

MAP ▶ P274〜276

1
□□
【H17】
北京の故宮博物院の南方に位置する広大な＿＿＿＿には、明、清の歴代皇帝が**五穀豊穣を祈願した**円形の木造建築の**祈年殿**が建っており、釘を使用していない建物としても知られている。

天壇公園（てんだん）

2
□□
【H11】
北京の大通り＿＿＿＿は、天安門前を東西に走り、通り沿いには人民大会堂、中国国家博物館などがある。

長安街（ちょうあんがい）

3
□□
【H30】
北京市の北西部、1860年英仏連合軍によって破壊されたものを**西太后**が再建した＿＿＿＿には、杭州の西湖を模して造られた**昆明湖**（こんめいこ）を中心に仁寿殿（にんじゅでん）などの宮殿群、排雲殿（うんでん）や仏香閣（ぶっこうかく）のある**万寿山**（まんじゅさん）などが巧みに配置されている。

頤和園（いわえん）

4
□□
【H20】
北京オリンピックのサッカー競技開催地であった秦皇島（しんのうとう）は、**万里の長城**の＿＿＿＿や渤海（ぼっかい）にせりだした勇壮な長城**老龍頭**（ろうりゅうとう）などで知られている。

山海関（さんかいかん）

5
□□
【H27】
北京の北東約250kmにある＿＿＿＿には、清朝歴代皇帝が夏の離宮とした避暑山荘があり、山荘の東と北を取り巻くように並ぶ**外八廟**（がいはちびょう）はチベット仏教の寺廟群として知られる。

承徳（しょうとく）

6
□□
【H18】
渤海湾に臨む美しい港町で、坂道の多い街並みを残す＿＿＿＿は、**遼東半島の南端**（リャオトン）に位置する中国東北地区では最大の貿易港で、初夏にはアカシア祭りが催される。

大連（だいれん）

7

□□

【R3】

中国、四川省中部に位置し、中国三大霊山のひとつといわれる _____ には、山中に**報国寺**をはじめとする 26 の寺院が残っており、**日の出、雲海や仏光（ブロッケン現象）**などの奇観を楽しめる観光地としても知られている。

峨眉山
(がびさん)
万年寺も有名。
近郊の楽山大仏は、峨眉山とともに世界複合遺産に登録されている。

8

□□

【H25】

中国山西省の**太原**(たいげん)の南方にある _____ は、金融業で活躍した**山西商人の故郷**として知られ、城壁に囲まれた城内には、明、清時代の街路、楼閣、役所、商店、民家などが遺されている。

平遥古城
(へいよう)

9

□□

【H24】

中国を代表する思想家**孔子の故郷**として知られる _____ 市は、山東省にあり、そこには、孔子を祭った「孔廟」、孔子の直系子孫が住んだ邸宅「孔府」、孔子とその末裔の墓所である「孔林」が遺されている。

曲阜
(きょくふ)

10

□□

【H24】

九朝の古都と呼ばれる河南省の**洛陽**には、**中国最古**の仏教寺院といわれる _____ や中国の三大石窟として知られる **龍門石窟**(りゅうもんせっくつ)などがある。

白馬寺
(はくばじ)

11

□□

【H21】

古来より物産豊かな江南の中心地であった _____ は、「東洋のベニス」とよばれ、市内、郊外には**拙政園**(せっせいえん)、獅子林、滄浪亭(そうろうてい)、留園(りゅうえん)など世界文化遺産に登録されている名園が多く遺されている。

蘇州
(そしゅう)

12

□□

【H26】

浙江省(せっこう)の北部にある _____ 市には、**魯迅**が学んだ私塾三味書屋や魯迅故居、曲水の宴が催された際に中国の書聖 王羲之(おうぎし)が蘭亭序を書いた蘭亭などがある。

紹興
(しょうこう)

13

□□

【H29】

中国東部、安徽省(あんき)南部にそびえる**「天下第一の名山」**と古来よりいわれる _____ は、奇松、奇石、雲海、温泉が複合して**山水画の世界**を彷彿とさせる景観で知られ、蓮花峰、天都峰、光明頂の三峰を中心に 72 の峰が連なっている。

黄山
(こうざん)

14
□□
【H13】
上海の南西、銭塘江下流の北岸に位置する**浙江省の省都** ▢▢▢ は、かつての南宋の都であり、13世紀末にマルコ ポーロによって「世界で最も美しく華やかな都市」と賞賛された。

杭州
こうしゅう

西湖

15
□□
【H19】
香港に隣接する経済特区であり、**中国民俗文化村**や広大なテーマパークで人気のある ▢▢▢ は、香港からの日帰り観光名所となっている。

深圳
しんせん

16
□□
【H18】
1999年に**ポルトガルから中国に返還**された ▢▢▢ には、航海の安全を守る女神を祀り地名の由来ともなった**媽閣廟**、**聖ポール天主堂跡**、**モンテの砦**などの歴史的建造物が遺されている。

マカオ

マカオは、カジノでも有名。

17
□□
【R1】
敦煌の郊外、鳴沙山東麓の絶壁にある ▢▢▢ は、「**千仏洞**」とも呼ばれる仏像の石窟群で、大小多数の石窟には彩色塑像や壁画が保存されている。

莫高窟
ばっこうくつ

敦煌の「莫高窟」、大同の「雲崗石窟」、洛陽の「龍門石窟」が中国三大石窟とされている。

18
□□
【R2】
西安の**大慈恩寺**の境内にある ▢▢▢ は、唐の高僧、**玄奘三蔵**（三蔵法師）が天竺（インド）から持ち帰った経典などを収蔵するため7世紀半ばに建てられた楼閣で、世界文化遺産にも登録されている。

大雁塔
だいがんとう

19
□□
【H16】
四川省北西部のカルスト台地に広がる ▢▢▢ は、原生林の中に神秘的な渓谷と湖沼群から成る景勝地で、**ジャイアントパンダ**などの保護区としても知られている。

九寨溝
きゅうさいこう

20
□□
【H22】
雲南省北西部、万年雪を抱く玉龍雪山の麓の町、**麗江市**に多く居住する ▢▢▢ 族は、世界で唯一の生きた象形文字として知られる**トンパ文字**を持つ民族である。

ナシ（納西）
れいこう

21
☐☐
【H19】 鉄道としては標高 5,000m を超える高所を走る**青蔵鉄道**（せいぞう）は、青海省の西寧（せいねい）と**ポタラ宮**で知られるチベット自治区の ☐☐☐ を結ぶ鉄道である。

ラサ
歴代のダライ・ラマが暮らしたポタラ宮は「日光城」とも呼ばれる。

4 マレーシア

MAP ▶ P277

1
☐☐
【H22】 中東・欧州と東アジアを結ぶ重要航路となる海峡に面し、かつてポルトガル、オランダ、イギリスに支配された ☐☐☐ には、それらの影響を受けたオランダ広場や**サンチャゴ砦**などが遺されている。

マラッカ
マレーシア最古の中国寺院チェン・フー・テン（青雲亭）寺院もある。

2
☐☐
【H24】 南シナ海とアンダマン海を結ぶ重要航路となるマラッカ海峡に位置し、貿易船の寄港地として発展した ☐☐☐ 島は、**ジョージタウン**を中心に、バトゥ フェリンギなどの有名なビーチが点在する。

ペナン

3
☐☐
【予想】 シンガポールから**コーズウェイ橋を渡り**、国境を越えてマレーシアに入るとモスクなどイスラム文化の影響が残るマレー半島南端の都市 ☐☐☐ に到着する。

ジョホール・バル

5 シンガポール

MAP ▶ P277

1
☐☐
【H12】 イギリスの植民地官吏スタンフォード ラッフルズ卿の名にちなんだ**ラッフルズ・ホテル**は、シンガポールで最も古く、「**月と六ペンス**」の著者 ☐☐☐ ゆかりのホテルでもある。

サマセット・モーム

2
☐☐
【H23】 シンガポールにある複合施設 ☐☐☐ は、3棟の高層タワーの頂上を船の形の庭園でつなぎ、豪華なホテルに加え、レストラン、エンターテインメント施設や会議場などを備えた観光スポットである。

マリーナ・ベイ・サンズ

6 タイ

MAP ▶ P278

1
[H21] バンコクの王宮敷地内にあって、タイで最高の地位と格式を持つ**王室の守護寺院** ＿＿＿ は、翡翠（ひすい）で造られた仏像を本尊とすることから「**エメラルド寺院**」とも呼ばれる。

ワット・プラ ケオ

2
[H30] 13 世紀にランナー王朝の都が置かれたタイ北部の中心都市で、「**北方のバラ**」と称される古都 ＿＿＿ には、由緒ある寺院が多く点在しており、最も大きく格式のある寺院として**ワット プラシン**が知られている。

チェンマイ

3
[H28] バンコクの北約 440km にあり、タイ族による最初の王朝が置かれた ＿＿＿ には、多数の仏塔や礼拝堂、ブッダ像を有する王室寺院の**ワット マハタート**や四方を壁に囲まれた巨大な仏像のある**ワット シーチュム**などの仏教遺跡群が点在している。

スコータイ

4
[H19] およそ 400 年間都として栄えた ＿＿＿ は、17 世紀には**日本人町**も形成され山田長政が活躍した地で、**ワット プラ シー サンペット**をはじめ多数の寺院や仏塔などがある。

アユタヤ

5
[予想] 「**アンダマン海の真珠**」と称される ＿＿＿ 島には、**パトン ビーチ**や**カロン ビーチ**などの美しいビーチが点在し、サーフィンやダイビングなどのマリンスポーツを楽しむことができる。

プーケット

6
[H16] 首都バンコクの南方に位置し、タイランド湾にある ＿＿＿ 島は、豊かな自然と調和したリゾート地として開発が進み、なかでも**チャウエン ビーチ**は島内の人気ビーチとなっている。

サムイ

7 ベトナム

MAP ▶ P279

1
[H16] ベトナムの政治文化の中心地 _____ には、ホアン キエム湖とタイ湖の周辺に国父と言われるホー チミンの眠る廟やベトナム史上重要な文化財が遺され、**「水上人形劇」**はこの土地の伝統芸能である。

ハノイ
ハノイは、「海の桂林」と呼ばれるハロン湾 (浸食された石灰岩からなる多数の小島) への観光拠点である。

2
[H18] かつて「東洋のパリ」と称された**サイゴン**は現在の _____ で、フランス風の都市計画に従って造られた美しい街並みがサイゴン川デルタに広がる大都市である。

ホーチミン・シティ

3
[H12] ベトナム中部にある都市で、同国最後の王朝であるグエン(阮)朝の王都として栄えた _____ には王宮、皇帝陵墓、8 角の七重塔がそびえる**ティエンムー(天姥)寺**など、同朝ゆかりの建造物が残されている。

フエ
フエの王宮は、北京の紫禁城をモデルとして建てられたといわれている。

4
[H27] ベトナム中部の都市ダナンの南約 30km にある _____ は、16 世紀以降ヨーロッパ人や中国人、日本人などが来航し、海洋貿易の中継点として栄え、日本人が建てたといわれる**来遠橋**(日本橋)や華僑の集会場の**福建会館**など、かつての国際交流都市の面影を今に伝える港町である。

ホイアン

来遠橋

5
[H17] 生野菜や米飯を多く使うベトナム料理には、ライスペーパーでくるんだ生春巻きや、牛肉や鶏肉の具と米粉の麺をスープに入れた _____ などがある。

フォー

8 カンボジア

MAP ▶ P279

1
[H13] 12 世紀に建造されたクメール王国の寺院遺跡であり、国の象徴としてカンボジアの国旗にも描かれている**アンコール ワット**への拠点となる都市 _____ は、**トンレサップ湖**のほぼ北に位置する。

シェムリアップ

9 インド

MAP ▶ P280〜281

1
[R3]
インド西部、**アウランガバードの北西**に位置する ⬚⬚⬚⬚ は、仏教、ヒンズー教、ジャイナ教の異なる3つの宗教の石窟寺院群で知られ、なかでも巨大な岩塊を削り出して造られた**第16窟のカイラーサナータ寺院**は見どころである。

エローラ

2
[H28]
デカン高原北西部を蛇行する**ワゴーラ川**が湾曲した渓谷の崖にある ⬚⬚⬚⬚ 石窟群には、インド美術史上貴重な壁画や彫刻があり、なかでも**蓮華手菩薩の壁画**は傑作といわれている。

アジャンター
エローラ石窟群と同じく、アウランガバードが観光拠点である。

3
[H27]
町を囲む全長約10kmの城壁や旧市街の建物が赤みがかっていることから**別名ピンクシティ**とも呼ばれる ⬚⬚⬚⬚ は、デリーの南西約260kmに位置し、**アンベール城**や**風の宮殿**などの見どころがある。

ジャイプル
ジャイプルは、ラージャスターン州の州都。

4
[H25]
インド中部にある ⬚⬚⬚⬚ には、10世紀半ばから建立されたジャイナ教、ヒンズー教の寺院があり、外壁には男女合歓を表現したミトゥナ像が刻まれ、特にパールシュバナート寺やカンダーリヤ マハーデーバ寺が知られている。

カジュラホ

5
[H21]
インド西部、アラビア海に臨む ⬚⬚⬚⬚ は、イギリス植民地時代をしのばせる**インド門**、民族主義のシンボルであるタージ マハル ホテル、石窟寺院のある**エレファンタ島**などで知られるインド最大の商業・港湾都市である。

ムンバイ

6
[R1]
インド イスラム建築の傑作**タージ マハル**はインド北部の都市 ⬚⬚⬚⬚ にあり、ムガール帝国の皇帝が妃の死を悼んで建てた廟で、**白亜の大理石**で作られた壮大な建物とミナレットと呼ばれる4本の尖塔が印象的である。

アーグラ
タージ・マハルは、皇帝シャー・ジャハーンが、妃ムムターズ・マハルのために建てた霊廟。

7
[H12]
古くからヒンズー教の聖地として名高い、インド北部の宗教都市 ☐☐☐ は、聖なる**ガンジス川で沐浴**をするために集まる多くの巡礼者でにぎわい、市内には**ヴィシュヴァナート寺院（黄金寺院）**をはじめ大小数多くの寺院が点在し、郊外には、重要な仏跡地サールナートがある。

バラナシ
（ベナレス）

10 ネパール

MAP ▶ P280 ～ 281

1
[H25]
ネパールの標高約 1,300m にある「☐☐☐ の谷」には、ダルバール広場の王宮、ヒンズー教のパシュパティナート寺院、仏塔の**スワヤンブナート寺院**などがあり、ヒンズー教と仏教が共存する都市として世界文化遺産に登録されている。

カトマンズ
ヒマラヤ山脈（最高峰エベレスト）の登山口の一つであるポカラへの観光拠点。

11 ミャンマー

MAP ▶ P281

1
[H24]
パゴダの国として知られるミャンマーのエーヤワディー川デルタ地帯の都市 ☐☐☐ にある**シュエダゴン パゴダ**は、同国でもその高さを誇る黄金の仏塔である。

ヤンゴン

2
[H19]
ミャンマーのほぼ中央に位置する ☐☐☐ はビルマ王朝最後の都があった都市で、この地にある**クトード パゴダ**は、経典を刻んだ石板が 1 枚ずつ納められているという 700 を超える白い小パゴダ群である。

マンダレー

3
[R2]
ミャンマー中部、エーヤワディー川の東岸にある ☐☐☐ は、ビルマ族による最初の統一王朝が置かれた古都で、**アーナンダ寺院**をはじめとする数千の仏塔が平原に建ち並ぶ仏教の聖地である。

バガン
アーナンダ寺院のほか、ティーローミンロー寺院、ダビニュ寺院、ダマヤンジー寺院などがある。

12 モルディブ

MAP ▶ P280

1
【H20】
スリランカの南西約 700 〜 800km のインド洋上のリ
ゾートアイランドとして知られるモルディブは、□□□
島を**主島**として点在する多くのサンゴ礁の島々からなり、
地球温暖化による海面上昇で水没が危惧されている。

マレ

13 インドネシア

MAP ▶ P282

1
【H29】
バリ島では、バリ ヒンズー教徒が使用する**「サカ暦」の**
新年にあたる□□□の日には、教徒は瞑想のためいか
なる活動もしてはならず、レストランや商店は休業し、
航空機の離発着や交通機関も制限され、外国人観光客も
外出や移動ができなくなる。

ニュピ

バリ島には、影絵
芝居ワヤン・クリな
どヒンズー教の影
響を受けた伝統芸
能が多く残されて
いる。

2
【H26】
ヒンズー教徒が多数を占めるバリ島の古代インドの叙事
詩などを題材とした□□□は、上半身裸で腰布を巻い
て円陣を組んだ男性が、猿をまねた叫び声や複雑なリズ
ムとともに、両手で身振り表現をする**舞踊劇**である。

ケチャ

3
【R3】
バリ島の最高峰**アグン山**の中腹にある**バリ ヒンズー教**
寺院の総本山□□□は、大小 30 もの寺院で構成され、
年間多数の祭礼が行われ、多くの信者で賑わっている。

ブサキ寺院

14 フィリピン

MAP ▶ P283

1
【H27】
フィリピン中部にある南北に細長い□□□島は、マクタ
ン島とともにホテルや施設の充実したリゾート地として
知られ、スペイン統治時代につくられたフィリピン最古
の**サン ペドロ要塞**や**サント ニーニョ教会**などの歴史的
建造物が残された島である。

セブ

世界一周の航海途
中でマゼランが上
陸した島。国際空
港があるマクタン島
と大橋で結ばれて
いる。木製の十字
架「マゼラン・ク
ロス」を納める堂
も有名。

アジア

次の下線部のうち、誤っているものはどれか。

1
[R4]

韓国南部の釜山には、観光スポットとして知られる同国最大級の水産市場 a. チャガルチ市場、市内を一望できる釜山タワーがある b. 龍頭山公園（ヨンドゥサン）、市内有数の繁華街の c. 仁寺洞（インサドン）、山のふもとに階段式に形成された集落が特徴的な d. 甘川文化村（カムチョン ム ナ マウル）などの見どころがある。

c

仁寺洞は、ソウルにあり、古美術品や伝統茶などを扱う店が並ぶ地域。釜山の繁華街としては南浦洞（ナンポドン）が有名。

2
[R3]

台湾の観光地等には、台北で最古の寺院として知られる a. 龍山寺、台北南部のタイヤル族が住む村で温泉があることで知られる b. 北投（ベイトウ）、台南にはオランダ統治時代にオランダ政庁が置かれ、ゼーランディア城といわれていた c. 安平古堡（あんぴんこほう）、高雄の一番大きい湖で曲橋釣月にある九曲橋で知られる d. 澄清湖などがある。

b

台北南部にあるタイヤル族が住む村は、烏来（ウーライ）である。北投は、台北北部にある温泉街。

3
[H25]

北京及びその近郊にある世界文化遺産には、明、清時代にわたる皇帝の居城であった a. 紫禁城（故宮）（しきんじょう）、12世紀の建造でマルコ ポーロ橋と称される b. 盧溝橋（ろこうきょう）、皇帝が五穀豊穣を祈った c. 天壇（公園）、北京原人の頭骨等が発掘された d. 周口店遺跡（しゅうこうてん）などがある。

b

盧溝橋は世界文化遺産に登録されていない。

4
[H23]

陝西省西安を起点とした見どころに、母系制社会の村落遺跡 a. 三星堆遺跡（さんせいたい）、北東の臨潼区には玄宗皇帝と楊貴妃で有名な b. 華清池（かせいち）や c. 秦始皇帝陵、北西約80kmのところには、中国唯一の女性皇帝 d. 則天武后（そくてん ぶ こう）と唐の高宗との合葬墓乾陵などがある。

a

母系制社会の村遺跡で、西安が観光拠点となる遺跡は、半坡遺跡（はんば）である。三星堆遺跡は、成都を観光拠点とする遺跡。

5
【R1】
三峡クルーズは長江の中流にある<u>a. 三門峡</u>（さんもんきょう）、<u>b. 巫峡</u>（ふ）、西陵峡（せいりょうきょう）の3つの険しい大峡谷を船に乗って巡る旅で、三国志の舞台として名高い<u>c. 白帝城</u>、断崖に作られた木造建築の<u>d. 石宝寨</u>（せきほうさい）なども楽しめる。

a

長江の三峡クルーズで有名な3つの峡谷は、瞿塘峡（くとうきょう）、巫峡、西陵峡である。三門峡は、黄河中流の河南省と山西省の境にある峡谷。

6
【H28】
南シナ海と<u>a. アンダマン海</u>を結ぶ主要航路となる<u>b. マラッカ海峡</u>にあり、貿易船の寄港地として発展したペナン島は、世界文化遺産地区の<u>c. ジョホール バル</u>のほかに、島の北部には<u>d. バトゥ フェリンギ</u>などのビーチがあることでも知られている。

c

マレーシアのペナン島にある世界文化遺産地区は、ジョージ・タウンである。ジョホール・バルはマレー半島南端の都市で、橋でシンガポールとつながっている。

7
【R4】
カンボジアの<u>a. シェムリアップ</u>を観光拠点とするアンコール遺跡群には、塔の四面に彫られた観世音菩薩像で有名なバイヨン寺院が中心にある<u>b. アンコール トム</u>、同国の国旗にも描かれている<u>c. アンコール ワット</u>、東洋のモナリザと称される優美なデバター像で知られる<u>d. タ プローム寺院</u>などがある。

d

「東洋のモナリザ」と呼ばれるデバター像で知られるのはバンテアイ・スレイである。
タ・プローム寺院は、ガジュマルの根が遺跡を覆う外観が特徴的。

8
【H22】
ムンバイの東北東に位置する<u>a. アジャンター</u>には、<u>b. 仏教</u>、ヒンズー教、ジャイナ教の石窟寺院群があるが、そのほぼ中央にある第16窟カイラーサナータ寺院は、<u>c. ヒンズー教</u>寺院の最高傑作として知られ、<u>d. アウランガバード</u>が観光の拠点である。

a

カイラーサナータ寺院などの石窟寺院群があるのはエローラである。

9
【R2】
神々の島と呼ばれるバリ島には、4,600余りの<u>a. 仏教</u>寺院が点在し、舞踊劇<u>b. ケチャ</u>や影絵芝居<u>c. ワヤンクリ</u>などを見ることができ、<u>d. サヌール</u>やヌサドゥアなどのリゾート地がある。

a

バリ島に数多く点在する寺院は、ヒンズー教の寺院である。

アジア

16 アジアの複合問題 (2)

1
【H16】
次の中国の観光地とその所在する都市と省・区の組合せのうち、誤っているものはどれか。

a. 兵馬俑坑 ― 西安 ― 陝西省
b. 豫園 ― 上海 ― 直轄市
c. ポタラ宮 ― ラサ ― チベット自治区
d. 明の十三陵 ― 洛陽 ― 河南省

d
明の十三陵は、北京市 (直轄市) 郊外、天寿山のふもとにある陵区。
「直轄市」とは、省に属さず、中央政府が直接管轄する市をいう。北京市、上海市、天津市、重慶市がこれに該当する。

2
【R4】
次の中国の三大石窟とその観光拠点となる都市の組合せのうち、正しいものを<u>すべて</u>選びなさい。

a. 雲崗石窟 ― 大同
b. 莫高窟 ― 西安
c. 龍門石窟 ― 洛陽

a、c
莫高窟の観光拠点は敦煌が正しい。よって、b は誤り。

3
【H29】
次の観光資源とその観光拠点及び国名との組合せから、正しいものだけをすべて選んでいるものはどれか。

(ア) グエン朝王宮 ― フエ ― ベトナム
(イ) タージ マハル ― アーグラー ― インド
(ウ) ボロブドゥール ― デンパサール ― インドネシア

a. (ア)(イ)　　b. (ア)(ウ)
c. (イ)(ウ)　　d. (ア)(イ)(ウ)

a. (ア)(イ)
ボロブドゥールはジャワ島 (インドネシア) のジョグジャカルタが観光拠点となる (デンパサールはバリ島の中心都市)。よって、(ウ) は誤り。

4
【H30】
次の観光資源とその観光拠点となる都市及び国名との組合せから、正しいものだけをすべて選んでいるものはどれか。

(ア) エレファンタ石窟群 ― ムンバイ ― インド
(イ) シュエダゴン パゴダ ― ヤンゴン ― ミャンマー
(ウ) ハロン湾 ― ホーチミン ― ベトナム

a. (ア)(イ)　　b. (ア)(ウ)
c. (イ)(ウ)　　d. (ア)(イ)(ウ)

a. (ア)(イ)
ハロン湾への観光拠点は、ベトナムのハノイである。よって、(ウ) は誤り。

5
[H14]
次の通り（ショッピング又はビジネス街）とその所在する都市名との組合せのうち、誤っているものはどれか。
a. オーチャード ロード ― クアラルンプール
b. シーロム ロード ― バンコク
c. 明洞路 ― ソウル
d. 王府井大街 ― 北京

a
オーチャード・ロードはシンガポールにある大通り。

6
[H27]
次の国とそのリゾート アイランド及びビーチとの組合せのうち、正しい組合せを<u>すべて</u>選びなさい。
a. インドネシア ― バリ島 ― ヌサドゥア ビーチ
b. タイ ― プーケット島 ― パトン ビーチ
c. マレーシア ― ペナン島 ― カロン ビーチ

a、b
カロン・ビーチはタイのプーケット島にある。

7
[H17]
次の国とその国のリゾートアイランド及び通貨の組合せのうち、正しい組合せを<u>すべて</u>選びなさい。
a. インドネシア ― バリ島 ― ルピア
b. フィリピン ― セブ島 ― ペソ
c. マレーシア ― ペナン島 ― ドン

a、b
ペナン島はマレーシアの島であるが、マレーシアの通貨は「リンギット」が正しい（「ドン」はベトナムの通貨）。

8
[H19]
次の遊覧船の運航している場所とその観光拠点都市及び所在国の組合せのうち、誤っているものはどれか。
a. トンレサップ湖 ― フエ ― ベトナム
b. ボスポラス海峡 ― イスタンブール ― トルコ
c. ミルフォードサウンド ― テ アナウ ― ニュージーランド
d. 漓江 ― 桂林 ― 中国

a
水上集落で知られるトンレサップ湖は、カンボジアのシェムリアップが観光拠点となる。

9
[H15]
次の観光スポットと民族衣装、通貨の組合せがすべて正しいものはどれか。
a. ハロン湾 ― アオザイ ― ドン
b. 明の十三陵 ― チマ チョゴリ ― ウォン
c. ワット プラケオ ― サリー ― バーツ
d. ボロブドゥール ― チャドル ― リアル

a
b. 明の十三陵（中国）、チマ・チョゴリ／ウォン（韓国）、c.ワット・プラケオ／バーツ（タイ）、サリー（インド）、d. ボロブドゥール（インドネシア）、チャドル／リアル（イラン）

17 アジアの複合問題（3）

1
【H25】
韓国の観光地等に関する次の記述のうち、誤っているものはどれか。

a．済州島は、韓国最大の火山島で、海岸の絶壁にある雄大な景観の城山日出峰、溶岩洞窟の万丈窟などがある。

b．ソウル市内にある北村韓屋村は、朝鮮王朝時代から上流階級の居住区として知られ、朝鮮時代の伝統的な瓦葺の家が立ち並んでいる地域である。

c．慶州市には新羅王朝時代の王や貴族の大規模な古墳群が遺され、天馬塚と夫婦陵の皇南大塚は代表的なものである。

d．釜山タワーのある釜山市の南山公園は、釜山港や市内を見渡せる市民の憩いの場である。

> **d**
> 釜山タワーがある公園は龍頭山公園である。
> 南山公園はソウル市内にある公園。

2
【H28】
台湾の観光地等に関する次の記述から、正しいものだけをすべて選んでいるものはどれか。

（ア）士林夜市は台中市最大規模の夜市で、食べ歩きができる屋台街や買い物が楽しめる露店街がある。

（イ）高雄には市内を流れる愛河や大繁華街三多商圏などがあり、郊外には龍虎塔が湖畔に建つ蓮池潭や台湾の西湖ともいわれている澄清湖がある。

（ウ）台北の東にあり、海を望む山の斜面に細い路地や急な石段、古い家並みが連なる九份は、映画のロケ地としても知られる観光地である。

a．（ア）（イ）　　　b．（ア）（ウ）

c．（イ）（ウ）　　　d．（ア）（イ）（ウ）

> **c．（イ）（ウ）**
> 士林（シーリン）夜市は台北市の夜市である（台中市では逢甲（ホウコウ）夜市が有名）。よって、（ア）は誤り。

3
【H28】 中国の観光地等に関する次の記述から、正しいものだけをすべて選んでいるものはどれか。

（ア）四川省北部にある九寨溝は、原生林の中に五花海など大小100以上の湖沼や渓流、瀑布が続く景勝地で、ジャイアントパンダの生息地でもある。

（イ）シルクロードの要衝として栄えた敦煌の南郊には、石窟群の多さから「千仏洞」と呼ばれる龍門石窟があり、仏教芸術の宝庫となっている。

（ウ）雲南省北西部に位置し、氷河をいただく玉龍雪山の麓に広がる麗江古城は、世界で唯一の生きた象形文字のトンパ文字をもつナシ族が多く居住していることで知られる。

a.（ア）（イ）　　b.（ア）（ウ）
c.（イ）（ウ）　　d.（ア）（イ）（ウ）

---

b.（ア）（ウ）

敦煌の南郊にあり、「千仏洞」と呼ばれる石窟は、莫高窟である（龍門石窟は洛陽にある石窟）。よって、（イ）は誤り。

アジア

4
【R4】 マレーシアの観光地に関する次の記述から、正しいものだけをすべて選んでいるものはどれか。

（ア）コロニアル建築とマレー様式がミックスされた州政府庁舎などがあるジョホール バルは、シンガポールとコーズウェイ橋でつながり陸路で国境を越えることができる。

（イ）15世紀に東西貿易で栄えたマラッカは、その後ヨーロッパ諸国に統治され、カラフルな建物が並ぶオランダ広場など、東洋と西洋が共存する多様性に満ちた町となっている。

（ウ）ビーチリゾートで有名なアンダマン海に浮かぶペナン島は、ユネスコの世界ジオパークに認定され、マングローブの森など太古から続く自然が保護されている。

a.（ア）（イ）　　b.（ア）（ウ）
c.（イ）（ウ）　　d.（ア）（イ）（ウ）

---

a.（ア）（イ）

ユネスコの世界ジオパークに認定されているアンダマン海に浮かぶ島は、ランカウイ島である。ランカウイ島の「ジオフォレストパーク」ではマングローブの森や鍾乳洞などの大自然を見ることができる。

5
□□
【R3】

次の記述から、正しいものだけをすべて選んでいるものはどれか。

（ア）パタヤは、バンコクの南西約 200kmのタイランド湾西岸に面し、1920 年代にラーマ 7 世の離宮が建てられ、王室ゆかりの海岸保養地として発展した。

（イ）サムイ島は、タイランド湾の西部に浮かぶタイの中で 3 番目に大きい島で、島が椰子の木で覆われていることから、「ココナッツ アイランド」とも呼ばれている。

（ウ）パトン ビーチは、「アンダマン海の真珠」といわれているタイ最大の島プーケット島の西岸にあり、長さ約 3kmの白い砂浜が広がるリゾートとして知られている。

a．（ア）（イ）　　　b．（ア）（ウ）

c．（イ）（ウ）　　　d．（ア）（イ）（ウ）

c．（イ）（ウ）
タイランド湾の西岸に面し、王室ゆかりの海岸保養地として発展した都市はホアヒンである。よって、（ア）は誤り。パタヤは、バンコクの南東にあるリゾート地で、タイランド湾を挟んでホアヒンの対岸に位置する。

6
□□
【R2】

仏教の四大聖地に関する次の記述のうち、誤っているものはどれか。

a．釈迦生誕の地は、ネパール南部のルンビニにある。

b．釈迦が悟りを開いた成道の地は、インド東部のブッダガヤーにある。

c．釈迦が悟りを開いた後、初めて説教した地は、バラナシの北のカジュラーホにある。

d．釈迦が入滅した地は、バラナシの北のクシナガラにある。

c
釈迦が初めて説教した地は、サールナートにある。カジュラーホ（カジュラホ）は、チャンデーラ王朝の首都として栄えたインド中部の都市で、ミトゥナ像で知られるカンダーリヤ・マハーデーバ寺院などがある。

アジア全図

アジア

太平洋

モンゴル

中　国

韓国

日本

ネパール

台湾

インド

ミャンマー

フィリピン

南シナ海

タイ

ベトナム

インド洋

スリランカ

アンダマン海

カンボジア

マレーシア

モルディブ

シンガポール

インドネシア

MAP

1

韓国

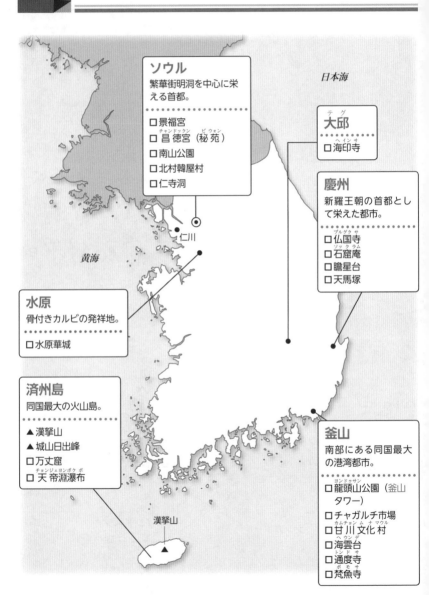

ソウル

繁華街明洞を中心に栄える首都。

☐ 景福宮
☐ 昌徳宮（秘苑）
　チャンドックン　ビ ウォン
☐ 南山公園
☐ 北村韓屋村
☐ 仁寺洞

日本海

大邱
テ グ
☐ 海印寺
　ヘ イン サ

慶州

新羅王朝の首都として栄えた都市。

☐ 仏国寺
　ブルグク サ
☐ 石窟庵
　ソック ラム
☐ 瞻星台
☐ 天馬塚

仁川

黄海

水原

骨付きカルビの発祥地。

☐ 水原華城

済州島

同国最大の火山島。

▲ 漢拏山
▲ 城山日出峰
☐ 万丈窟
☐ 天帝淵瀑布
　チョンジェヨンポク ポ

漢拏山

釜山

南部にある同国最大の港湾都市。

☐ 龍頭山公園（釜山
　ヨンドゥサン
　タワー）
☐ チャガルチ市場
☐ 甘川文化村
　カムチョン ム ナ マウル
☐ 海雲台
　ヘ ウン デ
☐ 通度寺
　トン ド サ
☐ 梵魚寺
　ポ モ サ

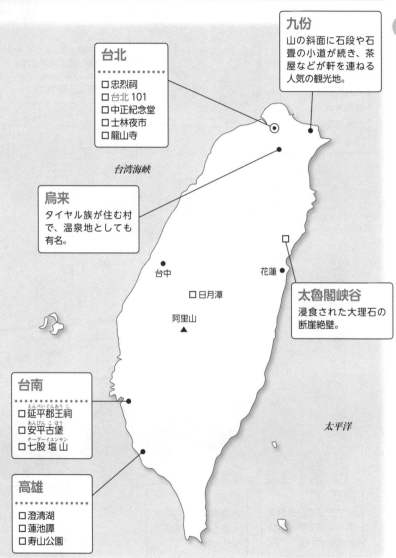

MAP 2 台湾

アジア

九份
山の斜面に石段や石畳の小道が続き、茶屋などが軒を連ねる人気の観光地。

台北
□ 忠烈祠
□ 台北 101
□ 中正紀念堂
□ 士林夜市
□ 龍山寺

台湾海峡

烏来
タイヤル族が住む村で、温泉地としても有名。

台中 ●

□ 日月潭

▲ 阿里山

花蓮 ●

太魯閣峡谷
浸食された大理石の断崖絶壁。

太平洋

台南
□ 延平郡王祠 _{えんぺいぐんおうし}
□ 安平古堡 _{あんぴんこほう}
□ 七股 塩 山 _{チーグーイェンサン}

高雄
□ 澄清湖
□ 蓮池譚
□ 寿山公園

273

MAP
3
中国

西安 近郊

□ 大慈恩寺（大雁塔）
□ 兵馬俑坑
□ 華清池
□ 半坡遺跡
□ 乾陵

洛陽 近郊
9つの王朝が置かれたことから、「九朝の都」と呼ばれる。

□ 白馬寺　□ 龍門石窟

成都 近郊
蜀の都として栄えた都市。

□ 武侯祠
□ 杜甫草堂
□ 三星堆遺跡

● 敦煌
□ 莫高窟　□ 嘉峪関

九寨溝
湖沼群の景勝地で、ジャイアントパンダの保護区。

チベット自治区

● ラサ

● 峨眉山▲　重慶 ●

長江（揚子江）

● 昆明

麗江
麗江古城に、象形文字トンパ文字をもつ納西族が住む。

桂林
水墨画のような絶景を眺められる漓江下りが人気。

マカオ（澳門）
1999年にポルトガルから返還された特別行政区。

□ 媽閣廟
□ 聖ポール天主堂跡
□ モンテの砦

蘇州

□寒山寺　□拙政園

上海

長江（揚子江）の河口にある
同国最大の貿易港湾都市。

□南京路（なんきんろ）　□浦東新区（プドン）
□外灘（ワイタン）　□豫園（よえん）
□上海ディズニーランド

香港

1997 年にイギリスから返還
された特別行政区。

香港島

□ビクトリアピーク
□レパルスベイ
□文武 廟（マンモウミュウ）

九龍（クーロン）

□ネイザン・ロード
□チムサーチョイ
□黄 大仙祠（ウォンタイシンチ）

北京 ▶P276

雲崗石窟　承徳　山海関
大同
黄河　泰山　大連　青島
曲阜

黄山

奇松・怪石・雲海・温
泉が複合する景勝地。

韓国

紹興

魯迅の生誕地。

杭州
武夷山

中国
台湾

深圳

ランタオ島

□香港ディズニーランド
□天壇大仏

北京市内地図

1 頤和園

アヘン戦争で英仏連合軍に破壊されたものを西太后が再建した。昆明湖を中心に仁寿殿や万寿山などがある。

2 北海公園

景山公園の西にある歴代皇帝の御苑の一つ。園内の約半分が水域で占められており、北海（湖）に浮かぶ島にそびえる白い塔がシンボル。

3 故宮博物院

清の時代まで宮殿として使用されていた紫禁城が博物館として公開されている。太和殿（正殿）は、皇帝の即位式などが行われた場所。

4 王府井大街

百貨店などが並ぶ北京市内最大の繁華街。

5 天安門

紫禁城の正門。門の中央部に毛沢東の肖像画が掲げられている。長安街（通り）を挟んで南に天安門広場がある。

6 天壇公園

明、清の時代の皇帝が五穀豊穣を祈願した円形の祈念殿（釘を使用していない木造建築）がある。

北京市郊外

■ 明の十三陵

■ 万里の長城
（八達嶺・居庸関）

MAP
4

マレーシア・シンガポール

ランカウイ島

アンダマン海に浮かぶ
リゾート島。

□ ジオフォレストパーク

ペナン島

マラッカ海峡にある島で、
中心地はジョージ・タウン。

□ バトゥ・フェリンギ

マレーシア

マレーシア

ボルネオ島
（カリマンタン島）

マラッカ

マラッカ海峡に面する古都。

□ 青雲亭（チェンフーテン） □ サンチャゴ砦

クアラルンプール

□ ペトロナス・ツイン
タワー
□ マスジット・ジャメ
□ ブキッ・ナナス公園

ジョホール・バル

マレー半島南端。シンガ
ポールとコーズウェイ橋
でつながっている。

コタキナバル 近郊

ボルネオ島（インドネシ
ア語ではカリマンタン島）
北部の都市。

□ キナバル山

マレーシア

シンガポール

ジョホール水道

シンガポール

□ マーライオン像
□ オーチャード・ロード
□ マリーナ・ベイ・サンズ
□ ガーデンズ・バイ・ザ・ベイ
□ ラッフルズ・ホテル

セントーサ島

アジア

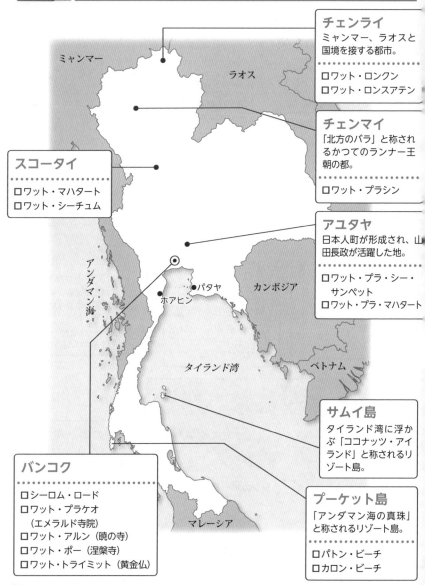

MAP
5
タイ

チェンライ

ミャンマー、ラオスと国境を接する都市。

□ ワット・ロンクン
□ ワット・ロンスアテン

チェンマイ

「北方のバラ」と称されるかつてのランナー王朝の都。

□ ワット・プラシン

スコータイ

□ ワット・マハタート
□ ワット・シーチュム

アユタヤ

日本人町が形成され、山田長政が活躍した地。

□ ワット・プラ・シー・サンペット
□ ワット・プラ・マハタート

サムイ島

タイランド湾に浮かぶ「ココナッツ・アイランド」と称されるリゾート島。

バンコク

□ シーロム・ロード
□ ワット・プラケオ（エメラルド寺院）
□ ワット・アルン（暁の寺）
□ ワット・ポー（涅槃寺）
□ ワット・トライミット（黄金仏）

プーケット島

「アンダマン海の真珠」と称されるリゾート島。

□ パトン・ビーチ
□ カロン・ビーチ

ミャンマー　ラオス

アンダマン海

パタヤ
ホアヒン

カンボジア

タイランド湾

ベトナム

マレーシア

MAP
6

ベトナム・カンボジア

中国

ハロン湾

ハロン湾

ハノイ 近郊
- □ ホーチミン廟
- □ ハロン湾
- □ ホアンキエム湖
- □ 水上人形劇場
- □ 陶器の村バッチャン

フエ
グエン（阮）朝の王都
として栄えた都市。
- □ ティエンムー寺
- □ グエン朝王宮
- □ カイディン帝廟
- □ ドンバ市場

シェムリアップ 近郊
- □ アンコール・ワット
- □ アンコール・トム
  （バイヨン寺院）
- □ バンテアイ・スレイ
- □ タ・プローム寺院
- □ トンレサップ湖

タイ　ラオス

ダナン

南シナ海

ホイアン
日本などとの外国貿易の
拠点として栄えた都市。
- □ 来遠橋（日本橋）
- □ 福建会館

カンボジア

ベトナム

タイランド湾

プノンペン
- □ ワット・プノン
- □ シルバー・パゴダ
- □ 独立記念塔

ホーチミン・シティ
旧名は、かつて「東洋の
パリ」と称されたサイゴン。
- □ ドンコイ通り
- □ ベンタイン市場

アジア

MAP
7

インド・ネパール・ミャンマー

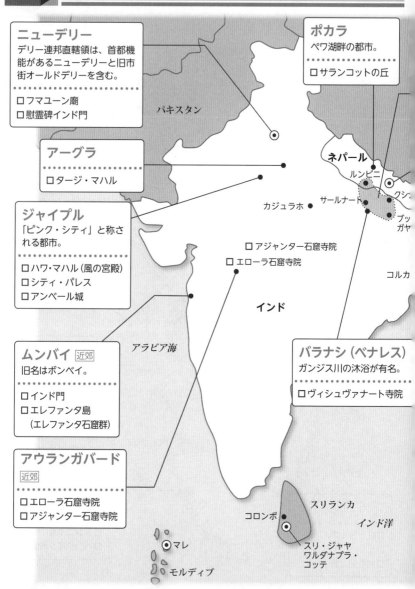

ニューデリー

デリー連邦直轄領は、首都機能があるニューデリーと旧市街オールドデリーを含む。

- □ フマユーン廟
- □ 慰霊碑インド門

アーグラ

- □ タージ・マハル

ジャイプル

「ピンク・シティ」と称される都市。

- □ ハワ・マハル（風の宮殿）
- □ シティ・パレス
- □ アンベール城

ムンバイ 近郊

旧名はボンベイ。

- □ インド門
- □ エレファンタ島
  （エレファンタ石窟群）

アウランガバード

近郊

- □ エローラ石窟寺院
- □ アジャンター石窟寺院

ポカラ

ペワ湖畔の都市。

- □ サランコットの丘

バラナシ（ベナレス）

ガンジス川の沐浴が有名。

- □ ヴィシュヴァナート寺院

パキスタン

ネパール

ルンビニ

クシ

サールナート

カジュラホ

ブッダガヤ

コルカ

□ アジャンター石窟寺院
□ エローラ石窟寺院

インド

アラビア海

スリランカ

コロンボ

スリ・ジャヤワルダナプラ・コッテ

インド洋

マレ

モルディブ

釈迦にまつわる地

【ネパール】
● ルンビニ：生誕の地
【インド】
● ブッダガヤー：菩提樹の下
  で悟りを開いた地
● サールナート：初めて説教
  （説法）をした地
● クシナガラ：生涯を閉じた
  入滅の地

カトマンズ

ヒマラヤ山脈の登山口の一つ
であるポカラへの観光拠点。

□ スワヤンブナート寺院

ブータン

中　国

バングラ
デシュ

ミャンマー
● マンダレー

ネーピードー
◉

バガン（パガン）

□ アーナンダ寺院
□ ティーローミンロー寺院

ベンガル湾

タ　イ

ヤンゴン

□ シュエダゴン・パゴダ
□ スーレー・パゴダ

MAP
8

インドネシア

ビンタン島
マレー半島南東部に位置するリアウ諸島の主島。

シンガポール

マレーシア

ブルネイ

マレーシア

太平洋

マラッカ海峡

トバ湖

**カリマンタン島
(ボルネオ島)**

スラウェシ島

ニューギニア島

ジャワ島

ボロブドゥール遺跡

スマトラ島
中心地はメダン。

デンパサール

東ティモール

インド洋

ジョグジャカルタ
....
□ボロブドゥール遺跡
□プランバナン遺跡

バリ島
「神々の島」と称される火山島で、デンパサールが中心地。
....
□タナロット寺院
□ブサキ寺院
□芸術の村ウブド
□ヌサドゥア・ビーチ
□サヌール・ビーチ
□クタ・ビーチ

ジャカルタ
東南アジア諸国連合(ASEAN)の本部がある。
....
□独立記念塔(モナスの塔)

MAP
9
フィリピン

アジア

ルソン島
首都メトロ・マニラを中心
とする島。
....
□ロハス大通り
□エルミタ地区
□リサール・パーク
□サン・アグスチン教会
□ライステラス【バナウエ】

セブ島
1521 年にマゼランが上陸
した島。
....
□サン・ペドロ要塞
□サント・ニーニョ教会
□八角堂（木製の十字架
　「マゼラン・クロス」）

バナウエ

太平洋

南シナ海

メトロ・マニラ

エルニド

ボラカイ島

パラワン島

ミンダナオ島

マクタン島
国際空港がある島。
セブ島と橋でつな
がっている。

ボホール島
世界最小のメガネザル
「ターシャ」が生息する島。
....
□チョコレート・ヒル

第2章
中 東

1 トルコ

MAP ▶ P287〜288

1
【H16】
15世紀にオスマン帝国のスルタン・メフメト2世によって建てられた□□□は、現在では博物館となっており、オスマン帝国の歴史と文化を物語る多数の宝飾品や陶磁器などが展示されている。

トプカプ宮殿

2
【予想】
トプカプ宮殿、スルタン アフメット ジャーミィ（ブルーモスク）などの観光名所があるトルコのイスタンブールは、□□□海峡を挟んでアジア大陸とヨーロッパ大陸にまたがっている。

ボスポラス

3
【H26】
イスタンブールは、アジアとヨーロッパの2つの大陸にまたがり、都市を東西に分断する**ボスポラス海峡**は北の**黒海**から南の□□□海に通じ、西側の旧市街にはブルーモスクとして知られるスルタン アフメット ジャーミィやトプカプ宮殿などがある。

マルマラ

4
【R4】
エーゲ海を臨むトルコ西部の港湾都市**イズミルの南**にある□□□は、紀元前7世紀頃から栄えた古代都市の遺跡で、古典古代の「世界七不思議」のひとつといわれる**アルテミス神殿の跡やケルススの図書館**などがある。

エフェソス

5
【H27】
トルコのアナトリア半島北西部にあり、ダーダネルス海峡に面した港町□□□は、ホメロスの英雄叙事詩イリアスを史実として信じたドイツの**考古学者シュリーマン**が発見した**トロイ遺跡**への観光拠点となっている。

チャナッカレ
トロイ遺跡の入り口に、巨大な「トロイの木馬」の複製がある。

6
□□
[H15]
トルコの**アナトリア高原**東南部に位置する［　　　　］には、凝灰岩が浸食されてできた無数の**奇岩**が林立し、岩山をくりぬいてつくられたキリスト教の**洞窟教会**などが遺っている。

カッパドキア

7
□□
[H25]
地中海に面したトルコのリゾート地として知られる［　　　　］には、美しいマリーナや古い城壁のある旧市街**カレイチ地区**があり、近郊のアスペンドスでは、2000年の歴史をもつ古代劇場でオペラやバレエを観ることができる。

アンタルヤ

8
□□
[R1]
トルコ南西部にある［　　　　］では、温泉が造り出した真っ白な**石灰棚**の奇観が見られ、丘の上に残る古代ローマ時代の都市遺跡**ヒエラポリス**とともに、世界複合遺産に登録されている。

パムッカレ

2 その他の中東諸国

MAP ▶ P287

1
□□
[H28]
アラブ首長国連邦の［　　　　］にある**パーム ジュメイラ**は、ペルシャ湾の海上にヤシの木のような形に造られた人工島で、ウォーターパークのある一大リゾート地として知られている。

ドバイ

2
□□
[H22]
ジュメイラ ビーチや高層ビル、**ブルジュ ハリファ**で知られるアラブ首長国連邦のドバイは、［　　　　］湾の沿岸に位置する代表的な観光都市で、フリー ポートならではのショッピングも楽しめる一大リゾートである。

ペルシャ
（アラビア）

3
□□
[H13]
イスラム教の預言者ムハンマドの生誕地［　　　　］は、ムスリムの聖地のなかで最も神聖とされ、多数の巡礼者が集まる宗教都市である。

メッカ
サウジアラビアの都市。

中東の複合問題

1
☐☐
【H22】
次の下線部のうち、誤っているものはどれか。

古くから東西文明の十字路として発展したイスタンブールは、北の a. 黒海と南の b. アドリア海を結ぶ c. ボスポラス海峡によって東のアジアと西のヨーロッパに分かれ、西側の旧市街の中心部には d. トプカプ宮殿やアヤソフィアがある。

b
ボスポラス海峡の南は「マルマラ海」が正しい。

2
☐☐
【予想】
次の下線部のうち、誤っているものはどれか。

トルコには、ブルー モスクと呼ばれるイスタンブールの a. スルタン アフメット ジャーミィ、ダーダネルス海峡に面した港町チャナッカレを観光の拠点とする古代都市遺跡 b. エフェソス、アナトリア高原にある奇岩群 c. カッパドキア、綿の城とも呼ばれ、古代都市遺跡ヒエラポリスがある d. パムッカレなどの観光名所がある。

b
チャナッカレを観光の拠点とする古代都市遺跡はトロイである。

3
☐☐
【H30】
トルコの観光地に関する次の記述のうち、正しいものだけをすべて選んでいるものはどれか。

（ア）イスタンブールは、北の黒海と南のアドリア海を結ぶボスポラス海峡によって東西に分かれ、西側の旧市街にはトプカプ宮殿やアヤソフィアがある。

（イ）カッパドキアは中央部のアナトリア高原にあり、奇岩群の景観で知られ、ギョレメ地区ではキリスト教徒の住居跡や洞窟教会跡が野外博物館として公開されている。

（ウ）地中海に面したリゾート地アンタルヤには、古い城壁が一部遺る旧市街のカレイチ地区や美しいマリーナがあり、近郊にはペルゲ、スィデの古代遺跡がある。

a.（ア）（イ）　　　b.（ア）（ウ）
c.（イ）（ウ）　　　d.（ア）（イ）（ウ）

c.（イ）（ウ）
イスタンブールの南側はマルマラ海である。よって（ア）は誤り。

ギョレメ野外博物館

MAP
10

中東諸国

中東

チャナッカレ

考古学者シュリーマンが発見したトロイへの観光拠点。

イスタンブール

ボスポラス海峡を挟んでアジア大陸とヨーロッパ大陸にまたがる。
▶P288

アンカラ

□アタチュルク廟
□アナトリア文明
　博物館

カッパドキア

アナトリア高原にある凝灰岩の奇石群。

□ギョレメ野外
　博物館

ボスポラス海峡

マルマラ海

黒海

ギリシャ

トロイ
イズミル

トルコ

カスピ海

ーゲ海

地中海

キプロス　レバノン

シリア　イラク

クウェート

⊙テヘラン

ペイルート

ダマスカス

イラン

エフェソス

イズミルの南に位置する古代都市遺跡。

□アルテミス神殿跡
□ケルスス図書館跡

バグダッド

アンマン
ヨルダン

エルサレム

イスラエル

クウェート

パムッカレ

石灰成分を含む温泉水が形成する棚田群で、「綿の城」とも呼ばれている。

□古代都市遺跡
　ヒエラポリス

エジプト

メディナ

カタール

⊙
リヤド

ドーハ　アブダビ

アラブ首長国連邦

サウジアラビア

紅海

ペルシャ湾

⊙マスカット

オマーン

アンタルヤ

□旧市街カレイチ地区

メッカ

イスラム教の開祖ムハンマドの生誕地といわれている。

サヌア
⊙　イエメン

ドバイ

□ブルジュ・ハリファ
□パーム・ジュメイラ

イスタンブール市内地図

金角湾
マタチュルク橋
ヨーロッパ
大陸
新市街
ガラタ塔 1
ドルマバフチェ宮殿
ユスキュダル駅
ボスポラス海峡
ガラタ橋
マルマライ線
シルケジ駅 7
2 スレイマニエ・モスク
グランド・
バザール
3
トプカプ
宮殿 4
アヤ・ソフィア
（聖ソフィア大聖堂） 5
旧市街
スルタン・アフメット・ 6
ジャーミィ（ブルー・モスク）
乙女の塔
（クズ・クレシ）
アジア大陸
ユーラシア・トンネル
マルマラ海

1 ガラタ塔

新市街にある高さ約67mの塔。金角湾やボスポラス海峡などの景色を眺めることができる。

2 スレイマニエ・モスク

建築家シナンによって建てられたモスクで、巨大なドームと4つの尖塔（ミナレット）をもつ。礼拝堂、イスラム神学校、医学校などが付属する複合施設となっている。

3 グランド・バザール

トルコ屈指の巨大市場。ドームと石壁に囲まれた敷地内に、貴金属、絨毯、民芸品などの店が軒を連ねる。

4 トプカプ宮殿

オスマン帝国のメフメット2世の命によって建てられた宮殿で、現在は博物館として公開されている。

5 アヤ・ソフィア（聖ソフィア大聖堂）

ビザンチン様式の傑作とされる大聖堂。ギリシャ正教会からイスラム教のモスクに改修された。

6 スルタン・アフメット・ジャーミィ（ブルー・モスク）

6本の尖塔が特徴的で、内部の壁が青と白のタイルで飾られていることからブルー・モスクと呼ばれている。

7 シルケジ駅

かつてパリ～イスタンブール間を運行していたオリエント急行の終着駅。現在は、ボスポラス海峡の海底トンネルを運行するマルマライ線が停車する。

第3章

ヨーロッパ

1 イギリス

MAP ▶ P316〜317

1
【H21】 イギリスの首都**ロンドンの発祥の地「シティ」**は、古くからの商業、金融の中心地であるが、そこには、イギリス バロック建築の代表作とされる◻◻◻◻があり、**ロンドン大火で焼失**したが 18 世紀初頭に**再建**された。

セントポール大聖堂

2
【R1】 イングランドを征服したウィリアム 1 世が**テムズ川北岸に要塞として建てた**◻◻◻◻は、王宮、牢獄、処刑場などの変遷を経て、現在は博物館として公開されている。

ロンドン塔
日本では、夏目漱石作の小説『倫敦塔』でも知られている。現在は博物館として、世界最大級のダイヤモンド「偉大なアフリカの星」などが展示されている。

3
【H15】 銀行や証券会社が集まり、ニューヨークのウォール街と並び国際金融のメッカとして知られる◻◻◻◻は、ロンドン塔、セントポール大聖堂を含むテムズ川北岸の地区である。

シティ
シティの正式名称は、「シティ・オブ・ロンドン」。

4
【H23】 イングランドを征服したウィリアム 1 世が王冠を受けて以来、歴代の**イギリス国王の戴冠式**が行われてきた◻◻◻◻は、ウィリアム皇太子の結婚式が行われたところでもある。

ウェストミンスター寺院

5
【H29】 セント ジェームズ公園西端にある◻◻◻◻は、19 世紀以来**英国王室の公邸**として使用され、宮殿の前庭で行われる**衛兵の交代式**でも知られている。

バッキンガム宮殿

6 □□ 【H16】	ウィンザー城に隣接する競馬場で例年６月に行われる □□□□ は、王室の面々も顔を揃え、イギリスの社交シーズンを代表する行事である。	**ロイヤル・アスコット**
7 □□ 【H26】	イングランド南部にある □□□□ の近郊には、その目的などがいまだに判明していない先史時代の遺跡といわれる**環状列石**の**ストーンヘンジ**がある。	**ソールズベリー**
8 □□ 【H25】	ロンドンの南東にある □□□□ は、イギリスで最初にキリスト教が伝えられた地で、**イギリス国教会の総本山**である大聖堂の内部にある礼拝堂は、12世紀に殉教したベケット大司教の物語などが描かれた美しいステンドグラスで知られている。	**カンタベリー** カンタベリー大聖堂は、聖アウグスティヌスが創建したゴシック様式の修道院。ステンドグラス「聖書の窓」が有名。
9 □□ 【R2】	キャッスル ロックという岩山の上に建つスコットランドの**エディンバラ城**の内部には、城内に現存する最古の建物、**聖マーガレット礼拝堂**があり、この城から □□□□ 宮殿まで続く約1.6kmの石畳の道**ロイヤル マイル**には歴史的な建物が残されている。	**ホリールードハウス** エディンバラでは、例年8月に、音楽祭や映画祭など国際的に有名なフェスティバルが開催されている。

🔒2 フランス

MAP ▶ P318〜319

1 □□ 【H19】	セーヌ川を挟んでシャイヨー宮に相対し、**シャンドマルス公園の西端**にある □□□□ は、1889年のパリ万博を記念して建てられた当時は景観をめぐって賛否両論があったが、現在ではパリの風景に不可欠な存在となっている。	**エッフェル塔**
2 □□ 【H21】	セーヌ河畔の丘の上に左右に大きく弧を描いて広がる □□□□ は、1937年のパリ万博の会場として造られ、現在は博物館や劇場を収容し、そのテラスからの眺望はエッフェル塔が正面に見えるパリで最も美しい景観のひとつである。	**シャイヨー宮**

3
□□
【R1】 1900 年のパリ万博の際に建設された**駅舎を改装**し、1986 年に開館した ▢ 美術館には、**ミレーの「落穂拾い」**、マネの「草上の昼食」、ルノワールの「ムーラン ド ラ ギャレットの舞踏会」など多数の作品が所蔵されている。

オルセー
ミレーの『晩鐘』やゴーギャンの『タヒチの女たち』などもオルセー美術館に所蔵されている。

4
□□
【H16】 **モンマルトル地区**にあり 100 年の歴史を誇るキャバレー ▢ は、**フレンチカンカン**で有名であり、パリの夜の歓楽街を描いた画家ロートレックも好んで題材としたことでも知られている。

ムーラン・ルージュ
フレンチカンカンは、ロングスカート姿のダンサーらによるダンスショー。

5
□□
【R3】 地中海に臨む**コート ダジュール**の観光保養地である ▢ は、海岸沿いにある**遊歩道プロムナード デ ザングレ**で知られ、マティス美術館やシャガール美術館などがある。

ニース
コート・ダジュールの中心都市。2 月下旬頃に開催されるカーニバルも有名。

6
□□
【H29】 印象派の巨匠クロード モネが晩年を過ごしたパリ北西、セーヌ川沿いの ▢ には、**「モネの邸宅と庭園」**があり、そこにはモネの代表作のひとつ**「睡蓮」のモデル**となった蓮池があることで知られている。

ジヴェルニー

7
□□
【H16】 数世紀にわたり様々な建築様式による増改築がなされ、百年戦争では要塞と化した**モン サン ミッシェル修道院**は、**ブルターニュ地方**と ▢ 地方にはさまれた**サン マロ湾**に浮かぶ小島にあり、陸地とは砂州上の道で繋がっている。

ノルマンディー

モン・サン・ミッシェル修道院

8
□□
【H24】 フランス西部、サン マロ湾上に浮かぶモン サン ミッシェルの参道グランド リューにあるレストランの名物料理 ▢ は、「プーラールおばさん」で親しまれた女性が巡礼者のために作ったのが始まりとされている。

オムレツ

9 ▢▢ [R1]	フランス南西部の**オード川沿い**にある　　　　は歴史的城塞都市として知られ、二重の城壁に囲まれたシテと呼ばれる旧市街には、歴代伯爵の居城であった**コンタル城**やステンドグラスの美しい**サン ナゼール大聖堂**がある。	**カルカソンヌ**

10 ▢▢ [R2]	フランス南東部のプロヴァンス地方の　　　　は14世紀にローマ教皇庁が置かれた古都で、城壁に囲まれた旧市街には教皇宮殿があり、城壁の外側を流れるローヌ川には石造りのアーチ状の橋の一部が残る**サン ベネゼ橋**がある。	**アヴィニョン** サン・ベネゼ橋

11 ▢▢ [R4]	紀元前6世紀に建設された植民地が始まりとされる　　　　は、地中海に面するフランス南部の港湾都市で、その沖合に位置する**イフ島**には、**デュマの小説「モンテ クリスト伯（巌窟王<small>（がんくつおう）</small>）」の舞台**として知られる**イフ城**がある。	**マルセイユ** 天然の良港に恵まれているマルセイユは、魚介類のスープ「ブイヤベース」の本場である。

12 ▢▢ [H20]	**モンブラン**観光のハイライトは、富士山より高い標高3,842mにある　　　　の展望台からの眺望で、グランド ジョラスの針峰群やシャモニーU字谷、シャモニーの町などを一望の下におさめることができる。	**エギーユ・デュ・ミディ** モンブランは、フランスとイタリアの国境に位置する山。シャモニー（フランス）がフランス側の観光拠点となる。

🔒3 モナコ

MAP ▶ P318

1 ▢▢ [H12]	19世紀初頭にイギリス人が避寒に訪れて以来、保養地として有名になったコート ダジュールには、**カジノ**や**F1グランプリ**の開催地として知られる　　　　がある。	**モンテカルロ** モナコ公国は、ニース（フランス）の東に位置する国。

スペイン

MAP ▶ P320〜321

1
□□
[H27] フランス国境に近いスペイン北部の**バスク地方**にあり、**ビスケー湾**に面している海辺の町 _____ は、半円形の美しい**コンチャ海岸**が有名で、美食の町としても知られ、旧市街には多くのバルが立ち並びミシュランの3つ星レストランもいくつかある。

サン・セバスティアン

2
□□
[R2] ヘミングウェイの小説「日はまた昇る」に描かれたことでも知られる**サン フェルミン祭**は、スペイン北部の古都 _____ で開催される**牛追い祭り**で、**バレンシアのサンホセの火祭り**、**セビリアの春祭り**と共にスペイン三大祭りのひとつといわれている。

パンプローナ

3
□□
[H29] フランスから**ピレネー山脈**を越えてスペイン北部を通る**巡礼路の終着地** _____ は、スペイン北西部ガリシア地方にあるキリスト教の聖地であり、十二使徒の一人聖**ヤコブの棺**が納められている大聖堂がある。

サンティアゴ・デ・コンポステーラ

4
□□
[H23] マドリードの北西、標高約1,000mの高原にある _____ には、古代ローマ時代の遺産で、ほぼ完全に保存されている**水道橋**とディズニー映画「**白雪姫**」のモデルとなったアルカサールがある。

セゴビア

5
□□
[H11] アンダルシア地方西部の都市 _____ には、キリスト教徒、イスラム教徒の両文化の影響を受けたアルカサールや**ヒラルダの塔**が残されており、**歌劇「カルメン」**などの舞台としても有名である。

セビーリャ（セビリア）
アルカサールは、"城"を意味し、スペイン各地に存在する。

ヨーロッパ

293

6
□□
【H22】
シエラ ネバダ山脈の麓、スペイン南部 [____] 地方にあり、王宮、アルカサバ城塞などを備える**アルハンブラ宮殿**は、グラナダの丘の上に建ち、イスラム文化の栄華を今に残す宮殿である。

アンダルシア

アルハンブラ宮殿

7
□□
【H13】
イスラム教徒の支配下にあったイベリア半島をキリスト教徒の手に取り戻す国土回復運動（レコンキスタ）は、[____] にあるアルハンブラ宮殿の陥落により完了した。

グラナダ

🔒5 ポルトガル

MAP ▶ P320

1
□□
【R2】
リスボンにあるエンリケ航海王子の偉業をたたえて建てられた**ジェロニモス修道院**は、ポルトガル独特の建築様式であるマヌエル様式の傑作といわれ、内部には喜望峰をまわるインド航路を発見した [____] の石棺がある。

バスコ・ダ・ガマ

🔒6 イタリア（バチカン含む）

MAP ▶ P322 〜 323

1
□□
【H28】
フィレンツェにある [____] 美術館は、イタリアルネサンス絵画のコレクションでは世界有数の美術館であり、**レオナルド ダ ヴィンチの「受胎告知」**やボッティチェリの**「春」、「ヴィーナスの誕生」**などの作品が展示されている。

ウフィツィ

2
□□
【H13】
フィレンツェの町を見下ろす [____] 広場からは、**ベッキオ橋、花の聖母教会**、ベッキオ宮殿の塔をはじめアルノ川沿いに広がる街並みを見渡すことができる。

ミケランジェロ
「花の聖母教会」（花の大聖堂）＝サンタ・マリア・デル・フィオーレ教会（大聖堂）。

3
□□
【H17】
ダビンチの壁画**「最後の晩餐」**が遺されている**サンタマリア デレ グラツィエ教会**やドゥオモ広場等の歴史的遺産を多く持つ [____] は、経済の中心地であるとともにファッション界をリードし、ショッピングも楽しめる新旧二つの顔を持つ都市である。

ミラノ

『最後の晩餐』

4 □□ 【H30】	イタリア中部ウンブリア州にある　　　は**聖フランチェスコ生誕の地**で、彼の死後、功績を称えるために建てられた大聖堂内部では、**ジョット**による 28 枚の壁画「聖フランチェスコの生涯」などの名画を鑑賞できる。	**アッシジ** 『小鳥に説教する聖フランチェスコ』など聖フランチェスコの生涯が描かれた壁画がある。
5 □□ 【R3】	イタリア中部の都市　　　で毎年夏に開催される「**パリオ**」は、中心部の**カンポ広場**で行われる裸馬による地区対抗の**競馬**をメインとする祭りである。	**シエナ** カンポ広場は、シエナの中心部にある貝殻の形をした美しい広場。
6 □□ 【H26】	ソレント半島の沖合、ナポリ湾の南にあり、古代ローマ時代から保養地として知られた　　　島には、洞窟の入り口から差し込む光線が海底に反射し、水面が青く輝いて見える神秘的な「**青の洞窟**」がある。	**カプリ**
7 □□ 【R4】	**シェイクスピアの「ロミオとジュリエット」の舞台**として知られるイタリアの　　　では、毎年夏の期間に、古代ローマ時代の遺跡である**円形闘技場（アレーナ）**を使用して**野外音楽祭**が開かれている。	**ヴェローナ**
8 □□ 【H11】	地中海最大の　　　島には、活火山としてはヨーロッパ最高峰である**エトナ山**がそびえ、島内にはギリシャ文明などの影響を受けた遺跡が数多く残っている。	**シチリア**
9 □□ 【R3】	イタリア北東部、アドリア海の近くに位置する　　　には、「**初期キリスト教建築物群**」として世界遺産に登録されている**サン ヴィターレ教会**や**ガラ プラチディア廟**などがあり、内部には**ビザンチン様式のモザイク画**が今も色鮮やかに残っている。	**ラヴェンナ**
10 □□ 【H18】	宗教指導者を元首とする　　　は、**ミケランジェロ作の彫刻「ピエタ」**を所蔵する**サン・ピエトロ大聖堂**などキリスト教美術の宝庫で、世界中から観光客が訪れる。	**バチカン市国** システィーナ礼拝堂（ミケランジェロ作の壁画『最後の審判』所蔵）もある。

ヨーロッパ

295

7 オランダ

MAP ▶ P324

1
【H29】
アムステルダム南西部に位置する□□は、「**真珠の耳飾りの少女**」などの作品で有名な画家**フェルメールの生誕地**であり、16世紀からここで生産されている陶器は、伝統的な手描き手法と美しい**ブルーの色彩**が特徴であることでも知られている。

デルフト
デルフト焼は、伊万里焼の影響を受けたともいわれ、白地に独特の青の絵付けが人気。

2
【H27】
2015年は、「**ひまわり**」や「**アルルの跳ね橋**」などの作品で知られる画家**ゴッホ**の没後125年にあたり、ゴッホコレクションの双璧ともいえるアムステルダムのゴッホ美術館や**オッテルロー**の□□美術館をはじめオランダ各地で、ゴッホの特別展などが開催された。

クレラー・ミュラー

3
【H24】
オランダの水郷地帯□□はロッテルダムの南東にあり、18世紀に灌漑用として造られた**風車が19基**とまとまった数が残され、広々とした湿原にその壮観な姿を見せている。

キンデルダイク

8 ベルギー

MAP ▶ P325

1
【H28】
ダイヤモンド取引の中心地としても知られるベルギーの□□には、児童文学の名作「**フランダースの犬**」にも出てくる17世紀の画家**ルーベンス**の最高傑作「**キリストの昇架**」、「**キリストの降架**」などの祭壇画で有名なノートルダム大聖堂がある。

アントワープ
ルーベンスが晩年を過ごした家が公開されている。

2
【R1】
ベルギーのフランドル地方にある□□は、運河が市内を縦横に流れる町で、**マルクト広場**を中心とした旧市街の歴史地区、鐘楼、**ベギン会修道院**の3つが世界遺産に登録されている。

ブルージュ
「水の都」とも称される都市。グルーニング美術館、メムリンク美術館などがある。

9 ドイツ

MAP ▶ P326 ～ 327

1〇〇【H12】	ベルリンの南西に隣接する□□□は、第二次世界大戦を終結に導いた**宣言**が発せられた都市であり、かつてはプロイセン王の城下町で、ロココ様式の壮麗な**サンスーシー宮殿**が有名である。	**ポツダム** ポツダム宣言は、ツェツィリエンホフ宮殿で発せられた。
2〇〇【R2】	かつてザクセン王国の首都として**エルベ川**沿いに繁栄したドイツ東部の都市□□□は、美しい町並みが第二次世界大戦により破壊されたが、瓦礫の山から復元したバロック様式の**フラウエン教会**や**ツヴィンガー宮殿**などの歴史的建造物が修復、再建されている。	**ドレスデン** 現在、ツヴィンガー宮殿は、博物館として使用されており、絵画などが展示されている。
3〇〇【H25】	ドイツ中部チューリンゲン州の都市□□□は、18世紀末から19世紀初頭に**ゲーテ**や**シラー**などの文人や音楽家などが集まりドイツ古典主義文化が花開いた町で、ゲーテの家、シラーの家、リストの家などが遺されている。	**ワイマール**
4〇〇【H13】	東洋磁器に範を求めた□□□磁器は、18世紀にドイツ東部ザクセン州に設立された**ヨーロッパ最古の王立磁器製造所**で作製され、**ブルーオニオン**など独自のデザインによってヨーロッパ磁器のモデルとなった。	**マイセン**
5〇〇【H17】	ドイツの**シュバルツバルト**北部に位置する□□□は、古代ローマ時代から**温泉保養地**として繁栄し、ヨーロッパでも屈指の祝祭劇場で催される多彩な音楽プログラムにより、芸術・文化都市としても知られている。	**バーデン・バーデン**
6〇〇【H14】	ドイツのシュバルツバルト（黒い森）の東麓に源を発するネッカー川は、大学の町テュービンゲン、自動車産業の町シュトゥットガルトや古都ハイデルベルクを経て、**古城街道の西の起点マンハイム**で□□□川に流れ込む。	**ライン**

ヨーロッパ

7
☐☐
【H11】 ドイツのシュバルツバルトに源を発する国際河川 [   ] 川は、オーストリア、ハンガリー、クロアチアなどの国々を流れて**黒海に注ぐ**。

ドナウ

8
☐☐
【H29】 ドイツのバイエルン州にあり、**ロマンチック街道と古城街道が交わる** [   ] は、城壁に囲まれた中世の面影が残る町で、マルクト広場に面した市議宴会館の壁にはマイスタートゥルンクの逸話をテーマにした仕掛け時計があることで知られている。

ローテンブルク

9
☐☐
【H16】 ローテンブルクやノイシュヴァンシュタイン城などを主な見どころとし、古都ビュルツブルクからフュッセンまでの約 350km におよぶロマンチック街道の白地図上の位置は [   ] である。

d
a：エリカ街道
b：メルヘン街道
c：古城街道

10 スイス

MAP ▶ P328 〜 329

1
☐☐
【H17】 バイロンの詩「シヨンの囚人」で知られる**シヨン城**は、スイス西端の [   ] 湖岸に建つ 12 世紀以来の古城で、その湖畔には国際都市ジュネーブやローザンヌ、モントルーなどの観光保養都市がある。

レマン

2
☐☐
[H25]

チューリヒの南東にある都市◻には、女流作家ヨハンナ シュピーリの**小説「ハイジ」**の生活を伝えるハイジハウス（博物館）があり、台所、寝室、納屋など、物語の中に描かれていたとおりのアルプスの農民の暮らしが再現されている。

マイエンフェルト

3
☐☐
[H30]

ベルニナ アルプスに囲まれたスイス南東部オーバーエンガディン地方の国際的なリゾート地◻は、過去に2回の冬季オリンピックが開催された地で、**ツェルマット**との間を約8時間で結ぶ**氷河特急**（Glacier Express）の発着地でもある。

サン・モリッツ

ツェルマット（スイス）との間で氷河特急が、ティラーノ（イタリア）との間でベルニナ・エクスプレスが運行している。

4
☐☐
[H24]

氷河特急の発着地で、環境を守るため一般の自動車の乗り入れが禁止されているツェルマットから登山電車で行く◻の展望台からは、マッターホルンやモンテ ローザなどの4,000m級のアルプスの山々が眺望できる。

ゴルナーグラート

5
☐☐
[H12]

アルプス山脈最大の**アレッチ氷河**は、登山電車で行く観光のハイライトの一つとなっているが、その氷河は、ベルナーオーバーラント山群の◻山とメンヒ山の南西に発し、融水はローヌ川上流に注いでいる。

ユングフラウ

ユングフラウヨッホにあるスフィンクス展望台から、アレッチ氷河などが一望できる。

🔒 11 オーストリア

MAP ▶ P330

1
☐☐
[R1]

オーストリアの**ザルツブルク**にある◻宮殿には、ギリシャ神話をモチーフとした彫像、花壇や噴水が配置される美しい**庭園**があり、**映画「サウンド オブ ミュージック」の舞台**になったことでも知られている。

ミラベル

ザルツブルクでは、例年夏に国際的に有名な音楽祭が開催されている。また、モーツァルトの生家も同都市の名所として人気が高い。

12 チェコ

MAP ▶ P330

1
【H28】
ボヘミア王国の首都として栄えたプラハは、**「百塔の街」**などと呼ばれ、中央を流れる**ヴルタヴァ（モルダウ）**川にかかるゴシック様式の□□□□は、両側の欄干に聖人像が並ぶプラハ最古の美しい石橋である。

カレル橋
聖ヤン・ネポムツキーや聖フランシスコ・ザビエルなどの像が30体並んでいる。

13 ポーランド

MAP ▶ P331

1
【R1】
ポーランド南部、ヴィスワ川上流に位置する古都□□□□の旧市街には、歴代国王の居城であった**ヴァヴェル城**、**中央広場**には織物会館や聖マリア教会などの見どころがある。

クラクフ

14 ハンガリー

MAP ▶ P331

1
【H21】
ドナウ川両岸の眺望が美しい□□□□は、王宮の丘から見おろす**聖イシュトバーン大聖堂**や**くさり橋**などの歴史的建造物が建ち並ぶ古都である。

ブダペスト
くさり橋（セーチェニ橋）は、ドナウ川にかかる橋で、ブダ地区とペスト地区を結ぶ最も豪華な橋。

15 クロアチア

MAP ▶ P331

1
【H26】
クロアチア南部にある□□□□の旧市街は、全長約2kmの防壁で囲まれた町で、その壁の上の周遊路からは**オレンジ色の屋根**と**紺碧のアドリア海**の眺望が楽しめる。

ドゥブロブニク

2
【R4】
クロアチアの南部、アドリア海に面する□□□□は、ローマ皇帝**ディオクレティアヌスの宮殿跡**に7世紀頃から人が居住し始め発展した町で、旧市街の礎となった宮殿跡は他の史跡群とともに世界遺産に登録されている。

スプリト

 16 デンマーク

MAP ▶ P332

1
【R2】
デンマークのユトランド半島とシェラン島の間にある
フュン島北部の　　　　は、「マッチ売りの少女」などで
有名な**童話作家アンデルセンの生地**で、生家や博物館が
ある。

オーデンセ

2
【予想】
シェイクスピア作の「ハムレット」の舞台のモデルとさ
れる　　　　城は、デンマークの首都コペンハーゲンの
北に位置する**ヘルシンゲル**の海辺に建っている。

クロンボー

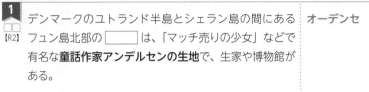

ヨーロッパ

17 ノルウェー

MAP ▶ P332〜333

1
【R4】
かつてノルウェーの首都であり、**ハンザ同盟の海運基地**
として繁栄した　　　　は、中世の町並みを今に伝えて
いる世界遺産の**ブリッゲン**などがあり、**フィヨルド観光**
の中心地としても知られている。

ベルゲン
ヨーロッパ本土最
長で最深のソグネ
フィヨルド観光の玄
関口である。

18 フィンランド

MAP ▶ P333

1
【H26】
フィンランド北部の**ラップランド**にある　　　　の郊外に
は、周囲を森に囲まれた幻想的で小さな**サンタクロース
村**があり、村は一年中クリスマスムードに包まれている。

ロヴァニエミ

19 ギリシャ

MAP ▶ P334

1
【H16】
アテネ市内アクロポリスの丘上の建造物でホメロスの詩
にも登場する　　　　は、**6体の美しい乙女の像**（カリ
アティド）がイオニア式屋根の一部を支えている。

エレクティオ
ン

2
【H28】
□□
エーゲ海の南端にあり、**三日月のような形**をした [   ] には、急峻な斜面に真っ白な建物が建ち並ぶフィラや白壁に青い屋根の教会と夕日の絶景でも知られるイアなどの見どころがあり、島の観光には名物のロバタクシーも利用できる。

サントリーニ島

3
【H24】
□□
ヨーロッパ最古の文明の発祥地として知られる [   ] はエーゲ海に浮かぶ**ギリシャ最大の島**で、**クノッソス**や**フェストス宮殿**などが遺され、美しい海岸線と温暖な気候に恵まれた同国有数のリゾート地でもある。

クレタ島

4
【H13】
□□
エーゲ文明の存在は、19世紀後半にドイツの考古学者 [   ] によって、ギリシャ南部の**ミケーネ**などの古代都市遺跡が発掘されたことにより明らかとなった。

シュリーマン

5
【R2】
□□
ギリシャ、**テッサリア地方**にある**修道院群** [   ] は、**切り立った巨岩群**とその上に建てられたギリシャ正教の**修道院の奇観**で知られ、文化・自然共に価値を認められた世界複合遺産に登録されている。

メテオラ

🛍 20 ロシア

MAP ▶ P335

1
【H26】
□□
モスクワの東方にあり、かつて公国の首都が置かれた [   ] には、12世紀に建てられた**ウスペンスキー大聖堂**やドミトリエフスキー聖堂が遺され、それらの白い建造物群は、**スーズダリ**にある大聖堂などとともに世界文化遺産として登録されている。

ウラジーミル

2
【H15】
□□
ネヴァ川沿いに位置し、**エルミタージュ美術館**をはじめ、バレエの公演で知られる**マリインスキー劇場**がある [   ] は、歴史と文化の魅力に溢れた古都である。

サンクト・ペテルブルク

21 ヨーロッパの複合問題（1）

次の下線部のうち、誤っているものはどれか。

1
[H27]

フランス北西部の<u>a. ノルマンディー地方</u>と<u>b. ブルゴーニュ地方</u>にはさまれた<u>c. サン マロ湾</u>の約 1km の沖合に築かれたモン サン ミッシェル修道院は、カトリック巡礼地のひとつで、パリの<u>d. モンパルナス駅</u>から TGV を利用して訪れることができる。

b
ブルターニュ地方が正しい。

2
[H30]

フランス北西部ノルマンディー地方には、印象派の巨匠モネの連作のモチーフとなった大聖堂のある古都<u>a. ルーアン</u>、「モネの邸宅と庭園」のある<u>b. ジヴェルニー</u>、第二次大戦後に再建された街並みが世界遺産に登録された近代的な港湾都市<u>c. エトルタ</u>、木組みの家が立ち並ぶセーヌ川河口の古い港町<u>d. オンフルール</u>などがある。

c
cはル・アーブルが正しい（オーギュスト・ペレによって再建された港湾都市）。エトルタは、石灰岩による白い断崖の絶景で知られるノルマンディー地方北部の港町。

3
[H25]

スペインの見どころとして、<u>a. コルドバ</u>には 16 世紀に建てられた絹取引所（ラ ロンハ デラ セダ）、<u>b. グラナダ</u>にはアルハンブラ宮殿、<u>c. セビリア</u>にはヒラルダの塔、<u>d. セゴビア</u>にはローマ時代の水道橋などがある。

a
絹取引所（ラ・ロンハ・デ・ラ・セダ）は、バレンシアにある。

4
[H21]

国民的詩人であるルイス デ カモインスの叙事詩を刻んだ石碑が立つ<u>a. スペインのロカ岬</u>は、<u>b. 大西洋</u>が一望できる<u>c. ユーラシア大陸の最西端</u>に位置し、<u>d. リスボン</u>はそこへの日帰り観光の拠点となっている。

a
ロカ岬は、ポルトガルの首都リスボンにある。

5
[H27]

イタリア中部の古都フィレンツェには、町を一望できる<u>a. ミケランジェロ広場</u>や宝飾店が軒を連ねる<u>b. ベッキオ橋</u>、町の中心にある<u>c. サンタ マリア デル フィオーレ（花の大聖堂）</u>、ミケランジェロのダビデ像を収蔵する<u>d. ウフィツィ美術館</u>などの見どころがある。

d
ミケランジェロ作の『ダビデ像』は、フィレンツェのアカデミア美術館に所蔵されている。

6 [R2]

ナポリとその周辺には、紀元79年にベスビオ火山の噴火で埋まったa．ポンペイ遺跡、ナポリ民謡にも歌われたb．サンタ ルチア港、ポジターノなどの町があるc．リビエラ海岸、青の洞窟があるd．カプリ島などの見どころがある。

c

ポジターノなどの町があるのはアマルフィ海岸である。リビエラ海岸はイタリア北西部、ジェノバを州都とするリグーリア州にある海岸。

---

7 [H23]

イタリア トスカーナ州には、ルネサンス芸術の中心地a．フィレンツェ、斜塔で有名なピサ、カンポ広場や伝統祭事パリオで知られるb．シエナ、美しい塔の街c．ボローニャ、教皇ピウス2世により、ルネサンス様式の理想都市として整備されたd．ピエンツァなど多くの見どころのある都市が多い。

c

トスカーナ州にあり、美しい塔の街として知られている都市はサン・ジミニャーノである（ボローニャは、エミリア・ロマーニャ州の州都）。

---

8 [H23]

ドイツ中部、a．マイン川の下流にあるb．フランクフルトは、サッカー女子W杯でなでしこジャパンが初優勝を遂げた地で、そこはドイツを代表する詩人で作家であったc．ヘルマンヘッセの生地としても知られ、街のシンボルであるd．旧市庁舎レーマーは、旧市街の中心にある。

c

フランクフルトが生地であるドイツを代表する詩人はゲーテである。

---

9 [H30]

音楽の都ウィーンには、ワルツの曲名で知られるa．ドナウ川が流れ、b．国立歌劇場をはじめ多数の劇場やコンサート ホール、バイオリンを弾く金色のc．ヨハン シュトラウス像、d．モーツァルトの生家など、音楽に関わる見どころが尽きない。

d

モーツァルトの生家はザルツブルクにある。ウィーンには、シューベルトの生家がある。

---

10 [H22]

a．モルダウ川の両岸に広がり、尖塔が多いことから百塔の街と呼ばれるb．ワルシャワは、30体の聖人像が欄干に並ぶ石造りのカレル橋やc．聖ヴィート大聖堂、旧市庁舎のd．天文時計など歴史的建造物に富む古都である。

b

「百塔の街」と呼ばれるのはチェコの首都プラハである（ワルシャワは、ポーランドの首都）。

11
□□
[H21]
チーズは種類によって固有の名称をもつが、その原産地となる地方や町村名がつけられたものに、<u>a．イタリア</u>のゴルゴンゾーラ、<u>b．オランダのゴーダ</u>、<u>c．デンマーク</u>のチェダー、<u>d．フランス</u>のカマンベールなどがある。

c
チェダーチーズの原産地はイギリスである。

---

 22 ヨーロッパの複合問題 (2)

1
□□
[H14]
次の広場とその所在する都市との組合せのうち、誤っているものはどれか。
  a．コンコルド ― パリ
  b．グラン プラス ― マドリード
  c．サン マルコ ― ヴェネツィア
  d．マリエン ― ミュンヘン

b
グラン・プラスは、ベルギーのブリュッセルにある広場。マドリードには、マヨール広場やスペイン広場がある。

2
□□
[H17]
次の都市とその都市の代表的な通り及び広場の組合せのうち、誤っているものはどれか。
  a．ロンドン ― リージェント通り ― ダム広場
  b．ニューヨーク ― ブロードウェイ ― タイムズ スクエア
  c．パリ ― シャンゼリゼ大通り ― コンコルド広場
  d．北京 ― 王府井大街 ― 天安門広場

a
ダム広場はオランダのアムステルダムにある広場。ロンドンには、ピカデリー・サーカスやトラファルガー広場がある。

3
□□
[H17]
次の都市とその都市を流れる川及びその川に架かる橋の組合せが、すべて正しいものはどれか。
  a．ウィーン ― マイン川 ― カレル橋
  b．パリ ― セーヌ川 ― カペル橋
  c．プラハ ― ドナウ川 ― セーチェニくさり橋
  d．フィレンツェ ― アルノ川 ― ベッキオ橋

d
a．マイン川はドイツを流れる川。カレル橋はヴルタヴァ（モルダウ）川に架かる橋で、プラハ（チェコ）にある。
b．カペル橋はロイス川に架かる橋で、ルツェルン（スイス）にある。
c．セーチェニくさり橋はドナウ川に架かる橋で、ブダペスト（ハンガリー）にある。

4
□□
【H23】
次の都市とその都市を流れる川及びその川に架かる橋との組合せのうち、正しい組合せを<u>すべて</u>選びなさい。
- a．パリ ― セーヌ川 ― アレクサンドル 3 世橋
- b．ブダペスト ― ドナウ川 ― くさり橋（セーチェニくさり橋）
- c．ロンドン ― テムズ川 ― タワー ブリッジ

a、b、c
すべて正しい。

5
□□
【H26】
フランスのロワール渓谷には多くの古城が点在しているが、「シュリー シュル ロワールとシャロンヌ間のロワール渓谷」として世界遺産に登録されている城を<u>すべて</u>選びなさい。
- a．アンボワーズ城
- b．シャンボール城
- c．シュノンソー城
- d．ブロワ城

a、b、c、d
すべて世界文化遺産に登録されている。

6
□□
【R4】
次の作品のうち、フランス パリのルーブル美術館に収蔵されているものを<u>すべて</u>選びなさい。
- a．「タヒチの女たち」（作者 ゴーギャン）
- b．「カナの婚礼」（作者 ヴェロネーゼ）
- c．「民衆を導く自由の女神」（作者 ドラクロワ）

b、c
ゴーギャン作の『タヒチの女たち』は、パリ（フランス）のオルセー美術館に収蔵されている。

7
□□
【H30】
スペインにおける次の作品名と作者及びその作品のある施設（都市）との組合せのうち、正しいものを<u>すべて</u>選びなさい。
- a．オルガス伯爵の埋葬 ― エル グレコ ― サント トメ教会（トレド）
- b．ゲルニカ ― ピカソ ― ピカソ美術館（バルセロナ）
- c．ラス メニーナス ― ベラスケス ― プラド美術館（マドリード）

a、c
ピカソ作の『ゲルニカ』は、マドリード（スペイン）の国立ソフィア王妃芸術センターに所蔵されている。

8 【H29】 次の作品と作者及びその作品がある教会等との組合せのうち、正しいものを<u>すべて</u>選びなさい。

a. 最後の晩餐 ― レオナルド ダ ヴィンチ ― サンタ マリア デル フィオーレ教会

b. 最後の審判 ― ミケランジェロ ― システィーナ礼拝堂

c. ピエタ像 ― ラファエロ ― サン ピエトロ大聖堂

> **b**
> a. レオナルド・ダ・ヴィンチ作の『最後の晩餐』は、ミラノ（イタリア）のサンタ・マリア・デレ・グラツィエ教会にある。c.『ピエタ像』の作者はミケランジェロが正しいのでcも誤り。

9 【R2】 次の絵画作品とその作品が収蔵されている美術館との組合せのうち、正しい組合せを<u>すべて</u>選びなさい。

a. 「夜警」（レンブラント）― アムステルダム国立美術館

b. 「真珠の耳飾りの少女」（フェルメール）―オルセー美術館

c. 「春」（ボッティチェリ）― ウフィツィ美術館

> **a、c**
> フェルメール作の『真珠の耳飾りの少女』（別名:青いターバンの女）は、オランダのハーグにあるマウリッツハイス美術館に収蔵されている。

10 【予想】 次の絵画とその収蔵する美術館との組合せのうち、正しいものを<u>すべて</u>選びなさい。

a. 「夜のカフェテラス」（ゴッホ）― クレラー ミュラー美術館

b. 「ヴィーナスの誕生」（ボッティチェリ）― ウフィツィ美術館

c. 「落穂拾い」（ミレー）― ルーブル美術館

> **a、b**
> ミレー作の『落穂拾い』は、パリ（フランス）のオルセー美術館に収蔵されている。

11 【H28】 次の山岳観光とその観光拠点及び展望台の組合せから、正しいものだけをすべて選んでいるものはどれか。

（ア）マッターホルン観光 ― ツェルマット ― ゴルナーグラート

（イ）ユングフラウ観光 ― インターラーケン ― ピラトゥス

（ウ）モンブラン観光 ― シャモニー ― エギーユ デュ ミディ

a. （ア）（イ）　　b. （ア）（ウ）

c. （イ）（ウ）　　d. （ア）（イ）（ウ）

> **b.（ア）（ウ）**
> ユングフラウの展望台は、ユングフラウヨッホにあるスフィンクス展望台が有名。よって、（イ）は誤り。

12 【R4】 次の陶磁器で有名な都市とその所在する国との組合せのうち、正しいものを<u>すべて</u>選びなさい。

a．ヘレンド ― イタリア
b．マイセン ― ドイツ
c．リモージュ ― フランス

b、c

ヘレンドはハンガリーの名産品（磁器）である。

13 【予想】 次の陶磁器とその生産国及びその国の料理との組合せのうち、誤っているものを<u>すべて</u>選びなさい。

a．セーブル ― フランス ― ミネストローネ
b．ウェッジウッド ― イギリス ― フィッシュ＆チップス
c．デルフト ― ドイツ ― ザワークラウト

a、c

aのセーブルはフランスの名産品（磁器）であるが、ミネストローネはイタリアの名物料理。cのザワークラウトはドイツの名物料理であるが、デルフトはオランダの名産品（陶器）。

14 【H14】 次の国とその代表的な料理との組合せのうち、誤っているものはどれか。

a．オーストリア ― ウィンナー シュニッツェル
b．スイス ― チーズ フォンデュ
c．スペイン ― パエリヤ
d．ドイツ ― ブイヤベース

d

ブイヤベースは、フランスのマルセイユの名物料理である。
ドイツを代表する料理としては、アイスバインやザワークラウトがある。

15 【H15】 次の都市、その都市を流れる川及びその国の代表的音楽の組合せで誤っているものはどれか。

a．インスブルック ― エルベ川 ― ヨーデル
b．パリ ― セーヌ川 ― シャンソン
c．リスボン ― テージョ川 ― ファド
d．ローマ ― テベレ川 ― カンツォーネ

a

インスブルック＝オーストリア、エルベ川＝ドイツ、ヨーデル＝スイスなのでaは誤り。
b：フランス
c：ポルトガル
d：イタリア

16
□□
【H19】 次の列車名／路線名とその起点・終点都市との組合せの
うち、誤っているものはどれか。

　a．インディアン パシフィック － シドニー ←→ パース

　b．カナディアン号 － トロント ←→ バンクーバー

　c．氷河特急 － グリンデルワルト ←→ サン モリッツ

　d．ブルートレイン － ケープタウン ←→ プレトリア

c
氷河特急の運行区
間は、スイスのツェ
ルマット－サン・
モリッツなのでc
は誤り。
a：オーストラリア
b：カナダ
d：南アフリカ

23 ヨーロッパの複合問題 (3)

1
□□
【R3】 次の記述から、正しいものだけをすべて選んでいるもの
はどれか。

（ア）イングランド南東部にあるカンタベリーには、イギ
リス国教会（イングランド教会）の総本山の大聖堂が
あり、ここで12世紀に大司教のベケットが殉教した
ことから、多くの人が巡礼に訪れる聖地となった。

（イ）エイボン川沿いの小さな町ストラトフォード アポ
ン エイボンは、シェイクスピアの生まれた地として知
られ、彼の生家やゆかりの施設があり、街並みも中世
の雰囲気をとどめている。

（ウ）ハイランドと呼ばれる地方は、イングランド北西部
の標高1,000ｍ程度の山岳地帯に多数の湖が点在し、
ワーズワースらの湖畔詩人に好まれた地としても知ら
れている。

　a．（ア）（イ）　　　b．（ア）（ウ）

　c．（イ）（ウ）　　　d．（ア）（イ）（ウ）

a．（ア）（イ）
イングランド北西
部、多数の湖が
点在する地方は、
湖水地方である。
よって、（ウ）は誤
り。湖水地方には、
『ピーターラビット
のおはなし』の作
者ビアトリクス・
ポターの家（ヒル・
トップ）や、詩人
のワーズワースの
家（ダブ・コテージ）
などの見どころが
ある。
なお、ハイランド
地方はスコットラ
ンドの北部を指し、
中心都市はイン
バーネスである。

2

【H30】

次の記述から、正しいものだけをすべて選んでいるものはどれか。

（ア）パリ市街が一望できるモンマルトルの丘に建つサクレ クール寺院は、ロマネスク・ビザンチン様式の白亜の大寺院である。

（イ）ヴェネツィアのサン マルコ広場は三方を回廊のある建物に囲まれ、ビザンチン様式のサン マルコ大聖堂やドゥカーレ宮殿が建ち、広場には鐘楼がそびえている。

（ウ）ライン河畔に建つケルン大聖堂はゴシック様式の傑作で、内部には美しいステンドグラスや東方三博士の聖遺物を収めた黄金の棺などがある。

a．（ア）（イ）　　　b．（ア）（ウ）

c．（イ）（ウ）　　　d．（ア）（イ）（ウ）

d. （ア）（イ）（ウ）
すべて正しい。
（ア）パリ：フランス
（イ）ヴェネツィア：
イタリア
（ウ）ケルン：ドイツ

3

【H27】

パリの美術館に関する次の記述のうち、誤っているものはどれか。

a．3つの翼にわかれるルーブル美術館は世界最大規模の美術館で、「モナ リザ」や「ミロのヴィーナス」、「サモトラケのニケ」などの美術品が多数展示されている。

b．セーヌ川沿いにあるオルセー美術館はかつての駅舎を改装した美術館で、印象派の画家の作品が多数展示されている。

c．オランジュリー美術館は、印象派の巨匠モネの「睡蓮」の連作が展示されていることで有名である。

d．モンパルナス タワーにある国立近代美術館には、マティス、ピカソ、カンディンスキーなどの作品が多数展示されている。

d
国立近代美術館は、ポンピドゥーセンターにある（モンパルナス・タワーではない）。

4 次の記述から、正しいものだけをすべて選んでいるものはどれか。

【R2】

(ア) ウィーンの北郊ハイリゲンシュタットには、作曲家ベートーヴェンが遺書を書いたことで知られる家が公開されており、楽曲の構想を練った小道が残っている。

(イ) ウィーンの市立公園には、ワルツ王といわれるヨハン シュトラウス 2 世がバイオリンを演奏する姿の黄金に輝く記念像がある。

(ウ) ウィーンのゲトライデガッセには、現在、モーツァルトの生家が公開されている記念館があり、ゆかりの品々を見ることができる。

a.（ア）（イ）　　　　b.（ア）（ウ）

c.（イ）（ウ）　　　　d.（ア）（イ）（ウ）

a.（ア）（イ）
ゲトライデガッセは、オーストリアのザルツブルクにある通りである（ウィーンにある通りではない）。よって、（ウ）は誤り。
モーツァルトの生家があるゲトライデガッセは、土産物店なども並んでおり、ザルツブルクのメインストリートとなっている。

---

5 ヨーロッパ アルプスの観光に関する次の記述のうち、誤っているものはどれか。

【H22】

a. アイガーは垂直に切り立つ北壁が有名で、麓の村グリンデルワルトからの景観も有名である。

b. ゴルナーグラート展望台からは、マッターホルンや氷河が広がり、その観光拠点はルツェルンである。

c. ユングフラウヨッホの展望台からは、ヨーロッパ最長のアレッチ氷河が眼下に眺められる。

d. モン ブラン観光のハイライトは、シャモニーからエギーユ デュ ミディへのロープウェイからの眺望である。

b
マッターホルンへの観光拠点はツェルマットである（ルツェルンはピラトゥス山への観光拠点）。

ヨーロッパ

ドイツを周遊する募集型企画旅行の次の日程表（抜粋）に関する次の各設問について、該当するものをそれぞれの選択肢から一つ選びなさい。

［日程表］（抜粋）

	行程	宿泊
1日目	東京（羽田）発✈フランクフルト着。 着後、ハイデルベルクへ。	ハイデルベルク泊
2日目	午前、ハイデルベルク観光。観光後、 ① の一部をドライブし、ローテンブルクへ。 着後、ローテンブルク観光。	ローテンブルク泊
3日目	午前、ロマンチック街道を南下し、フュッセンへ。 途中、ディンケルスビュールや ② に立ち寄ります。	フュッセン泊
4日目	午前、ロマンチック街道のハイライト ③ 観光。 観光後、ミュンヘンへ。	ミュンヘン泊

問 1. **マンハイムからハイデルベルク、ローテンブルクを通りチェコのプラハ**まで結ぶ ① に該当する観光街道の名称は、次のうちどれか。

a．ゲーテ街道　　　　　　　　b．古城街道
c．ファンタスティック街道　　d．メルヘン街道

b

古城街道は、ローテンブルクでロマンチック街道と交わる。

問 2. **ロマンチック街道沿い**にあり、ドイツの古代ローマ都市のひとつとして知られる ② に該当する都市は、次のうちどれか。

a．アウクスブルク　　　　　　b．ヴュルツブルク
c．ニュルンベルク　　　　　　d．バンベルク

a

［日程表］の2日目〜3日目より、ローテンブルクからロマンチック街道を南下し、フュッセンに向かう途中にある都市である。

問 3. **フュッセン近郊**にあり、バイエルン国王**ルートヴィヒ2世**がワーグナーのオペラに影響されて、アルプ湖を見下ろす高台に建てた ③ に該当する城は、次のうちどれか。

a．ヴァルトブルク城　　　b．ノイシュヴァンシュタイン城
c．ホーエンツォレルン城　d．リンダーホフ城

b

「白鳥城」と称され、ディズニーランドのシンデレラ城のモデルとも言われている城。

中欧（チェコ、オーストリア、ハンガリー）を周遊する募集型企画旅行の
次の日程表（抜粋）に関する次の各設問について、該当するものをそれぞ
れの選択肢から一つ選びなさい。

［日程表］（抜粋）

	行程	宿泊・食事
2日目	午前、プラハ市内観光。 ① 川にかかるプラハ最古のカレル橋やプラハ城など世界遺産の街をご案内します。	プラハ泊
	昼食後、自由行動。	朝・昼・ー
3日目	午前、専用バスで世界遺産チェスキー クルムロフへ。着後、湾曲して流れる ① 川に囲まれたチェスキー クルムロフの歴史地区観光。	ウィーン泊
	昼食後、国境を越えてオーストリアのウィーンへ。	朝・昼・夕
4日目	午前、ウィーン市内観光。音楽の都を象徴するワルツ王ヨハン シュトラウス2世の像がある ② などの見どころをご案内します。	ウィーン泊
	昼食後、自由行動。	朝・昼・ー
5日目	午前、専用バスで国境を越えてハンガリーのブダペストへ。	ブダペスト泊
	着後、市内のレストランでハンガリー名物の牛肉のパプリカ煮込み「 ③ 」を昼食にお楽しみください。	
	昼食後、「ドナウの真珠」ブダペスト市内観光にご案内します。	朝・昼・夕

問1. ドイツのドレスデンを流れる**エルベ川の支流**で、**プラハやチェスキー クルムロフ**などチェコの**ボヘミア地方**を流れる、**ドイツ語名で「モルダウ」**としても有名な川の名称として、 ① に該当するものは次のうちどれか。

a．ヴィスワ　　b．ヴォルガ
c．ヴルタヴァ　d．ネヴァ

c
a．ヴィスワ川は、ポーランド最長の川。
b．ヴォルガ川は、ロシア西部を流れ、カスピ海に注ぐヨーロッパ最長の川。
d．ネヴァ川はサンクト・ペテルブルク（ロシア）などを流れる川。

問2. 4日目の**ウィーン**市内観光で訪れる写真の**ヨハン シュトラウス2世の像**を見ることができるポイントとして、 ② に該当するものは次のうちどれか。

[写真]

a．国立オペラ座
b．シェーンブルン宮殿
c．シュテファン大聖堂
d．市立公園

d
a～dはすべてオーストリアの首都ウィーンにある名所である。このうち、ヨハン・シュトラウス2世がバイオリンを演奏する金色の像があるのは、市立公園である。

問3. **ハンガリーの名物料理**で、牛肉、玉ねぎなどに**パプリカ**を加えて**煮込んだ料理**の名称として、 ③ に該当するものは次のうちどれか。

a．アイスバイン　　b．グヤーシュ
c．ブイヤベース　　d．ボルシチ

b
a．アイスバインはドイツ、c．ブイヤベースはフランス、d．ボルシチはロシアの名物料理である。

ヨーロッパ全図

アイスランド

大西洋

アイルランド

イギリス

フィンランド

スウェーデン

ノルウェー

ロシア

エストニア

ラトビア

リトアニア

ベラルーシ

デンマーク

オランダ

ドイツ

ポーランド

ウクライナ

ルクセンブルク

チェコ

スロバキア

ベルギー

リヒテン
シュタイン

オーストリア

ハンガリー

ルーマニア

フランス

スイス

スロベニア

クロアチア

ブルガリア

スペイン

モナコ

イタリア

バチカン

ギリシャ

ポルトガル

地中海

黒海

マルタ

MAP
11

イギリス・アイルランド

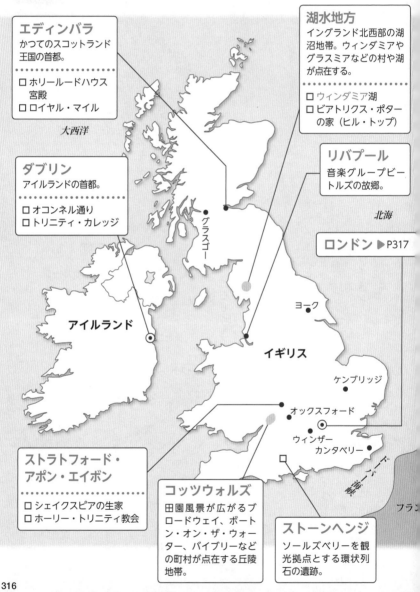

エディンバラ

かつてのスコットランド
王国の首都。

- □ ホリールードハウス
  宮殿
- □ ロイヤル・マイル

大西洋

湖水地方

イングランド北西部の湖
沼地帯。ウィンダミアや
グラスミアなどの村や湖
が点在する。

- □ ウィンダミア湖
- □ ビアトリクス・ポター
  の家（ヒル・トップ）

ダブリン

アイルランドの首都。

- □ オコンネル通り
- □ トリニティ・カレッジ

リバプール

音楽グループビー
トルズの故郷。

北海

ロンドン ▶ P317

アイルランド

グラスゴー

ヨーク

イギリス

ケンブリッジ

オックスフォード

ウィンザー

カンタベリー

フラン

ストラトフォード・
アポン・エイボン

- □ シェイクスピアの生家
- □ ホーリー・トリニティ教会

コッツウォルズ

田園風景が広がるブ
ロードウェイ、ボート
ン・オン・ザ・ウォー
ター、バイブリーなど
の町村が点在する丘陵
地帯。

ストーンヘンジ

ソールズベリーを観
光拠点とする環状列
石の遺跡。

ロンドン市内地図

1 ピカデリー・サーカス

・・・・・・・・・
通称エロス像がある広場で、リージェント通りやボンド通りの起点となっている。

2 トラファルガー広場

・・・・・・・・・
ネルソン提督の記念像と4頭のライオン像がある広場。ナショナル・ギャラリーに面している。

3 セントポール大聖堂

・・・・・・・・・
イギリス・バロック建築を代表するイギリス国教会の大聖堂。17世紀のロンドン大火で焼失したが、18世紀初頭に再建された。

4 ロンドン塔

・・・・・・・・・
要塞として建設され、現在は博物館になっている。「(偉大な)アフリカの星」と呼ばれる世界最大級のダイヤモンドが展示されている。

5 バッキンガム宮殿

・・・・・・・・・
イギリス王室の居城。衛兵の交代式が見られる。

6 ウェストミンスター寺院

・・・・・・・・・
歴代国王の戴冠式が行われてきた寺院。女王エリザベス2世の葬儀、ウィリアム皇太子の結婚式なども行われた。

7 国会議事堂

・・・・・・・・・
正式名称は「ウェストミンスター宮殿」。ゴシック様式の建物で、イギリス議会政治の中枢。時計塔(エリザベス塔)「ビッグ・ベン」に隣接する。

8 ロンドン・アイ

・・・・・・・・・
2000年のミレニアム記念事業で作られた大観覧車。

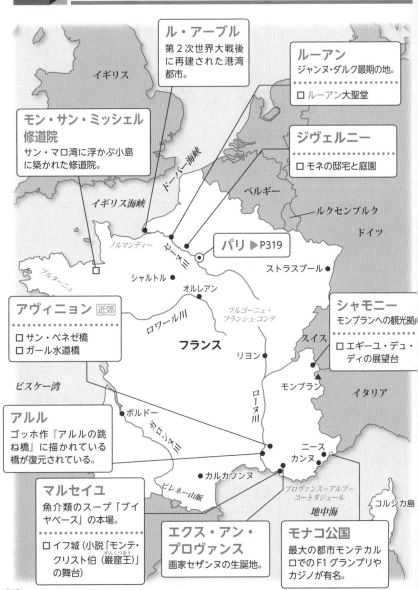

MAP

12 フランス・モナコ

イギリス

ル・アーブル
第2次世界大戦後に再建された港湾都市。

ルーアン
ジャンヌ・ダルク最期の地。
....
□ ルーアン大聖堂

モン・サン・ミッシェル修道院
サン・マロ湾に浮かぶ小島に築かれた修道院。

ジヴェルニー
....
□ モネの邸宅と庭園

イギリス海峡

ドーバー海峡

ベルギー

ルクセンブルク

ドイツ

ノルマンディー

セーヌ川

パリ ▶ P319

ストラスブール ●

シャルトル ●

オルレアン ●

ブルゴーニュ・フランシュ-コンテ

アヴィニョン 近郊
....
□ サン・ベネゼ橋
□ ガール水道橋

シャモニー
モンブランへの観光拠点
....
□ エギーユ・デュ・ディの展望台

ブルターニュ

ロワール川

フランス

リヨン ●

スイス

モンブラン ▲

イタリア

ビスケー湾

アルル
ゴッホ作『アルルの跳ね橋』に描かれている橋が復元されている。

ボルドー ●

ガロンヌ川

ローヌ川

ニース ●

カンヌ ●

カルカソンヌ ●

ピレネー山脈

プロヴァンス=アルプ=コートダジュール

コルシカ島

地中海

マルセイユ
魚介類のスープ「ブイヤベース」の本場。
....
□ イフ城（小説「モンテ・クリスト伯（巌窟王(がんくつおう)）」の舞台)

エクス・アン・プロヴァンス
画家セザンヌの生誕地。

モナコ公国
最大の都市モンテカルロでのF1グランプリやカジノが有名。

パリ市内地図

1 新凱旋門（グランダルシュ）

副都心ラ・デファンスにある。フランス革命200年を記念して建てられた。

2 シャンゼリゼ大通り

凱旋門（ナポレオン1世の命により着工）とコンコルド広場を結ぶパリのメインストリート。

3 サクレクール寺院

モンマルトルの丘にあるロマネスク・ビザンチン様式の寺院。白亜のドームが特徴。丘のふもとには、画家ロートレックらが通った歴史あるキャバレー「ムーラン・ルージュ」がある。

4 アレクサンドル3世橋

セーヌ川にかかるアーチ橋。装飾が豪華なことから「パリで一番美しい橋」といわれている。

5 エッフェル塔

1889年のパリ万博の際に建てられた塔。シャンドマルス公園の北西に位置する。

6 ノートルダム大聖堂

セーヌ川の中島シテ島にあるフランス・カトリックの総本山。「バラ窓」と呼ばれるステンドグラスも有名。
※火災により再建中。

7 ベルサイユ宮殿

パリ郊外。太陽王ルイ14世が完成させた宮殿。鏡の間や離宮プチ・トリアノンなどが見どころ。パリを中心とする半径約100kmの行政区イル・ド・フランス（フランスの島の意味）に含まれる。

MAP
13

スペイン・ポルトガル

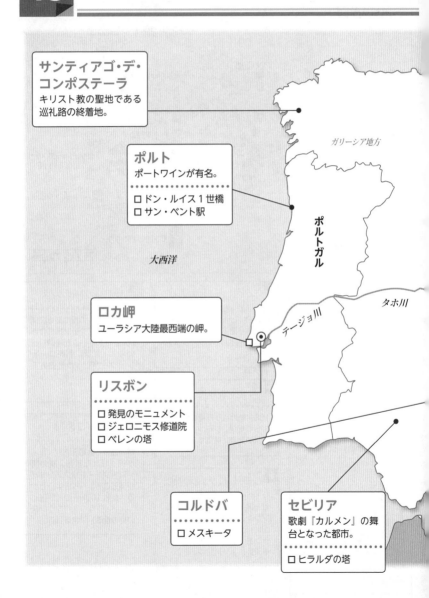

サンティアゴ・デ・コンポステーラ
キリスト教の聖地である巡礼路の終着地。

ポルト
ポートワインが有名。
□ ドン・ルイス1世橋
□ サン・ベント駅

ガリーシア地方

ポルトガル

大西洋

ロカ岬
ユーラシア大陸最西端の岬。

テージョ川

タホ川

リスボン
□ 発見のモニュメント
□ ジェロニモス修道院
□ ベレンの塔

コルドバ
□ メスキータ

セビリア
歌劇『カルメン』の舞台となった都市。
□ ヒラルダの塔

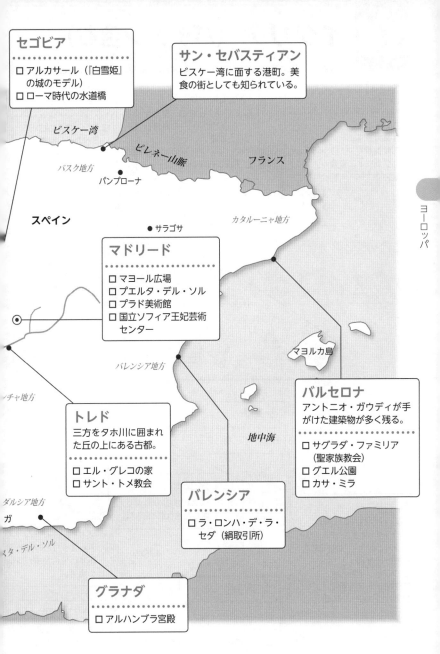

セゴビア

□ アルカサール（『白雪姫』
　の城のモデル）
□ ローマ時代の水道橋

サン・セバスティアン

ビスケー湾に面する港町。美
食の街としても知られている。

ビスケー湾

ピレネー山脈

フランス

バスク地方

パンプローナ

スペイン

● サラゴサ

カタルーニャ地方

マドリード

□ マヨール広場
□ プエルタ・デル・ソル
□ プラド美術館
□ 国立ソフィア王妃芸術
　センター

マヨルカ島

バレンシア地方

トレド

三方をタホ川に囲まれ
た丘の上にある古都。

□ エル・グレコの家
□ サント・トメ教会

地中海

バルセロナ

アントニオ・ガウディが手
がけた建築物が多く残る。

□ サグラダ・ファミリア
　（聖家族教会）
□ グエル公園
□ カサ・ミラ

バレンシア

□ ラ・ロンハ・デ・ラ・
　セダ（絹取引所）

ンチャ地方

ダルシア地方

ガ

スタ・デル・ソル

グラナダ

□ アルハンブラ宮殿

ヨーロッパ

MAP
14 ▶

イタリア（バチカン含む）

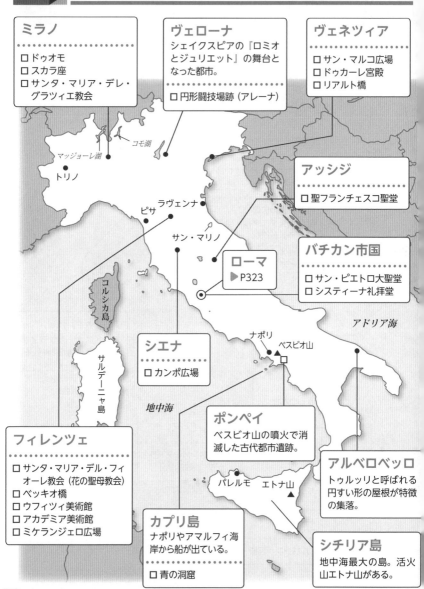

ミラノ
- □ ドゥオモ
- □ スカラ座
- □ サンタ・マリア・デレ・グラツィエ教会

ヴェローナ
シェイクスピアの『ロミオとジュリエット』の舞台となった都市。
- □ 円形闘技場跡（アレーナ）

ヴェネツィア
- □ サン・マルコ広場
- □ ドゥカーレ宮殿
- □ リアルト橋

コモ湖

マッジョーレ湖

トリノ

ピサ　ラヴェンナ

サン・マリノ

アッシジ
- □ 聖フランチェスコ聖堂

ローマ
▶ P323

バチカン市国
- □ サン・ピエトロ大聖堂
- □ システィーナ礼拝堂

コルシカ島

サルデーニャ島

アドリア海

ナポリ

ベスビオ山

シエナ
- □ カンポ広場

地中海

ポンペイ
ベスビオ山の噴火で消滅した古代都市遺跡。

フィレンツェ
- □ サンタ・マリア・デル・フィオーレ教会（花の聖母教会）
- □ ベッキオ橋
- □ ウフィツィ美術館
- □ アカデミア美術館
- □ ミケランジェロ広場

パレルモ　エトナ山

アルベロベッロ
トゥルッリと呼ばれる円すい形の屋根が特徴の集落。

カプリ島
ナポリやアマルフィ海岸から船が出ている。
- □ 青の洞窟

シチリア島
地中海最大の島。活火山エトナ山がある。

ローマ（バチカン）市内地図

地図内ラベル：
バチカン市国
サン・ピエトロ大聖堂 1
システィーナ礼拝堂
サンタンジェロ城 2
スペイン階段
スペイン広場 3
コンドッティ通り
テルミニ駅
ナボーナ広場
トレビの泉 4
パンテオン
ビットリオ・エマヌエーレ2世記念堂
サンタ・マリア・マッジョーレ教会
フォロ・ロマーノ 5
真実の口 6
コロッセオ 7
パラティーノの丘
コンスタンティヌス帝の凱旋門
サンタ・マリア・イン・コスメディン教会

---

1 サン・ピエトロ大聖堂

世界最小の独立国家バチカン市国にある、カトリックの総本山。

2 サンタンジェロ城（聖天使城）

ハドリアヌス帝の霊廟として建てられ、現在は博物館として公開されている。城の頂上に大天使ミカエルの像がある。

3 スペイン広場

高級ブランド店が並ぶコンドッティ通りにつながる広場。北側にある階段は映画『ローマの休日』の舞台として有名。

4 トレビの泉

海の神ネプチューン（ポセイドン）像がある噴水。噴水を背にコインを投げる光景が見られる。

5 フォロ・ロマーノ

古代ローマの政治・経済の中心地跡。元老院や神殿などの遺跡が点在する。

6 真実の口

サンタ・マリア・イン・コスメディン教会の入り口にある円盤型の大理石。

7 コロッセオ

円形の古代ローマの闘技場。近くにコンスタンティヌス帝の凱旋門がある。

映画『ローマの休日』のロケ地

- スペイン広場
- 真実の口
- サンタンジェロ城

323

MAP
15

オランダ

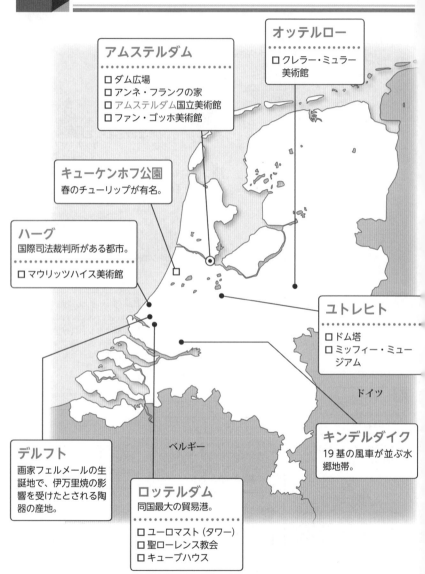

オッテルロー
- □ クレラー・ミュラー美術館

アムステルダム
- □ ダム広場
- □ アンネ・フランクの家
- □ アムステルダム国立美術館
- □ ファン・ゴッホ美術館

キューケンホフ公園
春のチューリップが有名。

ハーグ
国際司法裁判所がある都市。
- □ マウリッツハイス美術館

ユトレヒト
- □ ドム塔
- □ ミッフィー・ミュージアム

ドイツ

キンデルダイク
19基の風車が並ぶ水郷地帯。

デルフト
画家フェルメールの生誕地で、伊万里焼の影響を受けたとされる陶器の産地。

ベルギー

ロッテルダム
同国最大の貿易港。
- □ ユーロマスト (タワー)
- □ 聖ローレンス教会
- □ キューブハウス

MAP
16
ベルギー

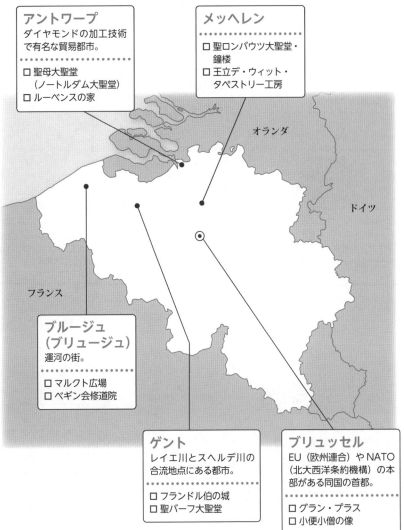

アントワープ
ダイヤモンドの加工技術で有名な貿易都市。
□ 聖母大聖堂
（ノートルダム大聖堂）
□ ルーベンスの家

メッヘレン
□ 聖ロンバウツ大聖堂・鐘楼
□ 王立デ・ウィット・タペストリー工房

オランダ

ドイツ

フランス

ヨーロッパ

ブルージュ（ブリュージュ）
運河の街。
□ マルクト広場
□ ベギン会修道院

ゲント
レイエ川とスヘルデ川の合流地点にある都市。
□ フランドル伯の城
□ 聖バーフ大聖堂

ブリュッセル
EU（欧州連合）や NATO（北大西洋条約機構）の本部がある同国の首都。
□ グラン・プラス
□ 小便小僧の像

MAP
17

ドイツ

ベルリン
- □ カイザー・ヴィルヘルム記念教会
- □ ブランデンブルク門
- □ シャルロッテンブルク宮殿
- □ ウンター・デン・リンデン

ワイマール
ドイツ古典主義文化が花開いた街。
- □ 国立バウハウス

デンマーク

バルト海

北海

リューベック

●ハンブルク

ブレーメン

エルベ川

●ハノーバー

ポツダム
- □ サンスーシー宮殿
- □ ツェツィリエンホフ宮殿

ケルン
- □ ケルン大聖堂

●デュッセルドルフ

マンハイム

ローレライ

ライン川

ハイデルベルク

□

チェコ

●マイン川

ネッカー川

ビュルツブルク

●ローテンブルク

バーデン・バーデン

ドナウ川

ドレスデン
エルベ川沿いの古都。
- □ ツヴィンガー宮殿
- □ フラウエン教会

フランクフルト
詩人ゲーテの生誕地。
- □ ゲーテハウス
- □ 旧市庁舎レーマー

フュッセン

ミュンヘン
- □ マリエン広場

マイセン
ブルーオニオンなどのデザインで知られる陶器の産地。

ドイツの街道

1 メルヘン街道

グリム兄弟の童話にまつわる街道。

・・・・・・・・・・・・・・・

【ハーナウ】
グリム兄弟の生誕地。

2 エリカ街道

赤紫色のエリカの花が咲く夏が観光のベストシーズン。

・・・・・・・・・・・・・・・

【ハンブルク】
メンデルスゾーンの生誕地。
【リューベック】
ハンザ同盟の盟主として栄えた都市。
【ハノーバー】
国際工業見本市の開催地。

3 古城街道

マンハイムからチェコのプラハに至る古城をめぐる街道。

4 アルペン街道

スイスやオーストリアとの国境近くの山岳観光ルート。ロマンチック街道のフュッセンなどを通る。

5 ファンタスティック街道

・・・・・・・・・・・・・・・

【ハイデルベルク】
ネッカー川沿いに位置する同国最古の学園都市。学生牢やハイデルベルク城がある。
【バーデン・バーデン】
温泉保養地。
【コンスタンツ】
ボーデン湖畔の保養地。

6 ロマンチック街道

ローテンブルクで古城街道と、フュッセンでアルペン街道と交わる。

・・・・・・・・・・・・・・・

【ローテンブルク】
マルクト広場にある仕掛け時計が有名。
【フュッセン】
シンデレラ城のモデルと言われるノイシュバンシュタイン城への観光拠点。

MAP
18 スイス

ルツェルン
ピラトゥスへの観光拠点。

□ カペル橋（屋根付きの
木造橋）

チューリヒ

□ フラウミュンスター
（聖母寺院）
□ グロスミュンスター

ベルン

□ ベルン大聖堂（ベル
ナーミュンスター）
□ ツィットグロッゲ
（時計塔）

ドイツ

フランス

オーストリア

▲ ピラトゥス 1

ダボス

ローザンヌ

● グリンデルワルト

インターラーケン

▲ ユングフラウ 2

サン・モリッツ

レマン湖

ツェルマット

モンブラン 4

イタリア

マッターホルン 3

モントルー
レマン湖の東に位置する。

□ シヨン城

マイエンフェルト
ヨハンナ・シュピーリの
小説『ハイジ』の舞台。

□ ハイジハウス

ジュネーブ
レマン湖の南西に位置す
る時計産業が盛んな都市。

□ ジェッドー（大噴水）
□ サン・ピエール大聖堂
□ 国際連合欧州本部
（パレ・デ・ナシオン）

アルプスの山

1 ピラトゥス

観光拠点であるルツェルンからバスなどでアルプナッハシュタットへ。そこから登山列車で（またはクリエンスからロープウェイで）山頂へ向かう。登山列車は世界一の急勾配（最大傾斜48％）の歯車式鉄道。

2 ユングフラウ

観光拠点はインターラーケンとグリンデルワルト。ユングフラウヨッホ駅はヨーロッパ最高地点にある鉄道の駅。隣接する「スフィンクス展望台」からは、ユングフラウ、メンヒ、アイガーなどの山々や、アルプス山脈最大のアレッチ氷河などを一望できる。グリンデルワルトに近い「フィルスト展望台」も人気の観光スポット。

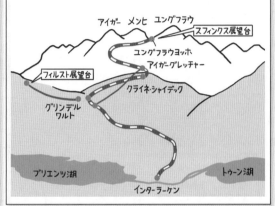

アイガー　メンヒ　ユングフラウ
スフィンクス展望台
ユングフラウヨッホ
アイガーグレッチャー
フィルスト展望台
クライネ・シャイデック
グリンデルワルト
ブリエンツ湖
トゥーン湖
インターラーケン

ヨーロッパ

3 マッターホルン

スイスとイタリアの国境に位置する。観光拠点であるツェルマットから地下ケーブルカーで「スネガ展望台」へ。また、登山列車で「ゴルナーグラート展望台」まで登ると、マッターホルンやモンテ・ローザなどの山々を一望できる。

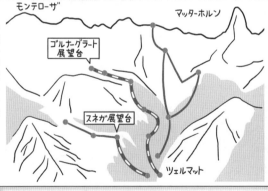

モンテローザ
マッターホルン
ゴルナーグラート展望台
スネガ展望台
ツェルマット

4 モンブラン

フランスとイタリアの国境に位置するヨーロッパアルプスの最高峰。フランスのシャモニーが主な観光拠点となる。「エギーユ・デュ・ミディ」の展望台からシャモニーU字谷などを一望できる。その他、「ブレバン山展望台」、「モンタンベール展望台」などがある。

MAP
19

オーストリア・チェコ

プラハ

「百塔の街」と称されるチェコの首都。

- □ プラハ城
- □ カレル橋
- □ 旧市庁舎（天文時計）

チェスキー・クルムロフ

S字状に流れるヴルタヴァ川（モルダウ川）沿いに中世の美しい建物が並ぶ。

ウィーン

ドナウ川流域に位置し、「音楽の都」と称される首都。

- □ 聖シュテファン寺院
- □ シェーンブルン宮殿
- □ ベルヴェデーレ宮殿
- □ ヨハン・シュトラウス像（市立公園）
- □ ケルントナー通り
- □ ウィーン美術史博物館

ドイツ

ポーラン

チェコ

ヴルタヴァ川

ザルツブルク

「塩の城」の意味をもち、塩の交易で繁栄した都市。

- □ ミラベル庭園
- □ モーツァルトの生家
- □ ゲトライデガッセ（通り）

ドナウ川

スロバキア

チロル

ハルシュタット

オーストリア

ハンガリー

イタリア

スロベニア

インスブルック

過去に2回冬季オリンピックの開催地となった都市。

- □ 黄金の小屋根

ザルツカンマーグート

山や湖が点在する丘陵地帯で、ザルツブルクとともに映画『サウンド・オブ・ミュージック』の舞台となった地域。岩塩産業の街ハルシュタットなどがある。

MAP
20

ポーランド・ハンガリー・クロアチア

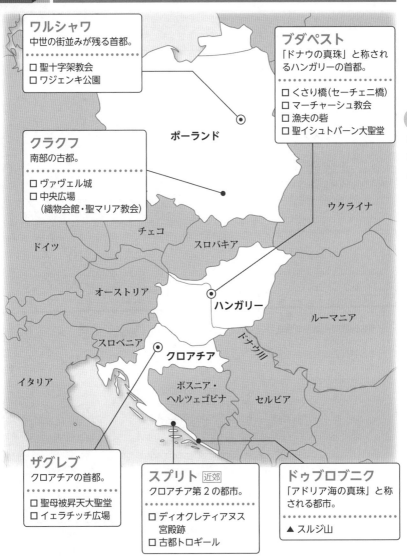

ワルシャワ
中世の街並みが残る首都。
・・・・・・・・・・・・・・・・・・
□ 聖十字架教会
□ ワジェンキ公園

ブダペスト
「ドナウの真珠」と称されるハンガリーの首都。
・・・・・・・・・・・・・・・・・・
□ くさり橋(セーチェニ橋)
□ マーチャーシュ教会
□ 漁夫の砦
□ 聖イシュトバーン大聖堂

クラクフ
南部の古都。
・・・・・・・・・・・・・・・・・・
□ ヴァヴェル城
□ 中央広場
　（織物会館・聖マリア教会）

ポーランド

ウクライナ

チェコ
スロバキア

ドイツ

オーストリア

ハンガリー

ルーマニア

スロベニア

クロアチア

ドナウ川

イタリア

ボスニア・ヘルツェゴビナ

セルビア

ザグレブ
クロアチアの首都。
・・・・・・・・・・・・・・・・・・
□ 聖母被昇天大聖堂
□ イェラチッチ広場

スプリト 近郊
クロアチア第2の都市。
・・・・・・・・・・・・・・・・・・
□ ディオクレティアヌス宮殿跡
□ 古都トロギール

ドゥブロブニク
「アドリア海の真珠」と称される都市。
・・・・・・・・・・・・・・・・・・
▲ スルジ山

ヨーロッパ

331

MAP
21
北欧諸国

レイキャビック 近郊
アイスランドの首都。

□ ハットルグリムス教会
□ 露天温泉ブルーラグーン

アイスランド

ブルーラグーン

ノルウェー海

ノルウェー

リレハンメル

ベルゲン
ハンザ同盟で栄えた都市
で、ブリッゲン地区などに
その時代の街並みが残され
ている。また、ソグネフィ
ヨルドへの観光拠点でもあ
る。

北海

イェーテボリ

オスロ
ノルウェーの首都。

□ カール・ヨハンス・
　ガーテ通り
□ オスロ国立美術館

デンマーク

オーデンセ
フュン島最大の都市で、童話
作家アンデルセンの生誕地。

トロムソ
夏は白夜、冬はオーロラ観賞が有名。

サーリセルカ
オーロラ観賞地。

ロヴァニエミ
ラップランドの中心地で、郊外にサンタクロース村がある。

フィンランド

ロシア

ヘルシンキ
「バルト海の乙女」と称されるフィンランドの首都。
....
□ マーケット広場
□ テンペリアウキオ教会

ストックホルム
「北欧のヴェネツィア」と称されるスウェーデンの首都。
....
□ 市庁舎の黄金の間

アイスランド

バルト海

コペンハーゲン
デンマークの首都。
....
□ ストロイエ（ショッピング街）
□ チボリ公園
□ 人魚姫の像

ヘルシンゲル
....
□ クロンボー城
（『ハムレット』の舞台となった城）

MAP
22
ギリシャ

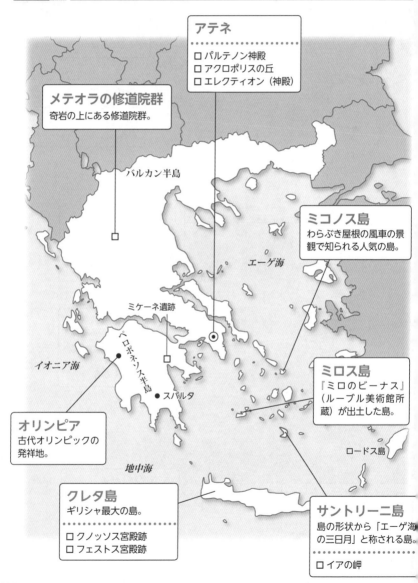

アテネ
□ パルテノン神殿
□ アクロポリスの丘
□ エレクティオン（神殿）

メテオラの修道院群
奇岩の上にある修道院群。

バルカン半島

ミコノス島
わらぶき屋根の風車の景観で知られる人気の島。

エーゲ海

ミケーネ遺跡

ペロポネソス半島

イオニア海

スパルタ

ミロス島
『ミロのビーナス』（ルーブル美術館所蔵）が出土した島。

オリンピア
古代オリンピックの発祥地。

地中海

ロードス島

クレタ島
ギリシャ最大の島。
□ クノッソス宮殿跡
□ フェストス宮殿跡

サントリーニ島
島の形状から「エーゲ海の三日月」と称される島。
□ イアの岬

MAP
23
ロシア

モスクワ

□ 赤の広場
□ 聖ワシリー寺院
□ クレムリン
□ ソボールナヤ広場

サンクト・ペテルブルク 近郊

ネヴァ川沿いの古都。旧名はレニングラード。

□ イサク聖堂
□ マリインスキー劇場
□ エルミタージュ美術館
□ エカテリーナ宮殿

ヨーロッパ

ウラル山脈

ユジノ・サハリンスク

サハリン

ハバロフスク

バイカル湖

イルクーツク

ウラジオストク

「黄金の環」（ゴールデン・リング）

モスクワの北東に位置する都市群の総称で、世界文化遺産が多く点在する。

【ウラジーミル】
□ ウスペンスキー大聖堂
□ ドミトリエフスキー聖堂
□ 黄金の門

【スーズダリ】
□ 生神女誕生大聖堂
□ スパソ・エフフィミエフ修道院
【セルギエフ・ポサード】
□ トロイツェ・セルギエフ大修道院

第4章

北米・ハワイ

1 アメリカ

MAP ▶ P352〜356

1
[H20]
世界的に有名な摩天楼が林立するニューヨークの見どころは□□□川とイーストリバーにはさまれたマンハッタン島に集中しており、エンパイアステートビルや五番街、ブロードウェイの劇場街などがある。

ハドソン

エンパイアステートビル

2
[H18]
ニューヨークの□□□は、**自動車部品をモチーフとした**次第にせばまる金属製アーチを重ねた上に尖塔が立ち、直線と円弧を組み合わせたデザインをもつ**アール デコ様式**の代表的ビルである。

クライスラービル

3
[H15]
イーストリバーを挟んでマンハッタン島とロングアイランドに架かる橋のうち、**最南**に位置する□□□には歩道も併設され、徒歩で渡ることができる。

ブルックリン橋

4
[H13]
ニューヨーク5区のひとつ□□□は商業や金融の中心地であるとともに、**メトロポリタン美術館**をはじめ、博物館、劇場等の文化・娯楽施設も多く、さらにこの町の景観を際立たせているのが林立する高層ビル群である。

マンハッタン

5
[H27]
ニューヨーク市マンハッタン島ウエストサイドのハドソン川沿いにある**ハイライン**は、ミッドタウンの西34丁目から□□□地区までの高架鉄道の廃線跡を再利用した全長約2.3kmの南北に長い空中公園型の遊歩道である。

ミートパッキング

ハイライン

6		
□□ [予想]	ニューヨーク、マンハッタンの南に位置する**リバティ島**に立つ**「自由の女神」**像は、アメリカ合衆国独立 100 年を記念して、1886 年に 　　　　 より贈られたものである。	フランス

7		
□□ [H19]	古い歴史を持つアメリカ北東部の都市 　　　　 には、旧**州会議事堂**や**キングス チャペル**など建国当時の建物や史跡が多く、これらを巡る観光コースは**フリーダムトレイル**と呼ばれている。	ボストン

8		
□□ [H29]	アメリカ建国 100 年を記念して 1876 年に一般公開された 　　　　 は、**東洋美術のコレクション**では世界有数の規模を誇る美術館で、「吉備大臣入唐絵巻」や歌麿、北斎、広重などの浮世絵をはじめ多くの日本美術の作品の所蔵でも知られている。	ボストン美術館

9		
□□ [H21]	ワシントン D.C. の**ポトマック公園**のタイダル ベイスンのほとりに建つ 　　　　 記念館は、ローマのパンテオン風の建物で、その内壁には**独立宣言起草者である大統領**の思想に基づく文章が刻まれ、ドーム中央には彼の巨大な銅像が立っている。	ジェファーソン ポトマック公園は、日本から贈られた桜の名所としても知られている。

10		
□□ [H12]	ワシントン D.C. の国会議事堂とワシントン記念塔を結ぶ延長線上に建つ 　　　　 記念堂は、ギリシャ神殿風の建物で、内部には大統領の巨大な像があり、壁には有名な**ゲティスバーグの演説**が刻まれている。	リンカーン

11		
□□ [H23]	ワシントン D.C. の南、バージニア州南東部にある歴史的な都市 　　　　 には、18 世紀の植民地時代の総督公邸、裁判所など数々の公共の建物や民家が再現されるなど、町全体が歴史博物館の観を呈している。	ウィリアムズバーグ 歴史的な建物が再現されている地区をコロニアル・ウィリアムズバーグという。

北米・ハワイ

337

12
[H20]
アメリカ合衆国憲法制定の舞台となった ⬚ には、独立宣言が採択された**独立記念館（インディペンデンスホール）**や、最初に連邦会議が開かれた議事堂など、当時の建物が今も残されている。

フィラデルフィア
独立記念館には、独立宣言のときに鳴らされた「自由の鐘」がある。

13
[H15]
ディキシーランド ジャズの発祥地として有名なルイジアナ州の都市 ⬚ では、旧市街の**フレンチ クォーター**付近を発着する外輪船でのミシシッピ川遊覧が楽しめる。

ニューオリンズ

14
[H14]
110 階建ての**ウィリスタワー**をはじめ、世界有数の高さのビル群が建ち並んでいる ⬚ は、五大湖のひとつ、**ミシガン湖の南端**に位置し、国内有数の農産物の集散地であるとともに、商工業の中心地でもある。

シカゴ
現在は国の景観街道となっている「ルート 66」（別名：マザーロード）は、シカゴとサンタモニカを結ぶ道路。

15
[H14]
メジャーリーグチームの本拠地として知られるミシシッピ川中流の河港都市 ⬚ は、かつては西部開拓の起点の地であり、その河畔には「西部への玄関口」の象徴としてゲートウェイアーチがそびえている。

セントルイス

16
[予想]
ジョージア州の州都 ⬚ は、**マーガレット ミッチェルの小説「風と共に去りぬ」の舞台**として知られており、この郊外には、一枚岩の巨大な花崗岩に南北戦争の 3 人の英雄の姿が彫られている**ストーン マウンテン**がある。

アトランタ

ストーン・マウンテン

17
[予想]
1872 年に**世界で初めて国立公園に指定**された ⬚ 国立公園には、**オールド フェイスフル ガイザー**などの**間欠泉**や温泉が数多くあり、世界自然遺産にも登録されている。

イエローストーン
世界初であり、アメリカ最古の国立公園で、ワイオミング州、アイダホ州、モンタナ州にまたがっている。

18
☐☐
【H15】
ジョージ ワシントンをはじめ4人のアメリカ歴代大統領の顔が彫られた巨大な岩山　　　　は、サウス ダコタ州ラピッド シティの南西部にある。

マウントラッシュモア国立メモリアル

19
☐☐
【H12】
アメリカ西部にある　　　　国立公園は、巨木**セコイア**の森や氷河に浸食された渓谷など自然景観にすぐれ、**エル・キャピタン**と呼ばれる絶壁や、雄大な**ブライダルベール滝**をはじめ、野生動物の宝庫としても知られている。

ヨセミテ

20
☐☐
【H16】
サンフランシスコの東、　　　　山脈の中央に位置し、氷河の浸食によって刻まれた渓谷を中心とする**ヨセミテ国立公園**では、巨大な谷壁**エル キャピタン**や**セコイア**の巨木群などが織り成す大自然の迫力ある景観を目の当たりにすることができる。

シエラネバダ

21
☐☐
【H11】
ザイオン、ブライス キャニオンなどの国立公園を有する**ユタ州の州都**　　　　は、モルモン教徒が築いた町で、同教の総本山がある。

ソルト・レイク・シティ

22
☐☐
【H18】
ユタとアリゾナ州境に位置し、数々の西部劇映画やCMの撮影に使われてきた　　　　は、アメリカ先住民の**ナバホ族**によって管理されており、砂漠にそびえたつ赤色砂岩の塔の風景が有名である。

モニュメント・バレー

23
☐☐
【H30】
サンフランシスコ市街地の北、**ゴールデンゲート ブリッジ**を渡った海岸沿いにある　　　　は、リゾート感溢れるお洒落な街で、ブリッジウェイ大通り周辺には、レストラン、ブティック、アンティークショップなどが多く観光スポットとなっている。

サウサリート

ゴールデン・ゲート・ブリッジ

24 ☐☐ 【H11】	白雪姫、ミッキーマウスなど数々のアニメ映画を残したウォルト ディズニーは、大人も一緒に楽しめることをコンセプトに、1955年、カリフォルニア州南西部の [____] に大遊園地を建設した。	アナハイム
25 ☐☐ 【H28】	カリフォルニア州で2番目に人口が多い [____] には、のどかな気候や美しいビーチのほか、種類の多さを誇る動物園やシーワールドなどの魅力ある見どころがある。	**サンディエゴ** メキシコのティファナに隣接する都市。
26 ☐☐ 【R1】	テネシー州南西端にある [____] は、ブルースやロックンロール誕生の地のひとつといわれ、ロック歌手で知られる**エルヴィス プレスリーの邸宅「グレースランド マンション」**には、今でも多くのファンが訪れている。	メンフィス
27 ☐☐ 【H22】	ウォルト ディズニー ワールド、ユニバーサル スタジオ フロリダなどの大規模なテーマパークが集中する観光都市 [____] は、フロリダ半島中部に位置し、ケネディスペース センター観光の拠点でもある。	オーランド
28 ☐☐ 【H17】	**フロリダ半島南部**に位置する**アメリカ最大の湿地帯** [____] 国立公園は、淡水・塩水・汽水の各水域が複雑に入り混じった生息環境を形成しているが、現在では稀少な動植物が絶滅の危機に瀕している。	エバーグレーズ
29 ☐☐ 【H19】	映画やCMがよく撮られる [____] は、多くの島々を**セブンマイル ブリッジ**など42の橋でフロリダ半島と結ばれたアメリカ合衆国本土最南端の地で、晩年をここで過ごした**ヘミングウェイの家**が博物館となっている。	キー・ウェスト

2 ハワイ

1
□□
【H12】
1778 年、ジェームズ クック（キャプテン クック）がハワイ諸島中、最初に上陸した　　　島は、王族が結婚式等を行った**シダの洞窟**やリトル グランド キャニオンと呼ばれる**ワイメア峡谷**などの自然景観に恵まれている。

カウアイ

2
□□
【H29】
ハワイ諸島の**カウアイ島**北西部にあり、陸路で訪れるのは困難な　　　は、起伏に富んだ断崖絶壁の海岸線が長く連なり、船上ツアーや遊覧飛行などで壮大な景観を楽しむことができる。

ナパリ・コースト

3
□□
【H18】
毎年 4 月上旬に**ハワイ州最大の島**　　　島で開催されるメリー モナーク フェスティバルは、カラカウア王を讃える祭りで、フラダンスのコンテストも行われ、日本からもファンが参加する。

ハワイ

4
□□
【H27】
ハワイ島の**ハワイ火山国立公園**にある標高約 1,250 m の　　　山は、今も活発に火山活動を続けているが、カルデラを一周する環状道路クレーター リム ドライブがあり、途中の展望台からは火口を望むことができる。

キラウエア
海側に向かう道路、チェーン・オブ・クレーターズ・ロードもある。

5
□□
【H30】
日本の国立天文台が**すばる望遠鏡**を設置している**ハワイ諸島の最高峰**　　　山は、年間を通して晴天率が高く、世界有数の天体観測に適した地として知られ、山頂でのサンセットや星空観測のツアーなどが楽しめる。

マウナ・ケア

6
□□
【H20】
ハワイ王国最初の首都であった　　　は、**マウイ島**西岸に位置し、19 世紀には捕鯨船の基地として栄え、現在では、冬のホエール ウォッチングなどが楽しめる。

ラハイナ

北米・ハワイ

341

7

☐☐
【H11】
「**渓谷の島**」と呼ばれる**マウイ島**には、旧ハワイ王朝の首都であった**ラハイナ**、高級リゾート地として知られる**カアナパリ**、また、壮大なクレーターを持つ◻◻◻山がある。

ハレアカラ

8

☐☐
【H16】
ハワイ州で「渓谷の島」とも呼ばれ、ハレアカラ火山やカアナパリ ビーチなど多彩な観光資源をもつマウイ島の白地図上の位置は◻◻◻である。

c
a：カウアイ島
b：オアフ島
d：ハワイ島

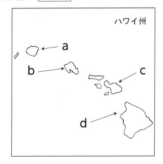

ハワイ州

9

☐☐
【H23】
ハワイ諸島中面積の広さは6番目、かつて「パイナップル アイランド」と呼ばれた◻◻◻島は、4WDを必要とするオフ ロードも多く、自然たっぷりの高原やビーチを楽しむことのできるリゾートアイランドである。

ラナイ

🔒3 カナダ

MAP ▶ P358〜359

1

☐☐
【H21】
ブリティッシュ コロンビア州最大の都市**バンクーバー**は、カナダ太平洋岸に位置し、2010年の冬季オリンピックの開催地で、海峡を挟んだバンクーバー島には州都◻◻◻がある。

ビクトリア
アメリカと国境を接する都市。ブッチャート・ガーデンなどが見どころ。

2 □□ 【H22】	**オンタリオ湖**に面し、碁盤目状に区画された街路沿いに**CNタワー**などの高層建造物が建ち並ぶカナダ最大の都市◯◯◯は、ナイアガラ瀑布観光、メープル街道の拠点である。	トロント CNタワー
3 □□ 【H11】	カナダで最も小さい州である◯◯◯は、**モンゴメリの小説「赤毛のアン」の舞台**として知られ、**州都シャーロットタウン**を観光の拠点として訪れる旅行者も多い。	プリンス・エドワード・アイランド
4 □□ 【H24】	カナダの**ノースウェスト準州**、**グレート スレーブ湖北岸**にある◯◯◯は、北極圏から約 500 km 南方に位置し、**オーロラ観賞**に適した場所のひとつとして知られる。	イエローナイフ
5 □□ 【R4】	カナダ東部の**セントローレンス川**沿いに、17 世紀初めにフランス人入植者が築いた◯◯◯には、**城壁に囲まれた旧市街**に、**シタデル**や**シャトー フロントナック（ホテル）**、**ノートルダム大聖堂**などがある。	ケベック・シティ <small>メープル街道は、ナイアガラ滝からケベック・シティまでの観光ルートをいう。</small>
6 □□ 【H20】	**バンフ国立公園**の西寄り中央に位置し、**カナディアンロッキーで最も美しい湖**といわれる◯◯◯は、ビクトリア女王の娘の名をとって名づけられた氷河湖である。	レイク・ルイーズ <small>ビクトリア氷河の浸食活動でできた氷河湖。「カナディアンロッキーの宝石」と称えられる。</small>
7 □□ 【H11】	アルバータ州中南部の都市◯◯◯は、**バンフ観光**への拠点であり、"地上最大のアウトドアショー"といわれるカウボーイたちの祭典「スタンピード」が開催される。	カルガリー

8
【H23】
アルバータ州南西部に位置する　　　　　国立公園は、**アサバスカ氷河**や**マリーン湖**などの壮大な景観と野生動物で知られ、バンクーバーからはカナディアン ロッキーを越える大陸横断鉄道「カナディアン号」などで訪れることができる。

> **ジャスパー**
> バンフ国立公園の北に位置する。コロンビア大氷原も見どころ。

9
【予想】
ブリティッシュ コロンビア州南東部、カナディアン ロッキーに属する　　　　　国立公園には、エメラルドグリーンの湖面が美しい**エメラルド レイク**や石の橋**ナチュラル ブリッジ**、**タカカウの滝**などの見どころがある。

> **ヨーホー**

10
【予想】
カナダのアルバータ州の南端、アメリカとの国境付近に位置する　　　　　国立公園は、アメリカのモンタナ州に位置するグレイシャー国立公園とともに、世界初の国際平和自然公園に指定されており、氷河に浸食された広大な景色のなか、初夏には多くの高原植物などを見ることができる。

> **ウォータートン・レイク**
> 「ウォータートン・グレイシャー国際平和自然公園」は、世界自然遺産にも登録されている。

🔒 4 北米・ハワイの複合問題（1）

次の下線部のうち、誤っているものはどれか。

1
【H25】
エンパイア ステート ビルなどの摩天楼が林立するニューヨークの見どころは、a. ハドソン川とb. イースト川に囲まれたマンハッタン島に集中しており、c. 五番街とブロードウェイが交差するタイムズ スクエアの劇場街、セントラル パーク内のd. メトロポリタン美術館などがある。

> **c**
> タイムズ・スクエアの劇場街などは、七番街とブロードウェイが交差するところにある。

2
□□
【H29】
ルイジアナ州南東部にあり、メキシコ湾に注ぐ<u>a．ミシシッピ川</u>の河口付近に位置するニューオリンズは<u>b．ディキシーランド ジャズ</u>発祥の地で、毎夜ジャズの生演奏が楽しめる<u>c．バーボン ストリート</u>は観光の中心となる<u>d．グリニッチ ビレッジ</u>にある。

d
バーボン・ストリートがあるのは、フレンチ・クォーターである（グリニッチ・ビレッジは、ニューヨークのマンハッタンにある地区）。

3
□□
【H26】
アメリカのヨセミテ国立公園は、<u>a．ロサンゼルス</u>の東方、<u>b．シエラネバダ山脈</u>のほぼ中央に位置し、巨大な花崗岩の絶壁<u>c．エルキャピタン</u>や<u>d．ハーフドーム</u>など大自然の景観が見られる。

a
ヨセミテ国立公園は、サンフランシスコの東方に位置する。

4
□□
【R2】
ハワイ諸島には、ワイキキビーチや<u>a．イオラニ宮殿</u>があるオアフ島、<u>b．ハレアカラ火山</u>があるハワイ島、ハワイ王朝最初の首都がおかれた<u>c．ラハイナ</u>があるマウイ島、大自然の景観が楽しめる<u>d．ナパリコースト</u>があるカウアイ島などがある。

b
ハレアカラ山はマウイ島にある火山である。
ハワイ島には、キラウエア山、マウナ・ロア山、マウナ・ケア山などがある。

5
□□
【R3】
「ビッグアイランド」の別名を持つハワイ島には、ハワイ諸島最高峰で天体観測に適した<u>a．マウナ ロア</u>、島の南東部に位置する活火山である<u>b．キラウエア火山</u>、溶岩流が海に流れ込んでできた<u>c．プナルウ黒砂海岸</u>、州立公園の見どころとなっている落差約134mの<u>d．アカカ滝</u>などがある。

a
ハワイ島の最高峰は、マウナ・ケアである（山頂に日本の国立天文台ハワイ観測所があり、すばる望遠鏡が設置されている）。
マウナ・ロア（「長い山」の意味）は、ハワイ島の中部にある活火山である。

5 北米・ハワイの複合問題 (2)

1

【R4】 次のアメリカ合衆国の都市とその観光ポイントとの組合せのうち、正しいものをすべて選びなさい。

　　a. シアトル ― パイク プレイス マーケット

　　b. ニューオリンズ ― フレンチ クオーター

　　c. ボストン ― フリーダム トレイル

a、b、c
すべて正しい。

2

【H18】 次の都市の位置と州及び所在する建造物のうち、その組合せがすべて正しいものはどれか。

　　a. ボストン ― マサチューセッツ州 ― スミソニアン自然史博物館

　　b. ニューヨーク ― ニューヨーク州 ― ウィリスタワー

　　c. フィラデルフィア ― ペンシルベニア州 ― インディペンデンス ホール

　　d. ワシントン D.C. ― バージニア州 ― 国会議事堂

c
地図の位置は、すべて各選択肢の都市と一致している。
a. スミソニアン自然史博物館は、ワシントンD.C.にある（ワシントンD.C.は州に属さないコロンビア特別区をなす政府の直轄地）。
ボストンはマサチューセッツ州の都市（州都）。
b. ウィリスタワーは、シカゴ（イリノイ州）にある。
d. 国会議事堂はワシントンD.C.にあるが、ワシントンD.C.はバージニア州ではない。
バージニア州（州都：リッチモンド）はアメリカ東部の州。

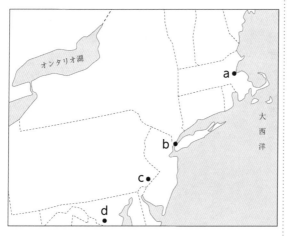

3

□□
【H17】

世界3大瀑布のひとつのナイアガラ滝は、アメリカ滝とカナダ滝からなるが、五大湖の一部を示す下図で湖の名前と、その滝のあるナイアガラ川の流れる方向が組合わせとしてすべて正しいものはどれか。

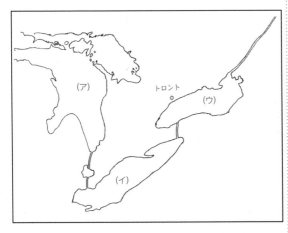

トロント

(ア)

(イ)

(ウ)

		湖の名前	川の流れる方向
a	(ア)	ヒューロン湖	(イ) → (ウ)
	(イ)	エリー湖	
	(ウ)	オンタリオ湖	
b	(ア)	オンタリオ湖	(ウ) → (イ)
	(イ)	スペリオル湖	
	(ウ)	エリー湖	
c	(ア)	ミシガン湖	(ア) → (イ)
	(イ)	ヒューロン湖	
	(ウ)	スペリオル湖	
d	(ア)	ヒューロン湖	(イ) → (ア)
	(イ)	ミシガン湖	
	(ウ)	エリー湖	

a

(ア) ヒューロン湖
(イ) エリー湖
(ウ) オンタリオ湖
(ア)～(ウ)の湖と、スペリオル湖、ミシガン湖をまとめて五大湖と呼ぶ。
ナイアガラ川は、(イ) エリー湖から(ウ) オンタリオ湖に流れる川で、その途中にナイアガラ滝がある。
ナイアガラ滝のアメリカ側の観光拠点はバッファロー、カナダ側の観光拠点はトロントである
なお、「ナイアガラ滝」を含めた次の3つの滝が世界三大瀑布と呼ばれている。
・ナイアガラ滝
【アメリカ・カナダ】
・イグアス滝
【ブラジル・アルゼンチン】
・ビクトリア滝
【ザンビア・ジンバブエ】
このうち、「イグアス滝」と「ビクトリア滝」は世界自然遺産に登録されているが、「ナイアガラ滝」は世界遺産には登録されていない。

北米・ハワイ

4
□□
【R2】

次のアメリカ合衆国の国立公園とその観光ポイント等との組合せのうち、誤っているものはどれか。

a. イエロー ストーン国立公園 — オールド フェイスフル ガイザー

b. ザイオン国立公園 — エル キャピタン

c. メサ ヴェルデ国立公園 — クリフ パレス

d. ヨセミテ国立公園 — ハーフ ドーム

b
エル・キャピタンは、ハーフ・ドームと同じくヨセミテ国立公園の名所である。
ザイオン国立公園には、巨大な一枚岩のグレート・ホワイト・スローンなどがある。

5
□□
【R1】

次のハワイ諸島の島とその観光地等との組合せのうち、誤っているものはどれか。

a. オアフ島 — ヌウアヌ パリ展望台

b. カウアイ島 — シダの洞窟

c. ハワイ島 — マウナ ケア

d. マウイ島 — ワイメア渓谷州立公園

d
ワイメア渓谷州立公園はカウアイ島にある。
マウイ島には、針のようにとがった奇岩イアオ・ニードルがあるイアオ渓谷州立公園がある。

6
□□
【H28】

次のハワイ州の各島とその空港及び観光地等との組合せのうち、誤っているものはどれか。

a. オアフ島 — ダニエル・K・イノウエ空港 — ダイヤモンドヘッド

b. カウアイ島 — リフエ空港 — ナパリコースト

c. ハワイ島 — エリソン・オニヅカ・コナ空港 — ラハイナ

d. マウイ島 — カフルイ空港 — ハレアカラ国立公園

c
ラハイナは、ハワイ島ではなく、マウイ島にある都市。
この都市は、かつてハワイ王朝の首都として栄えた町で、歴史的な建造物が多く残っている。また、海沿いのフロント・ストリートには人気のレストランなどが並んでいる。

7
□□
【H26】
次のハワイ諸島とオプショナルツアーの組合せのうち、ツアー名となっている観光地等がその島に所属していないものはどれか。

a．オアフ島 ― ダイヤモンド ヘッド登山と日の出ツアー

b．カウアイ島 ― ワイメア渓谷とシダの洞窟ツアー

c．ハワイ島 ― ハレアカラ サンセットとスター ゲイジング ツアー

d．マウイ島 ― ラハイナ散策とホエール ウォッチング ツアー

c
ハレアカラはマウイ島の山である。
ハワイ島には、キラウエア山、マウナ・ケア山、プナルウ黒砂海岸などの観光地がある。

8
□□
【R1】
次のカナダディアン ロッキー山脈自然公園群の国立公園とその観光地等との組合せのうち、正しいものを<u>すべて</u>選びなさい。

a．ジャスパー国立公園 ― アサバスカ氷河

b．バンフ国立公園 ― レイク ルイーズ（ルイーズ湖）

c．ヨーホー国立公園 ― エメラルド レイク（エメラルド湖）

a、b、c
すべて正しい。

6 北米・ハワイの複合問題（3）

1
□□
【H28】
北米大陸にあるナイアガラの滝に関する次の記述から、誤っているものだけをすべて選んでいるものはどれか。

（ア）エリー湖の水がオンタリオ湖に注ぐ、その途中のナイアガラ川にできた巨大な滝である。

（イ）カナダ滝とアメリカ滝の 2 つからなり、両滝とも世界自然遺産に登録されている。

（ウ）ジャーニー ビハインド ザ フォールズは、ナイアガラの滝観光のアトラクションのひとつで、遊覧船で滝の間近まで行き、その豪快さを楽しむことができる。

a．（ア）（イ）　　　b．（ア）（ウ）

c．（イ）（ウ）　　　d．（ア）（イ）（ウ）

c．（イ）（ウ）
（イ）カナダ滝、アメリカ滝はいずれも世界自然遺産に登録されていない。
（ウ）遊覧船でナイアガラ滝の間近まで行くアトラクションは、「ホーンブロワー・ナイアガラ・クルーズ」である。「ジャーニー・ビハインド・ザ・フォールズ」は、徒歩でカナダ滝の裏側を通って滝を間近で観賞するアトラクションである。

【H29】 アメリカの国立公園に関する次の記述から、正しいもの
だけをすべて選んでいるものはどれか。

（ア）イエローストーンはアメリカ最初の国立公園で、オー
　　　ルド フェイスフル ガイザーやマンモス ホット スプリ
　　　ングスなどの巨大な間欠泉や温泉がある。

（イ）ヨセミテはロッキー山脈のほぼ中央に位置し、花崗
　　　岩の絶壁エル キャピタンやハーフ ドームなど大自然
　　　の景観が見られる。

（ウ）グランド キャニオンはコロラド川の浸食で大地が
　　　削り取られてできた大峡谷で、ラスベガスから軽飛行
　　　機を利用して日帰り観光ができる。

a．（ア）（イ）　　　b．（ア）（ウ）
c．（イ）（ウ）　　　d．（ア）（イ）（ウ）

b.（ア）（ウ）
ヨセミテ国立公園
は、シエラネバダ山
脈のほぼ中央に位
置する（ロッキー山
脈ではない）ので、
（イ）は誤り。

【R3】 次の絵画作品から、アメリカのニューヨーク近代美術館
（MoMA）に収蔵されているものだけをすべて選んでい
るものはどれか。

（ア）「星月夜」（作者　ゴッホ）

（イ）「アビニョンの娘たち」（作者　ピカソ）

（ウ）「ムーラン ド ラ ギャレットの舞踏場」
　　　　（作者　ルノワール）

a．（ア）（イ）　　b．（ア）（ウ）
c．（イ）（ウ）　　d．（ア）（イ）（ウ）

a.（ア）（イ）
（ア）と（イ）は、
MoMAに収蔵さ
れているが、（ウ）の
『ムーラン・ド・ラ・
ギャレットの舞踏場
（舞踏会）』は、フラ
ンスのパリにあるオ
ルセー美術館に収
蔵されている。

4 【H30】 次の記述から、正しいものだけをすべて選んでいるものはどれか。

(ア) カナダ ノースウエスト準州の州都イエローナイフは、オーロラ帯の真下に位置し、平らな土地で晴天率が高くオーロラ観賞に恵まれた地として知られている。

(イ) アメリカ アラスカ州のフェアバンクスは、オーロラの発生が年間 240 日以上と多く、近くのチナ温泉リゾートに滞在してオーロラ観賞を楽しむこともできる。

(ウ) フィンランド北部のリゾート地サーリセルカは、オーロラ観賞のほか、一年中サンタクロースに会えるサンタクロース村があることで知られている。

a.（ア）（イ）　　　b.（ア）（ウ）
c.（イ）（ウ）　　　d.（ア）（イ）（ウ）

a.（ア）（イ）
（ウ）の記述にある"オーロラ観賞のほか…サンタクロース村がある"のは、フィンランドのロヴァニエミである。
サーリセルカは、ロヴァニエミの北にある村で、ロヴァニエミとともにオーロラ観賞地として知られている。

5 【H26】 カナダの国立公園に関する次の記述から、正しいものだけをすべて選んでいるものはどれか。

(ア) アルバータ州にあるカナダ最古のバンフ国立公園には、ロッキーの宝石と称えられるルイーズ湖がある。

(イ) ジャスパー国立公園はバンフ国立公園の北西に隣接し、マリーン湖、アサバスカ氷河などがある。

(ウ) プリンス エドワード島国立公園には、「赤毛のアン」の著者モンゴメリが描いた変化に富んだ海岸の風景などがそのまま残されている。

a.（ア）（イ）　　　b.（ア）（ウ）
c.（イ）（ウ）　　　d.（ア）（イ）（ウ）

d.（ア）（イ）（ウ）
すべて正しい。

MAP
24
アメリカ（西）

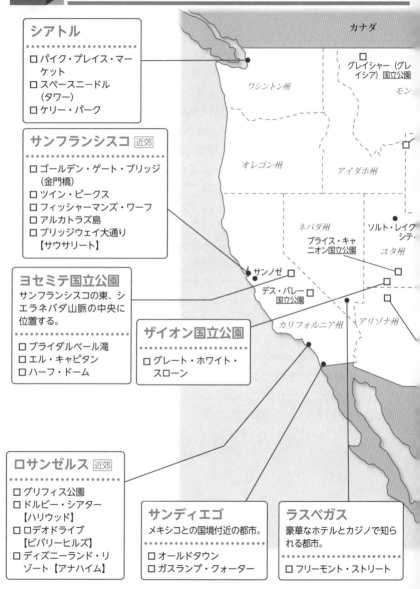

シアトル

- □ パイク・プレイス・マーケット
- □ スペースニードル（タワー）
- □ ケリー・パーク

サンフランシスコ 近郊

- □ ゴールデン・ゲート・ブリッジ（金門橋）
- □ ツイン・ピークス
- □ フィッシャーマンズ・ワーフ
- □ アルカトラズ島
- □ ブリッジウェイ大通り【サウサリート】

ヨセミテ国立公園

サンフランシスコの東、シエラネバダ山脈の中央に位置する。

- □ ブライダルベール滝
- □ エル・キャピタン
- □ ハーフ・ドーム

ザイオン国立公園

- □ グレート・ホワイト・スローン

ロサンゼルス 近郊

- □ グリフィス公園
- □ ドルビー・シアター【ハリウッド】
- □ ロデオドライブ【ビバリーヒルズ】
- □ ディズニーランド・リゾート【アナハイム】

サンディエゴ

メキシコとの国境付近の都市。

- □ オールドタウン
- □ ガスランプ・クォーター

ラスベガス

豪華なホテルとカジノで知られる都市。

- □ フリーモント・ストリート

カナダ

□ グレイシャー（グレイシア）国立公園

ワシントン州

モン

オレゴン州

アイダホ州

ネバダ州

ソルト・レイク・シティ

ブライス・キャニオン国立公園

ユタ州

● サンノゼ □

デス・バレー □ 国立公園

カリフォルニア州

アリゾナ州

イエローストーン
国立公園

世界初の国立公園。温泉や
間欠泉で知られている。

マウントラッシュモア
国立メモリアル

歴代4人の大統領の顔が彫ら
れている岩山。

アーチーズ国立公園

穴の開いたアーチ型の岩群。

□ デリケート・アーチ

メサ・ヴェルデ国立公園

断崖をくり抜いて造られた集
落の遺跡群。

□ クリフ・パレス

フェアバンクス

アラスカ州第2の都市で、
オーロラ観賞地。チナ温泉
リゾートへの観光拠点。

アンカレジ

アラスカ州最大の都市。

ノースダコタ州

サウスダコタ州

*ワイオ
ミング州*

ネブラスカ州

● デンバー

コロラド州

カンザス州

*ニュー
メキシコ州*

オクラホマ州

● ダラス

テキサス州

ヒューストン

メキシコ

アラスカ州

□
デナリ国立公園

アラスカ

グランド・キャニオ
ン国立公園

コロラド川の浸食によって
できた大渓谷。ラスベガス
からの日帰り観光が人気。

モニュメント・
バレー

砂漠にそびえ立つ赤茶
色の砂石群。先住民ナ
バホ族が管理している。

北米・ハワイ

MAP
25
アメリカ（東）

カナダ

スペリオル湖

ミネソタ州

ウィスコン
シン州

ミ
シ
ガ
ン
州

ミシガン湖

デトロ◀

シカゴ
ミシガン湖南端の都市。

□ グラント公園
□ フィールド自然史博
　物館
□ ウィリスタワー

アイオワ州

イリノイ州

イ
ン
デ
ィ
ア
ナ
州

オ
◀

セントルイス

ミズーリ州

ケンタッキー◀

テネシー州

アトランタ
マーガレット・ミッチェ
ルの小説『風と共に去り
ぬ』の舞台。

□ ストーン・マウンテン

アーカン
ソー州

●メンフィス

ジ
ョ
ア州◀

ミ
シ
シ
ッ
ピ
州

アラバマ州

ルイジアナ州

ニューオリンズ
ディキシーランド・ジャズの発祥地。

□ フレンチ・クォーター
□ バーボン・ストリート
□ ミシシッピ川の遊覧

エバーグレーズ国立公園
フロリダ半島南部にある同国最
大の湿地帯で、淡水や塩水など
の水域が入り混じる。

ナイアガラ滝
ナイアガラ川がエリー湖からオンタリオ湖に流れる途中にある滝。アメリカ側の観光拠点はバッファロー。

五大湖
スペリオル湖、ミシガン湖、ヒューロン湖、エリー湖、オンタリオ湖の総称。

ボストン
. . . .
□ フリーダムトレイル
□ 旧州会議事堂
□ キングス・チャペル
□ クインシー・マーケット
□ ボストン美術館

ニューヨーク
▶ P356

フィラデルフィア
. . . .
□ インディペンデンス・ホール（独立記念館）
□ カーペンターズ・ホール

ワシントン D.C.
. . . .
□ ホワイトハウス
□ リンカーン記念堂
□ ジェファーソン記念館
□ スミソニアン博物館群
□ ポトマック公園

ウィリアムズバーグ
. . . .
□ 総督公邸
□ コロニアル・ウィリアムズバーグ

オーランド 近郊
. . . .
□ ウォルト・ディズニー・ワールド
□ ユニバーサル・スタジオ・フロリダ
□ ケネディ宇宙センター

マイアミ
フロリダ半島の中心地。

キー・ウェスト
アメリカ本土最南端の地で、作家ヘミングウェイが晩年を過ごした家がある。
. . . .
□ セブンマイルブリッジ

ヒューロン湖

バーモント州

オンタリオ湖

メイン州

バッファロー
ニューヨーク州

ニューハンプシャー州

エリー湖

マサチューセッツ州

ペンシルベニア州

ニュージャージー州

トバー
州

バージニア州

ノースカロライナ州

ス
ラ
州

北米・ハワイ

ニューヨーク市内地図

ハドソン川

1 セントラル
パーク

グッゲンハイム美術館

メトロポリタン
美術館

ルーズベルト島

ニューヨーク近代美術館

クライスラービル 4

2 ロックフェラー・
センター

国連本部

3 タイムズスクエア

ブロードウェイ

ハイライン

5 エンパイア
ステートビル

9 8 7 6 5
番 番 番 番 番
街 街 街 街 街

イースト川

ウィリアムズバーグ橋

マンハッタン橋

6 ブルックリン橋

1ワールド
トレードセンター

7 ウォール街

バッテリー・パーク

8 自由の女神像

リバティ島

---

1 セントラルパーク

広大な敷地を誇る公園。中央東側にはメトロポリタン美術館がある。

2 ロックフェラー・センター

超高層ビルなどの複合施設。巨大なクリスマスツリーやスケートリンクが冬の風物詩。

3 タイムズスクエア

ブロードウェイと7番街が交差する地点を中心とする繁華街。ミュージカルが上映される劇場などが点在する。

4 クライスラービル

自動車部品をモチーフにしたアールデコ調の超高層ビル。

5 ハイライン

ハドソン川沿い。ミッドタウン西34丁目とミートパッキング・ディストリクトを結ぶ。高架鉄道の廃線跡を再利用した空中公園型の遊歩道。

8 自由の女神像

リバティ島にある像で、1886年にアメリカの独立100周年を記念してフランスから贈られた。マンハッタンの南端にあるバッテリー・パークからフェリーで島に渡ることができる。

7 ウォール街

ニューヨーク証券取引所などの金融機関がある世界的な金融街。

6 ブルックリン橋

イースト川に架かる南端の橋で、マンハッタンとブルックリンをつなぐ。

MAP 26

ハワイ

カウアイ島

「ガーデン・アイランド」と呼ばれる緑豊かな島。

- ☐ シダの洞窟
- ☐ ワイメア渓谷
- ☐ ナパリ・コースト
- ✈ リフエ空港

マウイ島

ハワイ諸島で2番目に大きく、「渓谷の島」と呼ばれる島。

- ▲ ハレアカラ山
- ☐ カアナパリ
- ☐ ラハイナ
- ☐ ホエール・ウォッチング
- ☐ イアオ渓谷州立公園
- ✈ カフルイ空港

北米・ハワイ

● リフエ

ホノルル

太平洋

カアナパリ

モロカイ島

カフルイ

ラナイ島

ラハイナ

ハレアカラ山

オアフ島

ハワイ州の州都ホノルルがあり、ハワイ観光の中心となる島。

- ☐ カラカウア大通り
- ☐ ワイキキ・ビーチ
- ☐ イオラニ宮殿
- ▲ ダイヤモンドヘッド
- ☐ ヌウアヌ・パリ
- ☐ ノースショア
- ✈ ダニエル・K・イノウエ
   国際空港

マウナ・ケア山

カイルア・コナ

ヒロ

ハワイ島

「ビッグ・アイランド」と呼ばれるハワイ諸島最大の火山島。

- ▲ キラウエア山
- ▲ マウナ・ロア山
- ☐ ハワイボルケーノ（火山）
   国立公園
- ▲ マウナ・ケア山
- ☐ プナルウ黒砂海岸
- ☐ アカカ滝
- ✈ エリソン・オニヅカ・コナ
   国際空港
- ✈ ヒロ国際空港

キラウエア山

マウナ・ロア山

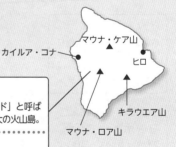

MAP
27

カナダ

イエローナイフ
グレート・スレーブ湖の北岸に位置する都市で、オーロラ観賞が有名。

ジャスパー国立公園
カナディアン・ロッキーの北部観光の中心。
. . . .
□ マリーン・レイク
□ コロンビア大氷原
□ アサバスカ氷河

バンクーバー
2010 年の冬季オリンピックの開催地。北方にウィンタースポーツが盛んなウィスラーがある。
. . . .
□ スタンレー・パーク
□ ギャスタウン

ビクトリア
バンクーバー島の南端に位置する都市。
. . . .
□ ブッチャート・ガーデン

ヨーホー国立公園
ブリティッシュ・コロンビア州の南東部に位置する。
. . . .
□ エメラルド・レイク
□ ナチュラル・ブリッジ
□ タカカウ滝

アメリカ
（アラスカ州）

ユーコン準州

ノースウエスト準州

グレート・スレーブ湖

ブリティッシュ・コロンビア州

アルバータ州

エドモントン

□ カルガリー

サスカチュワン州

□ ウォータートン・レイク国立公園

バンクーバー島

太平洋

アメリカ

バンフ国立公園
同国最初の国立公園。
. . . .
□ レイク・ルイーズ
□ モレーン・レイク

ケベック・シティ

セントローレンス川の北岸に位置する都市で、メープル街道の北の拠点。

⬝⬝⬝⬝⬝⬝⬝⬝⬝⬝⬝⬝⬝⬝⬝⬝⬝⬝⬝⬝⬝⬝⬝

☐ ダルム広場
☐ シタデル（要塞）
☐ シャトー・フロントナック
　（ホテル）

グリーンランド

メープル街道

ナイアガラ滝からケベック・シティに至る楓（メープル）の紅葉見物が人気の街道。

⬝⬝⬝⬝⬝⬝⬝⬝⬝⬝⬝⬝⬝⬝⬝⬝⬝⬝⬝⬝⬝⬝⬝

☐ ローレンシャン高原

プリンス・エドワード島

州都シャーロットタウン。モンゴメリの小説『赤毛のアン』の舞台となった島。

北米・ハワイ

ブット州

ニューファンドランド＆ラブラドル州

ハドソン湾

ケベック州

プリンス・エドワード・アイランド州

━ シャーロットタウン

ノバ・スコシア州

トバ州

オンタリオ州

モントリオール

オタワ

ハリファックス

大西洋

ニュー・ブランズウィック州

オンタリオ湖

ナイアガラ滝

スペリオル湖

ミシガン湖

ヒューロン湖

エリー湖

トロント

オンタリオ湖の西岸に位置し、ナイアガラ滝へのカナダ側の観光拠点。

⬝⬝⬝⬝⬝⬝⬝⬝⬝⬝⬝⬝⬝⬝⬝⬝⬝⬝⬝⬝⬝⬝⬝

☐ CN タワー

第5章

中南米

1 メキシコ

MAP ▶ P366〜367

1
[H19]
太平洋に面するメキシコ南部の　　　　は伊達政宗の使節として**支倉常長**がローマへ向かう途中で上陸した地で、**ラ ケブラダ岬**の断崖絶壁で行われるダイビングショーはこのビーチリゾートの名物となっている。

アカプルコ

2
[H29]
メキシコのユカタン半島北部、**メリダ**の南方にあるマヤ文明の　　　　遺跡には、**プーク様式**といわれる装飾が施されている「**総督の館**」や「**尼僧院**」、側面が丸みを帯びた形の「**魔法使いのピラミッド**」などが遺されている。

ウシュマル

3
[H30]
メキシコ シティの北東約50kmに位置する　　　　は、紀元前2世紀から6世紀頃まで栄えたといわれる古代都市遺跡で、**死者の大通り**を中心に**太陽のピラミッド**や**ケツァルコアトルの神殿**、**月のピラミッド**などが計画的に配置されている。

テオティワカン

4
[H15]
メキシコのユカタン半島に栄えたマヤ文明は、　　　　にピラミッド型の**エル・カスティージョ**と呼ばれる城塞を中心に戦士の神殿、聖なる泉などを遺した。

チチェン・イッツァ

5
[H28]
メキシコ南東部の**カリブ海沿岸**、**ユカタン半島の北東突端**に位置する　　　　は、1970年代に政府主導により開発された一大リゾート地で、世界文化遺産のチチェン イッツァなどマヤ文明遺跡への観光拠点のひとつにもなっている。

カンクン
ユカタン半島の東の海上に浮かぶコスメル島もマリンスポーツが盛んなビーチリゾートである。

6
□□
【R3】 メキシコ南東部の**チアパス州**に位置するマヤ文明の古代 ┊ パレンケ
都市遺跡 ___ は、神殿建築遺跡群が世界遺産に登録
されており、なかでも**「碑文の神殿」**の地下王墓からは、
ヒスイの仮面や装身具などが発見されたことで知られて
いる。

2 キューバ

MAP ▶ P366

1
□□
【H27】 フロリダ半島の南、カリブ海に位置し、1961年に社会 ┊ ハバナ
主義宣言をした共和国は、2015年7月にアメリカとの
国交を回復し、その首都 ___ の旧市街とその要塞群
は世界文化遺産に登録されている。

旧市街オールド・ハ
バナとモロ要塞、カ
バーニャ要塞、プン
タ要塞、フエルサ要
塞が世界文化遺産
に登録されている。

2
□□
【予想】 キューバのハバナ近郊に位置する ___ は、**ヘミング** ┊ コヒマル
ウェイの小説「老人と海」の舞台といわれる港町で、ヘ
ミングウェイの邸宅が博物館として公開されている。

3 ジャマイカ

MAP ▶ P366

1
□□
【H16】 **レゲエ音楽**の発祥地であり、**モンテゴベイ**などのリゾー ┊ ブルー・マウ
ト地があるジャマイカは、同国最高峰 ___ の山麓で ┊ ンテン
産するコーヒーでも世界的に知られている。

4 ブラジル

MAP ▶ P368～369

1
□□
【H11】 **サンバ**のリズムで踊る**カーニバル**で有名な ___ は、┊ リオ・デ・ジャ
コパカバーナ海岸や**イパネマ海岸**などの国際的な海浜リ ┊ ネイロ
ゾートに恵まれたブラジル南東部の観光都市である。

コルコバードの丘に
立つキリスト像が街
のシンボル。

2
□□
【R4】 **ブラジルとアルゼンチンの国境**にある ___ 滝 は、**世** ┊ イグアス
界三大瀑布のひとつといわれ、大量の水が流れ落ちる轟
音のすさまじさから**「悪魔の喉笛」**と呼ばれるポイント
がある。

中南米

ペルー

MAP ▶ P368

1
☐☐
【H24】 直線、曲線などによる幾何学模様や鳥などの巨大な**ナスカ地上絵**は、[   ]の南約 400km にあり、多くの謎を秘めたまま巨大な大地というカンバスに今なお刻まれている。

リマ

2
☐☐
【H18】 アンデス山中にありアメリカ人によって発見された**マチュピチュ**には、インカ帝国の都市の構造や建築様式がそのまま遺っており、同帝国の首都として栄えた[   ]から日帰りで訪れることができる。

クスコ

マチュピチュ

3
☐☐
【H20】 ペルー南部、古都クスコの北西約 70km のアンデス山中にあり、険しい峰の上にあったため、スペイン人による破壊を免れた都市遺跡**マチュピチュ**は**空中都市**とも呼ばれ、[   ]文明を現在に伝える貴重な遺跡となっている。

インカ

6 **アルゼンチン**

MAP ▶ P368 〜 369

1
☐☐
【H30】 広大な氷河群が世界遺産に登録されている**ロス グラシアレス国立公園**は、南米大陸南端パタゴニア地方の**アルゼンチン**、サンタクルス州に位置し、なかでも[   ]氷河は、轟音と共に崩れ落ちる巨大な氷塊や青白い流氷を見られることで知られている。

ペリト・モレノ
アルゼンチン南部の都市カラファテが観光拠点。

2
☐☐
【予想】 ラプラタ川に面するアルゼンチンの首都[   ]には、大統領府（カサ・ロサーダ）や 5 月広場など行政機関や歴史的建造物が点在する**モンセラート地区**や、アルゼンチンタンゴの発祥地として知られている**ボカ地区**がある。

ブエノスアイレス

7 チリ

MAP ▶ P368

1
【H12】 チリ領 [____] 島は、長い耳と鼻をもつ巨大な顔を特徴とする**モアイ**と呼ばれる**石像**で有名であり、1722年の復活祭の日にオランダ人ロッヘフェーンが発見し、命名した。

イースター

モアイ像

8 エクアドル

MAP ▶ P368

1
【H22】 島固有の動物等が生息する [____] 諸島は、コロンビア、ペルーと国境を接する**エクアドル**の西方の太平洋上にあり、13の大島と多数の小島からなる火山島群である。

ガラパゴス

9 ボリビア

MAP ▶ P368〜369

1
【H25】 アンデス山脈の標高約3,700mの高原にある広大な面積をもつ [____] は南米大陸のほぼ中央に位置する**ボリビア**にあり、乾季には塩湖は真っ白な大地となり、雨季にはまるで**天空の鏡**と呼ばれるような巨大な鏡が出現する。

ウユニ塩湖（塩原）

2
【H17】 海抜約3,800mで商業船が航行する湖としては世界最高所にある [____] は、湖中央部に**ペルーとボリビアとの国境**が通り、湖上に葦でできた浮島間の往来には伝統的な葦舟が利用されている。

チチカカ湖
湖には、トトラという葦で作られている浮き島のウロス島などがある。

10 中南米の複合問題（1）

次の下線部のうち、誤っているものはどれか。

1
【H21】 a. フロリダ半島の南、b. ユカタン半島の東に横たわる東西に長いキューバは、文豪ヘミングウェイが愛し、その著書「老人と海」の舞台であり、首都c. キングストンのあるキューバ島は、d. カリブ海最大の島である。

C
キューバの首都はハバナが正しい（キングストンはジャマイカの首都）。

中南米

2
☐☐
【H25】
2016年の夏季オリンピック開催地であるリオ デ ジャネイロには、巨大なキリスト像が両手を広げて立つ<u>a. ポン デ アスーカル</u>などの美しい景観や国際的な保養地<u>b. コパカバーナ海岸</u>、ボサ ノバにも歌われた <u>c. イパネマ海岸</u>などがあり、カーニバル期間中、街は<u>d. サンバ</u>のリズムと踊りで盛り上がる。

a
巨大なキリスト像は、コルコバードの丘にある。
ポン・デ・アスーカルは、同じくリオ・デ・ジャネイロにある奇岩。

3
☐☐
【H26】
南米ペルーには、空中都市とも呼ばれる<u>a. マチュピチュ</u>、南部の乾燥地帯に描かれた<u>b. ナスカの地上絵</u>、ペルー軍の守り神、聖女メルセーが祀られた<u>c. プーノ</u>のラ メルセー教会、インカ時代の美しく精巧な石組みと、スペインのコロニアルな建築物が融合した独特な雰囲気が漂う<u>d. クスコ</u>の市街など多くの世界遺産がある。

c
聖女メルセーを祀るラ・メルセー教会は、ペルーの首都リマにある。
プーノは、ティティカカ湖畔に位置する街で、浮き島で知られるウロス島への観光拠点である。

🔒 ⑪ 中南米の複合問題（2）

1
☐☐
【H25】
メキシコの遺跡に関する次の記述から、正しいものだけをすべて選んでいるものはどれか。

（ア）チチェン イッツァ遺跡は、カンクンの西、メリダの東にあり、神殿や階段状のピラミッドなどの石造建築物が遺されている。

（イ）テオティワカン遺跡は、カンクンの北にあり、死者の大通りを中心に、太陽のピラミッド、ケツァルコアトルの神殿など多くの遺跡がある。

（ウ）ウシュマル遺跡は、メリダの南にあり、高さ約30m の魔法使いのピラミッド、尼僧院などがある。

a．（ア）（イ）　　　b．（ア）（ウ）
c．（イ）（ウ）　　　d．（ア）（イ）（ウ）

b．（ア）（ウ）
テオティワカン遺跡はメキシコシティの北に位置する（カンクンの北ではない）ので、（イ）は誤り。

2
□□
【H27】

南米の観光地に関する次の記述から、誤っているものだけをすべて選んでいるものはどれか。

（ア）一段の滝としては世界最大の落差で知られるアンヘルの滝（エンジェル フォール）は、広大なギアナ高地のベネズエラ東部にあるカナイマ国立公園のテーブル状の山々のひとつアウヤンテプイから流れ落ちる。

（イ）赤道直下に位置するガラパゴス諸島は、コロンビア領に属し、島固有の動植物が生息する火山島群で、コロンビアの西方約 1,000km の太平洋上にある。

（ウ）ブラジルとボリビアの国境にあるイグアスの滝は、最大落差が約 80m で、馬蹄形の断崖に幅約 4km にわたってかかる世界有数の瀑布である。

a．（ア）（イ）　　　b．（ア）（ウ）
c．（イ）（ウ）　　　d．（ア）（イ）（ウ）

c．（イ）（ウ）
（イ）ガラパゴス諸島はエクアドル領に属する。
（ウ）イグアスの滝は、ブラジルとアルゼンチンの国境にある。

3
□□
【H26】

南米各国の代表的な料理に関する次の記述のうち、正しいものを<u>すべて</u>選びなさい。

a．アルゼンチンには、牛肉を炭火でじっくり焼き、基本的に塩だけで味付けをした料理「アサード」がある。

b．ブラジルには、黒豆、豚肉、ソーセージ類、干し牛肉などを煮込んだ料理「フェイジョアーダ」がある。

c．ペルーには、魚介類とレモン汁、香菜、タマネギ、野菜、香辛料などを混ぜ合わせた料理「セビッチェ」がある。

a、b、c
すべて正しい。

4
□□
【R3】

次の南アメリカの観光地等とその所在する国との組合せのうち、正しいものを<u>すべて</u>選びなさい。

a．ウユニ塩湖 － ボリビア

b．アンヘル滝（エンジェル フォール） － ベネズエラ

c．ペリト モレノ氷河 － アルゼンチン

a、b、c
すべて正しい。

MAP 28 メキシコ・キューバ・ジャマイカ

メキシコ・シティ 近郊
□ ソカロ（憲法広場）
□ テンプロマヨール
□ ガリバルディ広場
□ グアダルーペ寺院
□ テオティワカン遺跡

メリダ 近郊
ユカタン半島最大の都市。
□ チチェン・イッツァ遺跡
□ ウシュマル遺跡

ジャマイカ
首都はレゲエ音楽の発祥地といわれるキングストン。同国の最高峰で、コーヒーの産地として知られるブルー・マウンテンがある。

グアダラハラ
メキシコ第2の都市。近郊にテキーラの産地がある。
□ オスピシオ・カバーニャス

カンクン
ユカタン半島の北東端にあるビーチリゾート。

ハバナ
キューバの首都。近郊にヘミングウェイの小説『老人と海』の舞台となった港町コヒマルがある。
□ カテドラル広場
□ 旧国会議事堂（カピトリオ）
□ モロ要塞・カバーニャ要塞・プンタ要塞・フエルサ要塞

アカプルコ
支倉常長一行がローマに向かう途中で上陸した都市。
□ ラ・ケブラダ岬

ティファナ
カリフォルニア半島
メキシコ
大西洋
メキシコ湾
バハマ
ナッソー
プエルト
キューバ
ドミニカ
チチェン・イッツァ遺跡
テオティワカン遺跡
エル・タヒン遺跡
ウシュマル遺跡
パレンケ遺跡
ジャマイカ
キングストン
サント・ドミンゴ
サン
ハイチ
カリブ海
太平洋

メキシコの遺跡

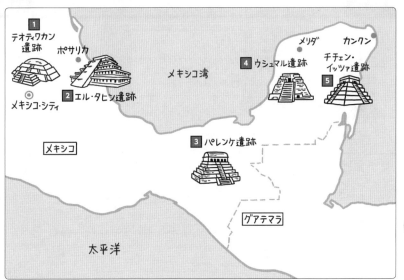

遺跡名称【観光拠点】	主な見どころ
1 テオティワカン遺跡【メキシコ・シティ】	南北を貫く死者の道を中心に、ピラミッドや神殿が計画的に配置されている。 ■ 死者の道 ■ 太陽のピラミッド ■ 月のピラミッド ■ ケツァルコアトルの神殿
2 エル・タヒン遺跡【ポサリカ／メキシコ・シティ】	小窓のようなくぼみ（壁龕）がある階段状の6層の基壇からなるピラミッドが特徴。 ■ 壁龕のピラミッド
3 パレンケ遺跡【パレンケ】	チアパス州の密林のなかにある遺跡。 ■ 宮殿（天体観測塔のある宮殿） ■ 碑文の神殿 ■ 十字の神殿
4 ウシュマル遺跡【メリダ／カンクン】	壁面をモザイク模様などで装飾したプーク様式が多く見られる。 ■ 魔法使いのピラミッド ■ 総督の館 ■ 尼僧院
5 チチェン・イッツァ遺跡【メリダ／カンクン】	ジャングルの低地に築かれたマヤ文明の遺跡。 ■ エル・カスティージョ ■ 戦士の神殿 ■ 聖なる泉

MAP
29
その他の南米諸国

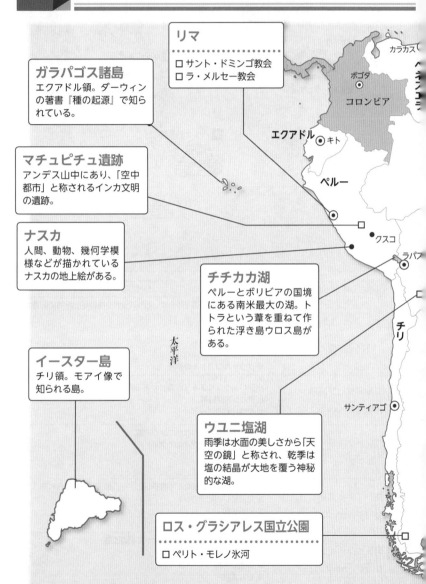

リマ

□ サント・ドミンゴ教会
□ ラ・メルセー教会

ガラパゴス諸島
エクアドル領。ダーウィンの著書『種の起源』で知られている。

マチュピチュ遺跡
アンデス山中にあり、「空中都市」と称されるインカ文明の遺跡。

ナスカ
人間、動物、幾何学模様などが描かれているナスカの地上絵がある。

チチカカ湖
ペルーとボリビアの国境にある南米最大の湖。トトラという葦を重ねて作られた浮き島ウロス島がある。

イースター島
チリ領。モアイ像で知られる島。

ウユニ塩湖
雨季は水面の美しさから「天空の鏡」と称され、乾季は塩の結晶が大地を覆う神秘的な湖。

ロス・グラシアレス国立公園

□ ペリト・モレノ氷河

カラカス

ボゴタ
コロンビア

エクアドル ⊙ キト

ペルー

⊙

クスコ

ラパス

チリ

太平洋

サンティアゴ ⊙

エンジェル（アンヘル）滝

ギアナ高地にあるテーブル状の山から流れ落ちる落差世界一の滝。

リオ・デ・ジャネイロ

□ コルコバードの丘（キリスト像）
□ イパネマ海岸
□ コパカバーナ海岸
□ 奇岩ポン・デ・アスーカル

アマゾン川

ブラジル

⊙ ブラジリア

アスンシオン
ラグアイ
サンパウロ

イグアス滝

ブラジルとアルゼンチンの国境に位置する滝。「悪魔の喉笛」と呼ばれる観光名所がある。

ウルグアイ
モンテビデオ

大西洋

ブエノスアイレス

ラプラタ川に面するアルゼンチンの首都。

□ モンセラート地区
□ ボカ地区

中南米

369

第6章

アフリカ

🔒 1 エジプト

MAP ▶ P376〜377

1
【H20】
エジプト第2の都市であり、プトレマイオス朝時代に首都がおかれ、ヘレニズム文明の中心地として栄えた□□□には、世界の七不思議の一つに数えられる**ファロス島の灯台**があったが、大地震により倒壊し、その後の調査で海底からは灯台の一部と思われる彫像や石材が発見された。

アレクサンドリア

2
【予想】
ナイル河畔に位置する□□□は、**東岸のルクソール神殿**や**カルナック神殿**を中心とする古代都市遺跡の観光拠点であり、**西岸**には**王家の谷**や**王妃の谷**などがある。

ルクソール
古代都市テーベ遺跡の観光拠点。

3
【H28】
エジプト南部にあり、**アスワン ハイ ダム**の建設による水没を避けるために移築された□□□は、入口に**ラムセス2世の巨像**が4体並ぶ古代エジプトの岩窟神殿である。

アブ・シンベル神殿
ダムの建設によりナセル湖に沈むのを避けて移築された。

🔒 2 モロッコ

MAP ▶ P378

1
【R2】
モロッコ中部にあり大アトラス山脈北側に位置するオアシス都市□□□には、迷路のような細い路地に沢山の店がひしめくスークや高くそびえる**クトゥビア モスク**がある旧市街、大道芸人や屋台で活気があふれる**ジャマ エル フナ広場**などの見どころがある。

マラケシュ

クトゥビア・モスク

2
【H19】
モロッコ最大の都市□□□は、大西洋に面する港町で、前国王ハッサン2世が「北アフリカの象徴とする」として建造した高さ約200mのミナレット（尖塔）を持つ巨大で壮麗な**ハッサン2世モスク**で知られている。

カサブランカ

3 □□ 【予想】	モロッコ北部、**同国最古の都市**といわれる　　　　には、幾何学模様のタイル装飾が目を引く**ブー・ジュルード門**などに囲まれている旧市街があり、迷路のように入り組んだ町並みが世界文化遺産に登録されている。	**フェズ** 旧市街にあるカラウィーン・モスクには、世界最古の現存する大学の一つといわれるカラウィーン大学もある。
4 □□ 【H16】	モロッコやチュニジアなどのマグレブ諸国の主食である　　　　は、小麦粉を使用した細かい粒状のパスタに、肉や魚、野菜を使った煮込みをかけて食べる料理である。	**クスクス**

3 チュニジア

MAP ▶ P378

1 □□ 【H17】	マグレブ諸国のひとつチュニジアは、かつてフランスの保護領であったため自由な気風があり、地中海のリゾート地として開発される一方、同地にはポエニ戦争の舞台となった古代都市　　　　やローマ帝国の遺跡も遺されている。	**カルタゴ**

4 南アフリカ

MAP ▶ P379

1 □□ 【H16】	南アフリカ共和国の**行政上の首都**　　　　は、立法上の首都ケープタウンと豪華列車ブルートレインによっても結ばれ、春10月にはジャカランダの花が町全体を彩り**「ジャカランダ シティ」**とも呼ばれる。	**プレトリア** 南アフリカ共和国の首都機能は、プレトリア（行政府）、ケープタウン（立法府）、ブルームフォンテーン（司法府）の3つの都市に分散されている。
2 □□ 【H21】	南アフリカ共和国発祥の地で、独特の形をした**テーブルマウンテンの麓**にある　　　　は、オランダ統治時代の建築物が見られる都市で、その南方にはバスコ ダ ガマがインド航路を開いたことにより名付けられた**喜望峰**がある。	**ケープタウン** 南アフリカ共和国発祥の地に由来して、「マザーシティ」とも呼ばれる。

アフリカ

5 ケニア

MAP ▶ P379

1
【H12】
赤道付近に位置し、標高約 1,600m の高地にあるケニア
の首都 ▢▢▢ は、**アンボセリ国立公園、マサイ マラ国
立保護区、ツアボ国立公園**などへのサファリ ツアーの起
点となっている。

ナイロビ

2
【H29】
タンザニアとの国境に近いケニアの ▢▢▢ は、アフリ
カ最高峰**キリマンジャロの麓**に位置し、ゾウ、ライオン、
カバなどの数多くの動物が見られ、**ヘミングウェイが小
説「キリマンジャロの雪」を執筆**した場所としても知ら
れている。

アンボセリ国
立公園

6 タンザニア

MAP ▶ P379

1
【R3】
タンザニア北部に位置する ▢▢▢ は、**火山活動によっ
てできたクレーター内部の大草原**には、ゾウ、ライオン、
クロサイなどが、火口湖やその周辺の湖沼には、カバ、
水牛、フラミンゴなどの多数の野生動物や鳥類が生息し
ており、世界複合遺産に登録されている。

ンゴロンゴロ
保全地域

2
【H30】
ケニア南西部のマサイ マラ国立保護区は野生動物の宝
庫として知られ、なかでもサバンナ気候特有の雨季と
乾季に合わせ、ヌーが大群をなして、**タンザニア**北部の
▢▢▢ との間を大移動する光景は壮観である。

セレンゲティ
国立公園

7 ジンバブエ

MAP ▶ P379

1
【H11】
アフリカ南部、**ザンビアとジンバブエの国境**に位置する
▢▢▢ 滝は、**ナイアガラ滝、イグアス滝とともに世界
三大瀑布**のひとつに数えられる。

ビクトリア

8 アフリカの複合問題 (1)

1
□□
【H27】
次のアフリカの国立公園等のうち、ケニアに所在しているものを<u>すべて</u>選びなさい。
- a. アンボセリ国立公園
- b. キリマンジャロ国立公園
- c. クルーガー国立公園
- d. マサイ マラ国立保護区

a、d
キリマンジャロ国立公園はタンザニア、クルーガー国立公園は南アフリカにある。

2
□□
【予想】
次のアフリカの国立公園等のうち、タンザニアに所在しているものを<u>すべて</u>選びなさい。
- a. チョベ国立公園
- b. セレンゲティ国立公園
- c. ツアボ国立公園
- d. ンゴロンゴロ保全地域

b、d
チョベ国立公園はボツワナ、ツアボ国立公園はケニアにある。

3
□□
【R2】
次のアフリカの国立公園とその所在する国との組合せのうち、誤っている組合せはどれか。
- a. アンボセリ国立公園 ― モザンビーク
- b. クルーガー国立公園 ― 南アフリカ
- c. セレンゲティ国立公園 ― タンザニア
- d. ナクル湖国立公園 ― ケニア

a
アンボセリ国立公園はケニアにある。モザンビークにある国立公園では、ゴロンゴーザ国立公園が有名。

4
□□
【H18】
次の国立保護区、国立公園、保全地域とその国及び首都の組合せで誤っているものはどれか。
- a. マサイ マラ国立保護区 ― ケニア ― ナイロビ
- b. キリマンジャロ国立公園 ― タンザニア ― ダルエスサラーム
- c. クルーガー国立公園 ― 南アフリカ ― プレトリア
- d. ンゴロンゴロ保全地域 ― エチオピア ― アディス アベバ

d
ンゴロンゴロ保全地域は、タンザニアにある。

9 アフリカの複合問題（2）

1
【H29】
エジプトの観光地等に関する次の記述から、正しいもの
だけをすべて選んでいるものはどれか。

（ア）ルクソールは、市域がナイル川によって東西に分か
れ、東岸にはカルナック神殿やルクソール神殿、西岸
には王家の谷やハトシェプスト女王葬祭殿などの古代
エジプト文明の遺跡がある。

（イ）ギーザには、古王国時代のクフ王、カフラー王、メ
ンカウラー王の三王の陵墓といわれる三大ピラミッド
があり、カフラー王ピラミッドの参道入口にはスフィ
ンクスの像がある。

（ウ）地中海に面した港町メンフィスは、プトレマイオス
王朝時代の首都で、世界の七不思議のひとつファロス
島の灯台があったことで知られる。

a．（ア）（イ）　　　b．（ア）（ウ）
c．（イ）（ウ）　　　d．（ア）（イ）（ウ）

a．（ア）（イ）
ファロス島の灯台
があったとされる港
町は、アレクサンド
リアである。よって、
（ウ）は誤り。

2
【H28】
アフリカの観光地等に関する次の記述から、正しいもの
だけをすべて選んでいるものはどれか。

（ア）世界三大瀑布のひとつとして知られているビクト
リア滝は、ジンバブエとザンビアの国境にあり、幅約
1,700m、落差約108mの壮大な世界自然遺産である。

（イ）タンザニアのンゴロンゴロ保全地域では、巨大なカ
ルデラの火口原に広がる草原で、ゾウ、クロサイをは
じめ多数の野生動物が生息している。

（ウ）オランダ統治時代の面影を遺す南アフリカ共和国
のヨハネスブルクは、テーブルマウンテンの麓にあり、
その南方にはバスコ ダ ガマがインド航路を開いたこ
とで有名な喜望峰がある。

a．（ア）（イ）　　　b．（ア）（ウ）
c．（イ）（ウ）　　　d．（ア）（イ）（ウ）

a．（ア）（イ）
テーブルマウンテ
ンの麓にある都市
はケープタウンであ
る。よって、（ウ）は
誤り。

アフリカ全図

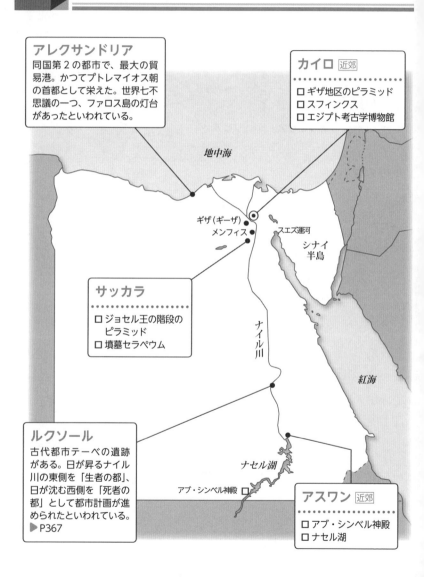

MAP
30 エジプト

アレクサンドリア
同国第2の都市で、最大の貿易港。かつてプトレマイオス朝の首都として栄えた。世界七不思議の一つ、ファロス島の灯台があったといわれている。

カイロ 近郊
□ ギザ地区のピラミッド
□ スフィンクス
□ エジプト考古学博物館

地中海

ギザ (ギーザ)
メンフィス
スエズ運河
シナイ半島

サッカラ
□ ジョセル王の階段のピラミッド
□ 墳墓セラペウム

ナイル川

紅海

ルクソール
古代都市テーベの遺跡がある。日が昇るナイル川の東側を「生者の都」、日が沈む西側を「死者の都」として都市計画が進められたといわれている。
▶ P367

ナセル湖

アブ・シンベル神殿

アスワン 近郊
□ アブ・シンベル神殿
□ ナセル湖

ルクソール（古代都市テーベ）の遺跡

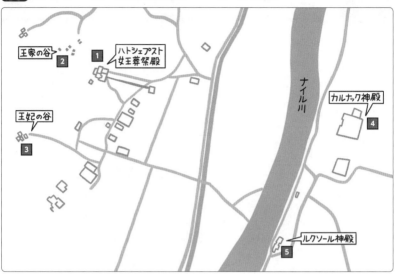

（地図内のラベル）
- 王家の谷 **2**
- **1** ハトシェプスト女王葬祭殿
- 王妃の谷 **3**
- ナイル川
- カルナック神殿 **4**
- ルクソール神殿 **5**

ナイル川の西側

1 ハトシェプスト女王葬祭殿

断崖を背にした3段テラス状の建造物で、内部にはレリーフや壁画が残されている。

2 王家の谷

歴代のファラオ（王）の岩窟墓群。カーナボン卿とハワード・カーターが、ここでツタンカーメン王の墓を発見した。

3 王妃の谷

ファラオの妃の岩窟墓群。ラムセス2世の妃ネフェルタリの墓が有名。

ナイル川の東側

4 カルナック神殿

古代都市テーベの神殿群。エジプトの主神を祭るアモン大神殿がある。

5 ルクソール神殿

アモン大神殿の副殿。かつては、スフィンクス参道でアモン大神殿と結ばれていた。また、ルクソール神殿の入り口にあった2本のオベリスクのうち、1本は、現在、パリ（フランス）のコンコルド広場にある。

MAP
31

モロッコ・チュニジア

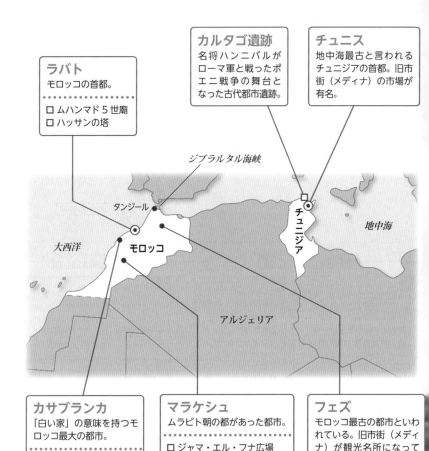

カルタゴ遺跡
名将ハンニバルがローマ軍と戦ったポエニ戦争の舞台となった古代都市遺跡。

チュニス
地中海最古と言われるチュニジアの首都。旧市街（メディナ）の市場が有名。

ラバト
モロッコの首都。

• • • • • • • • • • • • • •

□ ムハンマド5世廟
□ ハッサンの塔

ジブラルタル海峡

タンジール

大西洋

モロッコ

チュニジア

地中海

アルジェリア

カサブランカ
「白い家」の意味を持つモロッコ最大の都市。

• • • • • • • • • • • • • •

□ ムハンマド5世広場
□ ハッサン2世モスク

マラケシュ
ムラビト朝の都があった都市。

• • • • • • • • • • • • • •

□ ジャマ・エル・フナ広場
□ クトゥビア・モスク

フェズ
モロッコ最古の都市といわれている。旧市街（メディナ）が観光名所になっている。

• • • • • • • • • • • • • •

□ ブー・ジュルード門
□ カラウィーン・モスク

MAP 32 その他のアフリカ諸国

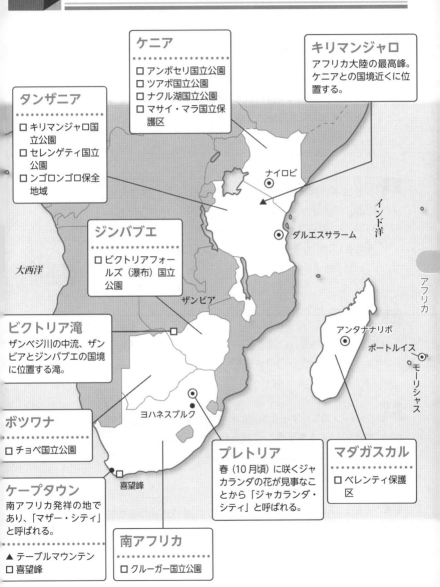

ケニア
- □ アンボセリ国立公園
- □ ツアボ国立公園
- □ ナクル湖国立公園
- □ マサイ・マラ国立保護区

キリマンジャロ
アフリカ大陸の最高峰。ケニアとの国境近くに位置する。

タンザニア
- □ キリマンジャロ国立公園
- □ セレンゲティ国立公園
- □ ンゴロンゴロ保全地域

ジンバブエ
- □ ビクトリアフォールズ（瀑布）国立公園

ビクトリア滝
ザンベジ川の中流、ザンビアとジンバブエの国境に位置する滝。

ボツワナ
- □ チョベ国立公園

ケープタウン
南アフリカ発祥の地であり、「マザー・シティ」と呼ばれる。
- ▲ テーブルマウンテン
- □ 喜望峰

プレトリア
春（10月頃）に咲くジャカランダの花が見事なことから「ジャカランダ・シティ」と呼ばれる。

マダガスカル
- □ ベレンティ保護区

南アフリカ
- □ クルーガー国立公園

ナイロビ

ダルエスサラーム

インド洋

アフリカ

大西洋

ザンビア

アンタナナリボ

ポートルイス

モーリシャス

ヨハネスブルク

喜望峰

379

第7章

オセアニア

1 オーストラリア

MAP ▶ P388〜389

1
[H22]
アデレードを経由して**シドニーからパースまで**3泊4日で走る　　　　は、**世界最長の直線区間**で知られる**ナラボー平原**を走る大陸横断列車で、途中、アデレード駅などでは列車が駅に停車している時間を利用してオプショナルツアーを楽しめる。

インディアン・パシフィック

2
□□
[H30]
シドニーの西、約100kmに位置する　　　　国立公園には、三姉妹が岩に姿を変えたという伝説が残る**奇岩スリー シスターズ**があり、季節や時間帯により岩肌の色を変える幻想的な景観を**エコー ポイント展望台**から楽しむことができる。

ブルー・マウンテンズ

スリー・シスターズ

3
□□
[H21]
西オーストラリア州の州都　　　　は、州の政治・経済・文化の中心地で、砂漠に林立する**奇岩群ピナクルズ**、リゾート アイランドの**ロットネスト島**などへの観光拠点となっている。

パース
シャーク湾にあるビーチ、モンキー・マイアではバンドウイルカを間近で見ることができる。

4
□□
[H19]
クイーンズランド州北東部の世界自然遺産である湿潤熱帯地域を巡る**キュランダ観光鉄道**の始発地　　　　は、世界最大のサンゴ礁が連なる**グレート バリア リーフ**への観光拠点でもある。

ケアンズ

5
□□
[H17]
オーストラリア大陸を縦断する**ガン鉄道**の北端の駅であるノーザン テリトリーの州都　　　　は、広大な湿原が広がる**カカドゥ国立公園**への観光拠点である。

ダーウィン
ガン鉄道（ザ・ガン）は、ダーウィンとアデレードを結ぶ大陸縦断列車。

6
☐☐
【H14】
砂漠に横たわる世界最大の砂岩の一枚岩で、太陽の移動によりさまざまな色に映える**ウルル**（エアーズ ロック）はオーストラリアのほぼ中央にあり、☐☐☐☐☐☐がその観光拠点となっている。

アリス・スプリングス

観光客のウルルへの登山は禁止されている。

7
☐☐
【予想】
ビクトリア州の州都☐☐☐☐には、聖パトリック大聖堂やキャプテン・クックの生家があるフィッツロイ公園などがあり、郊外にはワイナリーが広がり、南の沖合には、**ペンギンペレード**で有名な**フィリップ島**がある。

メルボルン

🔒 **2 ニュージーランド**

MAP ▶ P390

1
☐☐
【H15】
「**帆の街**」の愛称で知られる☐☐☐☐は、ニュージーランド北島にある最大の都市である。

オークランド

2
☐☐
【予想】
ニュージーランドの北島にある☐☐☐☐は、温水を吹き上げる**間欠泉**が見られる温泉保養地として知られており、**ワイトモ鍾乳洞**への観光拠点となっている。

ロトルア

3
☐☐
【R4】
ニュージーランド南島の都市☐☐☐☐は、市街中心部を**エイボン川**が流れ、**ハグレー公園**をはじめ美しい公園や庭園が多く「**ガーデン・シティ（庭園の町）**」と呼ばれている。

クライストチャーチ

4
☐☐
【R2】
ニュージーランド南島中央部にある☐☐☐☐は、サザンアルプスを背景とする青みがかった乳白色の湖で、湖畔には石造りの**善き羊飼いの教会**があり、豊かな自然景観と星空観測で知られている。

テカポ湖

オセアニア

5 □□ 【H14】	海岸線に形成された氷食谷に海水が侵入してできたニュージーランドの**ミルフォード サウンド**への観光には、**テ アナウ**と**ワカティプ湖畔**にある◻◻◻◻がその発着地となっている。	クイーンズタウン
6 □□ 【H22】	ミルフォード サウンドに代表される氷食地形が壮大な**フィヨルドランド国立公園**は、ニュージーランド**南島**の南西端に位置し、フィヨルド観光遊覧船や手つかずの原生林へのトレッキングも行われ、その観光の拠点となるのは◻◻◻◻やクイーンズタウンである。	テ・アナウ ミルフォード・サウンド
7 □□ 【H20】	**ニュージーランド最初の国立公園**である◻◻◻◻国立公園は、**北島**のほぼ中央に位置し、クレーターやカルデラ湖等の火山独特の自然により、当初は世界自然遺産として登録され、その後、マオリの聖地としての文化的価値が認められ、1993年に世界複合遺産として再登録された。	トンガリロ タウポ湖の南に位置する国立公園で、ルアペフ山などの火山を有する。

3 ミクロネシア・メラネシア・ポリネシア

MAP ▶ P391

1 □□ 【H13】	メラネシア、ポリネシアとならぶ太平洋の三大区分のひとつミクロネシアは大別して4つの諸島からなるが、ミクロネシア最大の島**グアム島**は◻◻◻◻諸島に属する。	マリアナ
2 □□ 【H18】	メラネシアの交通の要衝にあるため「**南太平洋の十字路**」と呼ばれる◻◻◻◻共和国は、イギリス連邦の一員で、ヴィチレブ島、マナ島をはじめエメラルドグリーンの海と美しいビーチを持つ島々が点在している。	フィジー諸島

3
[H27] 西太平洋、**パラオ**にはターコイズブルーのサンゴ礁に点在する**ロックアイランド**や**ジェリーフィッシュ レイク**など多くの見どころがあるが、戦後70年に当たる2015年には、当時の天皇皇后両陛下がご訪問され、激戦地であった ☐☐☐ 島にて慰霊碑に献花された。

ペリリュー
パラオ南部にある島。
パラオのロックアイランドは「南ラグーンのロックアイランド群」として世界複合遺産に登録されている。

4 オセアニアの複合問題（1）

次の下線部のうち、誤っているものはどれか。

1
[H25] オーストラリアの都市のうち、a. ケアンズは、グレート バリア リーフ、b. ブリスベンは、一枚岩ウルル（エアーズ ロック）、c. パースは、砂漠に林立する奇岩群ピナクルズ、d. ダーウィンは、広大な湿原が広がるカカドゥ国立公園への観光拠点となる都市である。

b
ウルル（エアーズ ロック）への観光拠点は、アリス・スプリングスである。

2
[R1] ニュージーランドの国立公園には、北島に同国最初の国立公園である a. ロトルア、円錐形のタラナキ山のある b. エグモントなどがあり、南島にミルフォード サウンドで知られる c. フィヨルドランド、同国最高峰の山のある d. アオラキ / マウント クックなどがある。

a
同国最初の国立公園は、北島にあるトンガリロ国立公園である。
北島にあるロトルアは、間欠泉で知られる温泉保養地（ロトルアは国立公園には指定されていない）。

5 オセアニアの複合問題（2）

1
[H29] 次のオーストラリアの世界遺産とその観光拠点との組合せのうち、正しいものを**すべて**選びなさい。
　a. ウルル（エアーズ ロック）— アリス スプリングス
　b. カカドゥ国立公園 — ダーウィン
　c. シャーク湾とモンキー マイア — ケアンズ

a、b
シャーク湾とモンキー・マイアへの観光拠点となる主要都市はパースである。

オセアニア

2
【H28】
□□

次のオーストラリアでのオプショナルツアーとその観光拠点となる都市との組合せのうち、正しいものを<u>すべて</u>選びなさい。
a．グリーン島とアウターリーフツアー ― ケアンズ
b．フィリップ島ペンギンパレード ― メルボルン
c．ブルー マウンテンズ観光 ― シドニー
d．サンセット ピナクルズツアー ― ダーウィン

> a、b、c
> ピナクルズへの観光拠点となる主要都市はパースである。

3
【H16】
□□

次のオーストラリアの観光地とその観光拠点並びにその都市が属する州及び準州の組合せのうち、誤っているものはどれか。
a．カカドゥ国立公園 ― ダーウィン ― ノーザン テリトリー
b．サーファーズ パラダイス ― アデレード ― ニュー サウス ウェールズ州
c．フィリップ島 ― メルボルン ― ビクトリア州
d．ピナクルズ ― パース ― 西オーストラリア州

> b
> サーファーズ・パラダイスは、クイーンズランド州のゴールドコーストにある観光地である。
> アデレードは南オーストラリア州の州都。
> ニューサウスウェールズ州は、州都シドニーなどが属する州。

4
【R3】
□□

次のニュージーランドの国立公園とその観光ポイント等との組合せのうち、正しいものを<u>すべて</u>選びなさい。
a．アオラキ / マウントクック国立公園－タスマン氷河
b．エグモント国立公園－ワイトモ鍾乳洞
c．フィヨルドランド国立公園－ミルフォード サウンド

> a、c
> エグモント国立公園は、ニュージーランド北島西部、タラナキ山を中心とする公園。
> ツチボタルが見られるワイトモ鍾乳洞は、同国北島にある観光ポイントで、エグモント国立公園には属していない。

5
□□
【H17】
太平洋海域は 3 つのエリアに大別されるが、次の図でそ
の呼称がすべて正しい組合せはどれか。

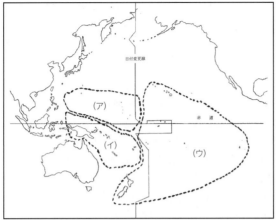

	ポリネシア	ミクロネシア	メラネシア
a	（ウ）	（ア）	（イ）
b	（イ）	（ア）	（ウ）
c	（ウ）	（イ）	（ア）
d	（ア）	（ウ）	（イ）

 オセアニアの複合問題（3）

1
□□
【H26】
次の記述のうち、正しいものをすべて選びなさい。

a．ケアンズはオーストラリア大陸北東岸の都市で、グ
　　リーン島などグレート バリア リーフの人気の島々へ
　　の観光拠点のひとつである。

b．ウルル（エアーズ ロック）はオーストラリア大陸の
　　ほぼ中央に位置する巨大な一枚岩で、アボリジニの聖
　　地として崇められている。

c．ブルー・マウンテンズ国立公園はメルボルンの西方
　　約 100km に位置し、ユーカリの樹海と 3 つの岩が並
　　ぶスリーシスターズが公園のシンボルとなっている。

オセアニア

2

【H27】

オーストラリアに関する次の記述から、正しいものだけをすべて選んでいるものはどれか。

（ア）グレート バリア リーフへの観光拠点であるケアンズでは、観光列車とスカイレールで往復するキュランダ観光が人気である。

（イ）アデレードを経由してシドニー〜パース間を運行するインディアン パシフィック号は、世界最長の直線区間で知られるナラボー平原を走る大陸横断列車である。

（ウ）西オーストラリア州にあるカカドゥ国立公園には、無数の奇石群が砂漠に林立することから「荒野の墓標」と呼ばれるピナクルズがある。

a．（ア）（イ）　　　b．（ア）（ウ）

c．（イ）（ウ）　　　d．（ア）（イ）（ウ）

a. （ア）（イ）

西オーストラリア州に位置する奇石群ピナクルズは、ナンブング国立公園にある。

カカドゥ国立公園は、ノーザン・テリトリーの州都ダーウィンを観光拠点とする広大な湿原地帯。

3

【H20】

オセアニアの島に関する次の記述のうち、誤っているものはどれか。

a．南海の楽園といわれるタヒチは、画家ゴーギャンが晩年を過ごした地で、中心都市はパペーテである。

b．フィジーの玄関口はナンディであり、その首都スバには英国植民地時代の建物が残されている。

c．森村桂著書の「天国にいちばん近い島」で知られるニューカレドニアの中心都市はヌーメアで、美しい海と島の自然を楽しむために年間何万人もの日本人が訪れる地となっている。

d．グアムは、第二次世界大戦の激戦地となった歴史をもち、マニャガハ島、バンザイクリフなどの観光地がある。

d

マニャガハ島、バンザイ・クリフは、いずれもサイパン島の観光地である（いずれもグアム島の観光地ではない）。

4
[R2]

次の記述から、正しいものだけをすべて選んでいるものはどれか。

（ア）パラオ諸島のロックアイランド群と南ラグーンは、パラオ共和国唯一の世界遺産で、自然遺産要素と文化遺産要素を併せ持つ世界複合遺産に登録されている。

（イ）タヒチのボラボラ島は、緑豊かなオテマヌ山がある本島をリーフが囲んでおり、水上バンガローや藁葺き屋根のヴィラなどが点在している。

（ウ）ボルネオ島北部にあるキナバル山では、世界最大級の花ラフレシアや食虫植物のウツボカズラなどを見ることができ、キナバル自然公園として世界自然遺産に登録されている。

a．（ア）（イ）　　　b．（ア）（ウ）
c．（イ）（ウ）　　　d．（ア）（イ）（ウ）

d.（ア）（イ）（ウ）
すべて正しい。

オセアニア

MAP
33 オーストラリア

ダーウィン 近郊

□ カカドゥ国立公園

インド洋

ノーザン
テリトリ

ウルル（エアーズ・ロック）
世界最大級の一枚岩。アリス・ス
プリングスが観光拠点。ウルル・
カタジュタ国立公園に属する。

西オーストラリア州

アリス・
リングス

□

モンキー・マイア
シャーク湾にあるビーチ
で、野生のバンドウイル
カを見ることができる。

ナラボー平原

□

ピナクルズ
「荒野の墓標」と呼ばれる砂
漠地帯に立つ石柱群。ナン
ブング国立公園にある。

● パース

ロットネスト島

アデレード 近郊

□ カンガルー島

ケアンズ 近郊
- □ 湿潤熱帯地域キュランダ
- □ グレートバリアリーフ

グレートバリアリーフ
世界最大のサンゴ礁群。

- □ ヘイマン島
- □ ハミルトン島
- □ グリーン島

太平洋

クイーンズランド州

ブリスベン 近郊
- □ ローンパイン・コアラ保護区

ゴールドコースト 近郊
- □ サーファーズパラダイス
- □ シーワールド
- □ スプリングブルック国立公園
- □ バイロン岬

―ストラリア州

□ バイロン岬

ニューサウスウェールズ州

シドニー 近郊
- □ オペラハウス
- □ ハーバーブリッジ
- □ ブルー・マウンテンズ国立公園（奇岩スリー・シスターズ）

キャンベラ ◉

ビクトリア州

ガルー島

メルボルン 近郊
- □ 聖パトリック大聖堂
- □ フィッツロイ公園（キャプテン・クックの家）
- □ フィリップ島（ペンギンパレード）

タスマニア州

タスマニア島
同国最大の島。タスマニアン・デビルなど多くの固有種が生息している。

ホバート

オセアニア

MAP
34

ニュージーランド

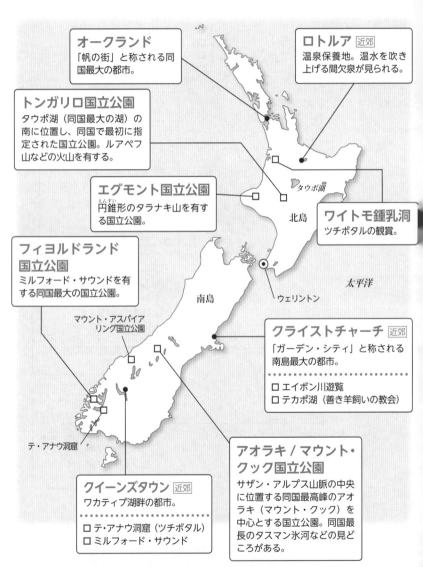

オークランド
「帆の街」と称される同国最大の都市。

ロトルア 近郊
温泉保養地。温水を吹き上げる間欠泉が見られる。

トンガリロ国立公園
タウポ湖（同国最大の湖）の南に位置し、同国で最初に指定された国立公園。ルアペフ山などの火山を有する。

エグモント国立公園
円錐形のタラナキ山を有する国立公園。

ワイトモ鍾乳洞
ツチボタルの観賞。

フィヨルドランド国立公園
ミルフォード・サウンドを有する同国最大の国立公園。

クライストチャーチ 近郊
「ガーデン・シティ」と称される南島最大の都市。

□ エイボン川遊覧
□ テカポ湖（善き羊飼いの教会）

マウント・アスパイアリング国立公園

テ・アナウ洞窟

アオラキ / マウント・クック国立公園
サザン・アルプス山脈の中央に位置する同国最高峰のアオラキ（マウント・クック）を中心とする国立公園。同国最長のタスマン氷河などの見どころがある。

クイーンズタウン 近郊
ワカティプ湖畔の都市。

□ テ・アナウ洞窟（ツチボタル）
□ ミルフォード・サウンド

タウポ湖

北島

南島

太平洋

ウェリントン

MAP
35

ミクロネシア・メラネシア・ポリネシア

グアム
マリアナ諸島最大の島。
アメリカのグアム準州。

□ タモン地区
□ 恋人岬
□ タロフォフォの滝
□ ココス島

サイパン
北マリアナ諸島（アメリカの自治領）の中心。

□ ガラパン地区
□ マニャガハ島
□ バンザイ・クリフ（プンタン・サバネタ）

フィジー
「南太平洋の十字路」と称される共和国。首都スバや国際空港があるナンディはヴィチレブ島に位置する。

□ マナ島
□ ヴィチレブ島

ハワイ諸島

ミクロネシア

パプアニューギニア

ポリネシア

パラオ
「南ラグーンのロックアイランド群」が世界複合遺産に登録されている。

□ コロール島
□ バベルダオブ島
□ ペリリュー島

メラネシア

イースター島

タヒチ
フランス領ポリネシア最大の島。中心都市はパペーテ。画家ゴーギャンが滞在し、この島を題材とした作品を多く残している。

□ ボラボラ島（最高峰オテマヌ山）
□ モーレア島

ニュージーランド

ニューカレドニア
フランス領。中心都市はヌーメア。

□ グランドテール島（本島）
□ イル・デ・パン島
□ ウベア島

オセアニア

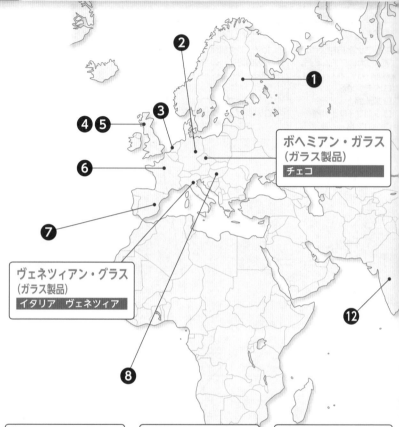

ボヘミアン・ガラス
（ガラス製品）
チェコ

ヴェネツィアン・グラス
（ガラス製品）
イタリア　ヴェネツィア

❶ ククサ

フィンランド

白樺のこぶで作られる木製のコップ。

❷ マイセン

ドイツ

ブルーオニオンなどのデザインで知られる陶器。

❸ デルフト

オランダ

伊万里焼の影響を受けたとされる陶器。

❹ キルト

イギリス　スコットランド

タータン柄などの巻きスカート。

❺ ウェッジウッド

イギリス

苺の絵柄などで世界的に人気がある陶磁器メーカー。

❻ セーブル/リモージュ

フランス

フランスを代表する磁器。

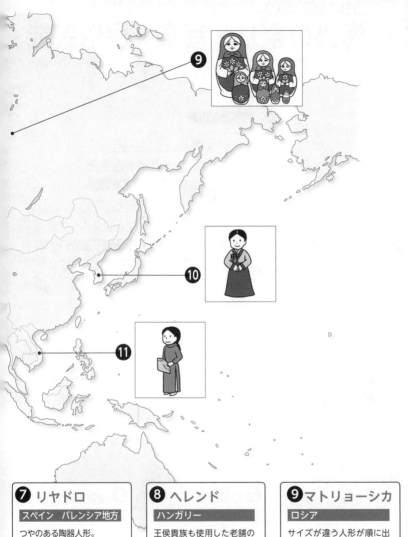

⑦ リヤドロ

スペイン　バレンシア地方

つやのある陶器人形。

⑧ ヘレンド

ハンガリー

王侯貴族も使用した老舗の磁器。

⑨ マトリョーシカ

ロシア

サイズが違う人形が順に出てくる木製民芸品。

⑩ チマ・チョゴリ

韓国

女性用（チマは「スカート」、チョゴリは「上着」の意味）。

⑪ アオザイ

ベトナム

アオザイとは、ベトナム語で「長い上着」を意味する。

⑫ サリー

インド

1枚の長い布を巻きつける民族衣装。

2 海外の祭り・音楽・民俗芸能

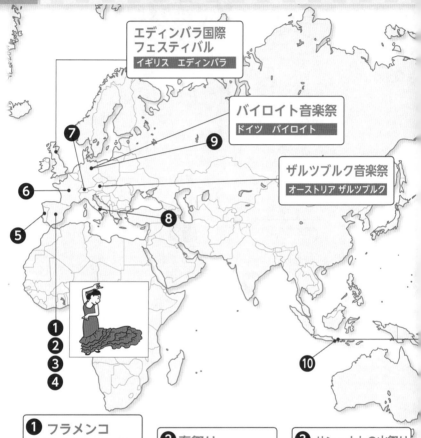

エディンバラ国際フェスティバル
イギリス エディンバラ

バイロイト音楽祭
ドイツ バイロイト

ザルツブルク音楽祭
オーストリア ザルツブルク

❼ ❻ ❺ ❾ ❽ ❶ ❷ ❸ ❹ ❿

---

❶ フラメンコ

スペイン

ジプシー舞踊を起源とする情熱的な歌と踊り。

❷ 春祭り

スペイン セビリア

1,000以上の小屋(カセータ)が立ち並ぶ華やかな春祭り。

❸ サン・ホセの火祭り

スペイン バレンシア

「ファヤ」と呼ばれる巨大な張子人形を焼く祭り。

❹ サン・フェルミン祭

スペイン パンプローナ

牛追い祭り。ヘミングウェイの小説『日はまた昇る』にも描かれている。

❺ ファド

ポルトガル

ギターを伴奏に哀愁をおびた曲が歌われる。

❻ シャンソン

フランス

セリフ入りで人生や愛などを歌い上げる。

ワヤン・クリ
インドネシア　バリ島

操り人形の影絵芝居

❼ ヨーデル
スイス

裏声を織り交ぜて歌うアルプス地方の唱法。

❽ カンツォーネ
イタリア

『サンタ・ルチア』などの歌で知られる民謡。

❾ オクトーバーフェスト
ドイツ　ミュンヘン

秋に開催される世界最大規模のビール祭り。

❿ ケチャ
インドネシア　バリ島

叙事詩『ラーマーヤナ』を題材とする伝統芸能。

⓫ メリー・モナーク・フェスティバル
ハワイ　ハワイ島

復活祭（イースター）から1週間開催されるフラの祭典。

⓬ リオのカーニバル
ブラジル　リオ・デ・ジャネイロ

情熱的なサンバの祭典。

サンタクロース・エクスプレス

ヘルシンキ⇔ロヴァニエミ など（フィンランド）

ブルートレイン

プレトリア⇔ケープタウン （南アフリカ）

中国高速鉄道

中国国内各都市

❶ 青蔵鉄道

西寧（中国）⇔ラサ（チベット自治区）

標高 5,000m 以上の高所を走る。

❷ ユーロスター

ロンドン（イギリス）⇔パリ（フランス）／アムステルダム（オランダ）

ドーバー海峡の英仏海峡トンネルを通る列車。

❸ グレッシャー・エクスプレス（氷河特急）

ツェルマット⇔サン・モリッツ（スイス）

スイスアルプスを約 8 時間かけて走る観光列車。

❹ ベルニナ・エクスプレス（ベルニナ線）

サン・モリッツ（スイス）⇔ティラーノ（イタリア）

世界文化遺産に登録されている路線を走る観光列車。

❺ フロム鉄道（フロム線）

フロム⇔ミュールダール（ノルウェー）

急勾配の山岳地帯を走る観光列車。

KTX 韓国高速鉄道
韓国国内各都市

台湾高速鉄道
南港（台北市）⇔左營（高雄市）

イースタン＆オリエンタル・エクスプレス
バンコク（タイ）⇔シンガポール

❻ シベリア鉄道（ロシア号）
ウラジオストク⇔モスクワ（ロシア）
世界最長の距離を走る鉄道。

❼ アセラ・エクスプレス
ボストン⇔ワシントンD.C.（アメリカ）
アムトラック社が運行する特急列車の一つ。

❽ VIA鉄道（カナディアン号）
バンクーバー⇔トロント（カナダ）
カナディアン・ロッキーなどを経由する大陸横断鉄道。

❾ インディアン・パシフィック
シドニー⇔パース（オーストラリア）
大陸横断鉄道。世界最長の直線区間がある。

❿ ザ・ガン
ダーウィン⇔アデレード（オーストラリア）
大陸縦断鉄道。

まとめの世界地図

397

名称	所在地	特徴と主な所蔵品〔作者〕
台湾		
故宮博物院	台北	● 翠玉白菜〔不明〕
イギリス		
大英博物館	ロンドン	● ロゼッタ・ストーン〔不明〕
ナショナル・ギャラリー		トラファルガー広場に面する博物館。 ● ヴァージナルの前に立つ女〔フェルメール〕 ● 海港 シバの女王の船出〔ロラン〕
フランス		
ルーブル美術館 モナ・リザ	パリ	ガラス張りのピラミッド型の入り口が特徴。3つの翼に分けて展示されている。 ● モナ・リザ〔レオナルド・ダ・ヴィンチ〕 ● ミロのヴィーナス〔不明〕 ● サモトラケのニケ〔不明〕 ● ナポレオン一世の戴冠式と皇妃ジョゼフィーヌの戴冠〔ダヴィッド〕 ● 民衆を導く自由の女神〔ドラクロワ〕 ● カナの婚礼〔ヴェロネーゼ〕
オルセー美術館 ムーラン・ド・ラ・ギャレットの舞踏会		旧オルセー駅の駅舎とホテルを改造した美術館。 ● 落穂拾い ● 晩鐘〔ミレー〕 ● ムーラン・ド・ラ・ギャレットの舞踏会〔ルノワール〕 ● 日傘の女〔モネ〕 ● 草上の昼食〔マネ〕 ● タヒチの女たち〔ゴーギャン〕
オランジュリー美術館		チュイルリー公園内にある温室を改築した美術館。 ● 睡蓮〔モネ〕
国立近代美術館 ミューズ		ポンピドゥーセンター内にあり、近現代美術が多く展示されている。 ● ミューズ〔ピカソ〕 ● 大きな赤い室内〔マティス〕 ● 10人のリズ〔アンディ・ウォーホル〕
スペイン		
プラド美術館	マドリード	スペイン王家の美術品を保存するために建てられた美術館。 ● 裸のマハ ● 着衣のマハ〔ゴヤ〕 ● ラス・メニーナス〔ベラスケス〕
国立ソフィア王妃芸術センター		● ゲルニカ〔ピカソ〕

名称	所在地	特徴と主な所蔵品〔作者〕
サント・トメ教会	トレド	教会の再建に貢献したオルガス伯爵を描いた絵画が有名。 ●オルガス伯の埋葬〔エル・グレコ〕
イタリア（バチカン）		
サン・ピエトロ大聖堂	バチカン	カトリックの総本山。 ●ピエタ〔ミケランジェロ〕
システィーナ礼拝堂		サン・ピエトロ大聖堂に隣接するバチカン博物館内にある礼拝堂。 ●最後の審判〔ミケランジェロ〕
ウフィツィ美術館 春	フィレンツェ	メディチ家のコレクションが多く展示されている。 ●ヴィーナスの誕生　●春〔ボッティチェリ〕 ●受胎告知〔レオナルド・ダ・ヴィンチ〕 ●聖家族〔ミケランジェロ〕 ●鶸の聖母〔ラファエロ〕
アカデミア美術館		●ダビデ像〔ミケランジェロ〕
サンタ・マリア・デレ・グラツィエ教会 最後の晩餐	ミラノ	『最後の晩餐』は、教会付属の僧院食堂の壁に描かれている作品。 ●最後の晩餐〔レオナルド・ダ・ヴィンチ〕
オランダ		
アムステルダム国立美術館	アムステルダム	●夜警〔レンブラント〕 ●牛乳を注ぐ女〔フェルメール〕
ファン・ゴッホ美術館		●じゃがいもを食べる人々〔ゴッホ〕 ●麦わら帽子をかぶった自画像〔ゴッホ〕
マウリッツハイス美術館 真珠の耳飾りの少女	ハーグ	近郊にはフェルメールの生誕地で、陶器の産地としても知られるデルフトがある。 ●真珠の耳飾りの少女（青いターバンの女）〔フェルメール〕 ●デルフトの眺望〔フェルメール〕 ●テュルプ博士の解剖学講義〔レンブラント〕
クレラー・ミュラー美術館	オッテルロー	デ・ホーヘ・フェルウェ国立公園内にある美術館。 ●アルルの跳ね橋（ラングロワ橋と洗濯する女たち）〔ゴッホ〕 ●夜のカフェテラス〔ゴッホ〕

名称	所在地	特徴と主な所蔵品〔作者〕
ベルギー		
聖母大聖堂 （ノートルダム 　大聖堂）	アント ワープ	ルーベンス作の絵画が飾られている聖母大聖堂は、ウィーダの小説『フランダースの犬』に登場することでも知られている。 ●キリストの昇架　●キリストの降架〔ルーベンス〕
オーストリア		
ウィーン美術史 博物館 バベルの塔（大）	ウィーン	●バベルの塔（大）〔ブリューゲル〕 ●絵画芸術（画家のアトリエ）〔フェルメール〕 ●青い服のマルガリータ王女〔ベラスケス〕 ●聖三位一体の礼拝〔デューラー〕
ベルヴェデーレ宮殿		●接吻〔クリムト〕
ノルウェー		
オスロ国立美術館	オスロ	●叫び〔ムンク〕
ロシア		
エルミタージュ 美術館	サンクト・ ペテルブルク	ロマノフ朝の女帝エカテリーナ2世のコレクションをもとに創設された美術館。 ●果実を持つ女〔ゴーギャン〕 ●リッタの聖母　●ブノワの聖母 　〔レオナルド・ダ・ヴィンチ〕 ●放蕩息子の帰還〔レンブラント〕
アメリカ		
スミソニアン博 物館群	ワシントン D.C.	世界最大規模の総合博物館。ナショナル・ギャラリー、自然史博物館、航空宇宙博物館などがある。
ニューヨーク 近代美術館 （MoMA）	ニュー ヨーク	ロートレックやアンディ・ウォーホルなどの近現代美術品を数多く所蔵する。 ●星月夜〔ゴッホ〕 ●アヴィニョンの娘たち〔ピカソ〕
メトロポリタン 美術館		セントラルパークの中央東側にある世界最大級の美術館。エジプト美術、ヨーロッパ絵画、日本の兜や鎧など多岐にわたる展示品が見どころ。
グッゲンハイム 美術館		ニューヨーク5番街沿い、メトロポリタン美術館の近くに位置する。かたつむりの殻に似た外観や、内部のらせん階段も特徴的。 ●黄色の髪の女〔ピカソ〕
ボストン美術館	ボストン	●種をまく人〔ミレー〕

国名・地域名	島
韓国	済州島
中国	香港島
	ランタオ島
マレーシア	ペナン島
	ランカウイ島
シンガポール	セントーサ島
タイ	プーケット島
	サムイ島
インドネシア	ジャワ島
	バリ島
	ビンタン島
	スマトラ島
フィリピン	ルソン島
	セブ島
	マクタン島
	ボホール島
	ミンダナオ島
	パラワン島
	ボラカイ島
モルディブ	マレ島
フランス	コルシカ島
イタリア	カプリ島
	シチリア島
	サルデーニャ島
スペイン	マヨルカ島
ギリシャ	クレタ島
	ミコノス島
	ミロス島
	サントリーニ島

国名・地域名	島
アメリカ（ハワイ）	カウアイ島
	オアフ島
	マウイ島
	ハワイ島
	モロカイ島
	ラナイ島
カナダ	バンクーバー島
	プリンス・エドワード島
エクアドル	ガラパゴス諸島
チリ	イースター島
オーストラリア	フィリップ島
	タスマニア島
	カンガルー島
	ヘイマン島
	ハミルトン島
	グリーン島
グアム	グアム島
	ココス島
北マリアナ諸島	サイパン島
	マニャガハ島
	ロタ島
パラオ	コロール島
	バベルダオブ島
	ペリリュー島
ニューカレドニア	グランドテール島
	イル・デ・パン島
	ウベア島
フィジー	ヴィチレブ島
	マナ島
タヒチ	ボラボラ島
	モーレア島

まとめの図表
海外の料理・食べ物

🧳 アジア・中東

国名	料理名	料理の特徴
韓国	参鶏湯 （サムゲタン）	鶏肉にもち米や漢方食材などをつめて煮込んだスープ。
	プルコギ	味付けした牛肉や野菜を焼いたもの。
ベトナム	フォー 	米粉の麺、肉、野菜入りのスープ麺。
	生春巻き	ライスペーパーで生野菜などをくるんだもの。
タイ	トムヤムクン	辛味と酸味がきいたエビ入りのスープ。
インドネシア	ナシゴレン	インドネシア風の炒飯。
	ミーゴレン	インドネシア風の焼きそば。
トルコ	シシカバブ	羊肉などの串焼き。

🧳 ヨーロッパ

国名	料理名	料理の特徴
イギリス	フィッシュ＆チップス	白身魚とポテトのフライ。
フランス	ブイヤベース	マルセイユ名物、魚介類のスープ。
スペイン	パエリヤ 	米や魚介類などを平鍋で炊き込んだもの。
	ガスパチョ	野菜の冷たいスープ。
ドイツ	アイスバイン	塩漬けした豚のすね肉をゆでたもの。
	ザワークラウト	キャベツを乳酸発酵させたもの。
スイス	チーズ・フォンデュ	鍋の中のチーズに、パンや肉、野菜などをつけて食べる。
オーストリア	ウィンナー・シュニッツェル	ウィーン風仔牛のカツレツ。
	ザッハトルテ	チョコレートケーキの一種。

国名	料理名	料理の特徴
イタリア	ミネストローネ	トマトベースのスープ。
ハンガリー	グヤーシュ	パプリカ、牛肉、タマネギなどを煮込んだもの。
ギリシャ	ムサカ	交互に重ねた肉、ナス、チーズなどにホワイトソースをかけてオーブンで焼いたもの。
ロシア	ボルシチ	ビーツをベースとするスープ。
	ピロシキ	肉や野菜入りの揚げパン。

北中南米・ハワイ・アフリカ

国名	料理名	料理の特徴
ハワイ	ロコモコ 	ご飯にハンバーグや目玉焼きをのせてソースをかけたもの。
メキシコ	タコス 	薄く焼いたパン（トルティーヤ）にひき肉や野菜、サルサソースなどを包んで食べる。
ブラジル	フェイジョアーダ	黒豆や牛肉、豚肉などを煮込んだもの。
ペルー	セビッチェ	魚介類、タマネギなどの野菜、香辛料、レモン汁などを混ぜ合わせたもの。
アルゼンチン	アサード	炭火で焼いた牛肉を塩で味付けしたもの。
モロッコ	クスクス 	細かい粒状のパスタに、肉や魚、野菜の煮込みをかけたもの。モロッコ、チュニジア、アルジェリアのマグレブ 3 国に共通する料理。

世界のチーズ

名称	国名	名称	国名
チェダー	イギリス	パルミジャーノ・レッジャーノ	イタリア
カマンベール	フランス	ゴルゴンゾーラ	
ゴーダ	オランダ	モッツァレラ	

海外の国立公園・保護区など

🧳 北米・オーストラリア・ニュージーランド

国名	国立公園名	キーワード（主な観光資源など）
アメリカ	アーチーズ	デリケート・アーチ、ダブル・アーチ
	イエローストーン	世界初（アメリカ最古）の国立公園、間欠泉オールド・フェイスフル・ガイザー、石灰棚マンモス・ホット・スプリングス
	ザイオン	グレート・ホワイト・スローン
	ヨセミテ	シエラネバダ山脈の中央に位置する、ブライダルベール滝、エル・キャピタン、ハーフ・ドーム
	グランド・キャニオン	コロラド川の浸食によってできた大渓谷
	ブライス・キャニオン	赤茶色の土柱の尖塔群
	メサ・ヴェルデ	巨岩住居の遺跡クリフ・パレス
	デス・バレー	北米大陸でもっとも海抜が低い地点バッド・ウォーター
	グレイシャー（グレイシア）	カナダのウォータートン・レイク国立公園とともに世界初の国際平和自然公園に指定されている
	エバーグレーズ	フロリダ半島南部、同国最大の湿地帯
	ハワイボルケーノ（火山）	ハワイ島、キラウエア山などの活火山が属する
カナダ	ジャスパー	マリーン・レイク、コロンビア大氷原、アサバスカ氷河
	バンフ	レイク・ルイーズ、モレーン・レイク
	ヨーホー	エメラルド・レイク、ナチュラル・ブリッジ、タカカウ滝
	ウォータートン・レイク	アッパー・ウォータートン湖、ミドル・ウォータートン湖
オーストラリア	カカドゥ	観光拠点ダーウィン、野生動物の宝庫
	ウルル・カタジュタ	観光拠点アリス・スプリングス、巨大な一枚岩ウルル（エアーズ・ロック）、カタジュタ（オルガ山）
	ナンブング	観光拠点パース、ピナクルズ（「荒野の墓標」と呼ばれる砂漠地帯に立つ石柱群）
	ブルー・マウンテンズ	観光拠点シドニー、奇岩スリー・シスターズ
	スプリングブルック	観光拠点ゴールドコースト、ナチュラル・ブリッジでの土ボタルの観賞が人気
ニュージーランド	トンガリロ	北島、同国最初の国立公園、ルアペフ山
	エグモント	北島、円錐形のタラナキ山
	フィヨルドランド	南島、氷河の浸食による地形ミルフォード・サウンド
	アオラキ／マウント・クック	南島、同国最高峰のアオラキ（マウント・クック）、タスマン氷河

🧳 アフリカ

ケニア
・アンボセリ国立公園
・ツアボ国立公園
・ナクル湖国立公園
・マサイ・マラ国立保護区

タンザニア
・キリマンジャロ国立公園
・セレンゲティ国立公園
・ンゴロンゴロ保全地域

ジンバブエ
・ビクトリアフォールズ
（瀑布）国立公園

ボツワナ
・チョベ国立公園

南アフリカ
・クルーガー国立公園

マダガスカル
・ベレンティ保護区

さくいん

著者紹介

ユーキャン旅行業務取扱管理者試験研究会

本会は、ユーキャン旅行業務取扱管理者通信講座で、教材の制作や添削・質問指導、講義を行っている講師を中心に結成されました。徹底した過去問題の分析と、通信講座で蓄積したノウハウを活かし、わかりやすい書籍作りのために日々研究を重ねています。

● 西川 美保 (監修)

国内および総合旅行業務取扱管理者の両資格を保有。海外の地上手配や、国内および海外の個人・法人旅行の企画、営業、添乗業務など、旅行業界における豊富な経験と知識を活かし、受験指導の講師に転身。全科目にわたる緻密な出題傾向の分析と、受験生の立場に立ったわかりやすい講義に定評がある。現在は通信講座教材の執筆を手がけるほか、ユーキャンの指導部門において資格講座の運営や講師の指導・育成に携わっている。

● 山本 綾

学生時代に一般旅行業務取扱主任者（現 総合旅行業務取扱管理者）の資格を取得。大学卒業後、大手旅行会社に入社し、主に募集型企画旅行の販売を担当。旅行業界での実務経験を活かし、現在はユーキャン旅行業務取扱管理者通信講座の講師として受験指導に携わっている。試験に関する情報収集能力・出題傾向の分析に極めて優れ、わかりやすい教材制作と的確な受験指導で多くの学習者からの支持を受けている。

イラスト：川瀬ホシナ

各地を実際に取材して描く旅行・街歩きのイラストルポ記事のほか、観光マップ制作など、旅にまつわるイラストを主軸に活動している。

シリーズ書籍の紹介

●書店売上 No.1！(※) ユーキャンで合格！●

豊富なイラスト＆図表と丁寧な解説で基礎をつかむ！

国内・総合　速習レッスン

Ａ５判
本体 2,800 円＋税

● 豊富な図解で、やさしく丁寧に解説！

● 学習者視点に立った補足解説も充実！

● レッスン末に確認テストつき。

厳選した過去問題と詳細な解説で合格をつかむ！

国内 過去問題集　　総合 過去問題集

Ａ５判
本体 2,200 円＋税

Ａ５判
本体 2,600 円＋税

● 問題と解答解説が見開き
完結のスタイル中心で使
いやすい！

● 巻末に最新過去問を全問
収録！

● 収録問題は法令や制度の
改正にあわせてきちんと
改題。

●法改正・正誤等の情報につきましては、下記「ユーキャンの本」ウェブサイト内「追補（法改正・正誤）」をご覧ください。
https://www.u-can.co.jp/book/information

●本書の内容についてお気づきの点は
・「ユーキャンの本」ウェブサイト内「よくあるご質問」をご参照ください。
https://www.u-can.co.jp/book/faq
・郵送・FAX でのお問い合わせをご希望の方は、書名・発行年月日・お客様のお名前・ご住所・FAX 番号をお書き添えの上、下記までご連絡ください。
【郵送】〒169-8682 東京都新宿北郵便局 郵便私書箱第 2005 号
　　　　ユーキャン学び出版　旅行業務取扱管理者資格書籍編集部
【FAX】03-3378-2232
◎より詳しい解説や解答方法についてのお問い合わせ、他社の書籍の記載内容等に関しては回答いたしかねます。

●お電話でのお問い合わせ・質問指導は行っておりません。

'23〜'24 年版 ユーキャンの旅行業務取扱管理者
〈観光資源（国内・海外）〉ポケット問題集 & 要点まとめ

2019年6月7日 初 版 第1刷発行
2023年3月3日 第3版 第1刷発行

著 者	西川美保、山本綾
編 者	ユーキャン旅行業務取扱管理者試験研究会
発行者	品川泰一
発行所	株式会社 ユーキャン 学び出版
	〒151-0053　東京都渋谷区代々木1-11-1
	Tel 03-3378-1400
DTP	有限会社 中央制作社
発売元	株式会社 自由国民社
	〒171-0033　東京都豊島区高田3-10-11
	Tel 03-6233-0781（営業部）

印刷・製本　大日本印刷株式会社